いま、子どもの本が売れる理由

飯田一史
Iida Ichishi

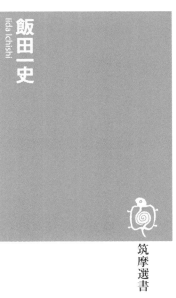

筑摩選書

目次

はじめに

自分に子どもができるまで、三〇年近く児童書コーナーに足を運んだことがなかった。

だから書店や図書館の児童書コーナーに行くたびに「自分が子どものころとは変わったな」と思う。まず面積が広く、活気がある。一角にオモチャも含めたキッズスペース、あるいは親子で読み聞かせができるところが多い。歴史か偉人の伝記ばかりだった学習マンガは理科系や『名探偵コナン』などを使ったキャラクターものが増え、図鑑は定番の「動物」「植物」「魚」「恐竜」以外にも「危険生物」をはじめさまざまなものが並ぶ。ほかにも絵本、児童文庫、読み物などまで、児童書コーナーは百花繚乱だ。

いつの間にこうなったのだろう?

気になって子どもの本市場について調べ始めると、いくつもの謎に遭遇した。

謎①子ども向けの「本」市場だけが復活し、「雑誌」はボロボロ

私は一九八二年生まれで、八〇年代から九〇年代にかけて子ども時代を過ごした。記憶をたどると、幼稚園の頃から親が買ってくれたノーベルやシュヴァイツァーの伝記学習マンガや日本昔話の絵本、「月刊コロコロコミック」を読んでいた。ところが書店でゲーム雑誌やマンガの棚に足を運ぶのが楽しみだった記憶はあるのに、児童書コーナーにどんな本が並んでいたのかは思い出せない。なんとなく、売場は狭く、誰もいなかったことくらいしか覚えていない。店によっては児童書コーナーがどこだったかさえ思い出せない。学習参考書がどこにあったのかは覚えているのに。児童書の棚を見ても興味を持てなかったということなのだろう。

幼少期に親や教師、地域の人などに読み聞かせをしてもらった記憶はない。田舎に育ったので近所に公共図書館はなく（私が地元を出たあとで市立図書館が新設された）、小学校の学校図書館に司書はいなかった。

だから今日の書店の児童書売場を見たり、近所の図書館で読み聞かせのイベントがしょっちゅう開かれているのを見たりするたび「なんでこんなに変わったんだろう？」と思ってきた。

調べてわかったのだが、八〇年代から九〇年代にかけて（とくに九〇年代には）児童書市場は縮小し、書店でも売場が狭くなっていった時期だった。

九〇年代、子どもの本市場は「冬の時代」だったのだ。いわゆる「子どもの本離れ」がピークに達したもこの頃だ。毎日新聞社と全国学校図書館協議会（ＳＬＡ）による「学校読書調査」では、毎年五月の一か月間に読んだ本の冊数について全国の小中高校を対象にアンケートを行い、不読者（一冊も読んでいないと回答した人）の割合や平均読書冊数を発表している。まったく本を読まない人の割合が過去最高、読書冊数が過去最低を更新し続けていた九〇年代が、私の子ども時代にあたる。

一九九七年の不読率は小学生で一五・〇%、中学生では五五・三%、高校生では六九・八%に達した[1]。中学生は半数以上、高校生では七割が一冊も本を読まなかった。

ところがそれから二〇年以上経ったいま、どうなっているか?

児童書（書籍）市場は少子化が進行しているにもかかわらず、ここ一〇年（二〇〇九年から二〇一八年まで）は、増減はあるが市場規模は大きく見ればおおむね横ばいを続けている。

一四歳以下の子ども人口は二〇〇九年には約一七〇〇万人だったのが一九年には約一五二〇万人と一八〇万人も減った。ところが、児童書販売金額は〇九年が八三〇億円だったのに対し、一九年には八八〇億円と増加している。

販売額をグラフ（図1）を見ると二〇〇〇年代は凸凹になっているが、凸の部分は『ハリー・ポッター』の新刊が出た年だ。『ハリー・ポッター』分をやや割り引いて考えるならば、二一世紀の児童書市場は微減・微増を繰り返しながらも一定の規模を維持し続けていると言える。

このグラフ（図1）を一四歳以下人口一人あたりの児童書販売額（図2）に変換してみると、人口ひとりあたりの消費額（購買額）が九〇年代末よりも一〇〇〇円から二〇〇〇円程度上昇していることもわかる。

児童書市場は『ハリー・ポッター』完結後の二〇〇九年から二〇一三年までは一時期落ちていたが、二〇一四年以降にまた盛り返している。『ハリー・ポッター』は大人から子どもまで買っていたことを思えば、『ハリー・ポッター』ブーム期の二〇〇〇年代よりも二〇一〇年代後半の方が子どもひとりあたりの児童書販売額は上昇しているとも考えられる。

今や子どもは「本離れ」していない。「学校読書調査」も見てみよう（図3、図4）。二〇一〇年代の小中学生は過去最高水準で本をたくさん読んでいるし、まったく本を読まない人の割合も低い水準にある。一方で出版業界は売上が一九九六年にピークに達し（二兆六五六四億円）、以降は下落の一途を辿り、二〇一九年は一兆二三六〇億円と最盛期の半分以下になっている。出版市場全体の縮小に抗うように児童書市場が規模を維持し続けているのは、驚くべきことだ。

この理由について『出版指標年報2018年版』は

①教育熱心な親や祖父母が積極的に児童書を購入
②大人の読者にも人気を呼ぶ児童書（特に絵本）が増加
③新進絵本作家の活躍、新規参入者の主に翻訳書によるユニークな企画が市場を活性化
④幼児期の読み聞かせや小中学校の「朝の読書」の広がりが下支え

と指摘し、書店でも読み聞かせスペースなどを設け、規模を拡大する店舗が増えつつある、とまとめている。[2]

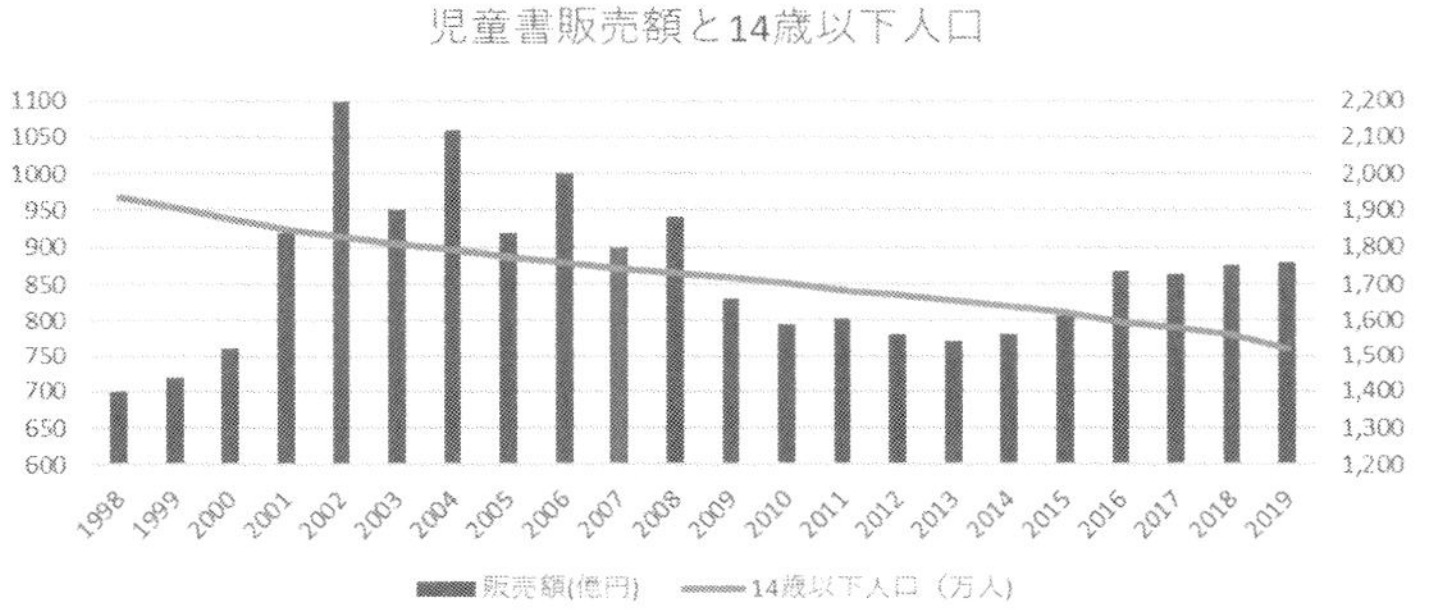

図1　（『出版指標年報2011年版』133頁、『出版指標年報2019年版』126頁、総務省統計局人口推計を元に作成）

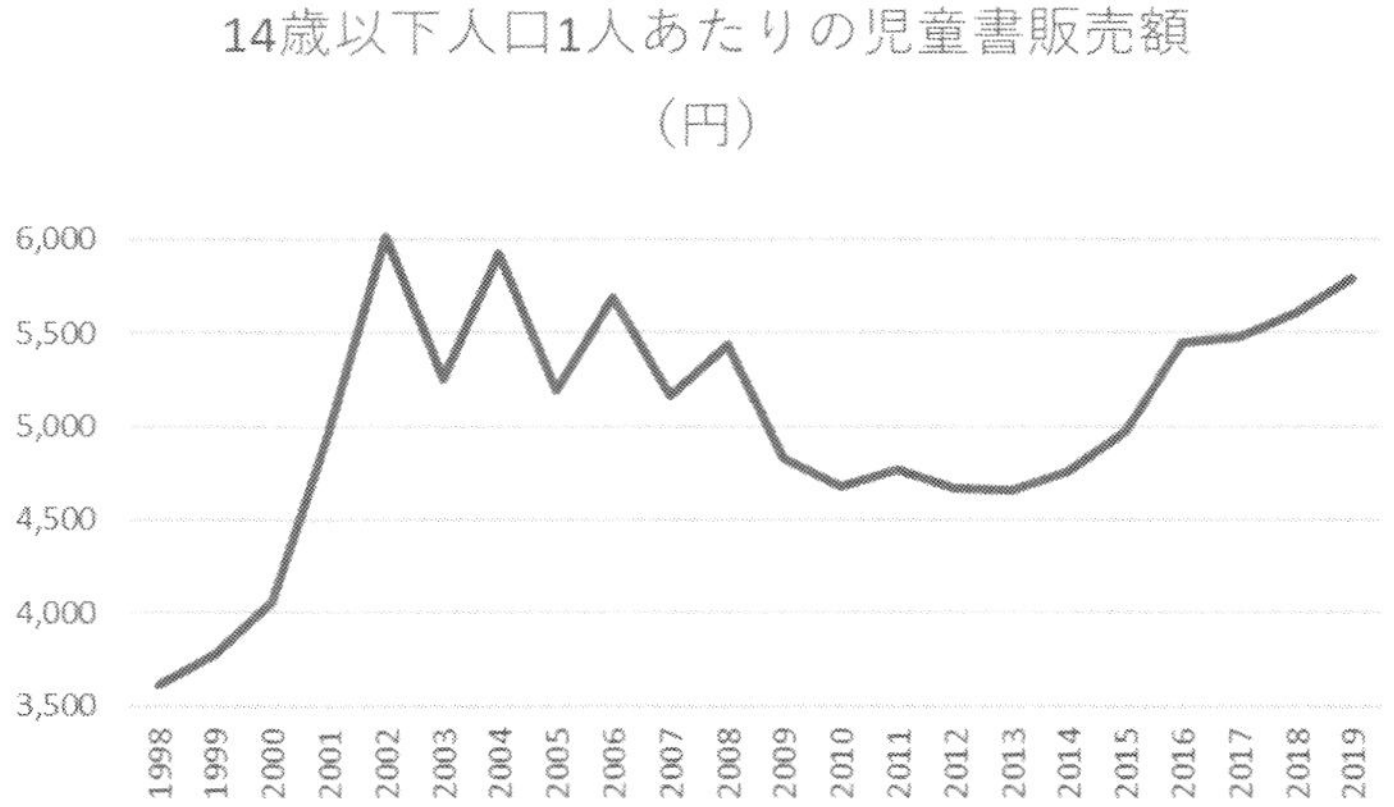

図2

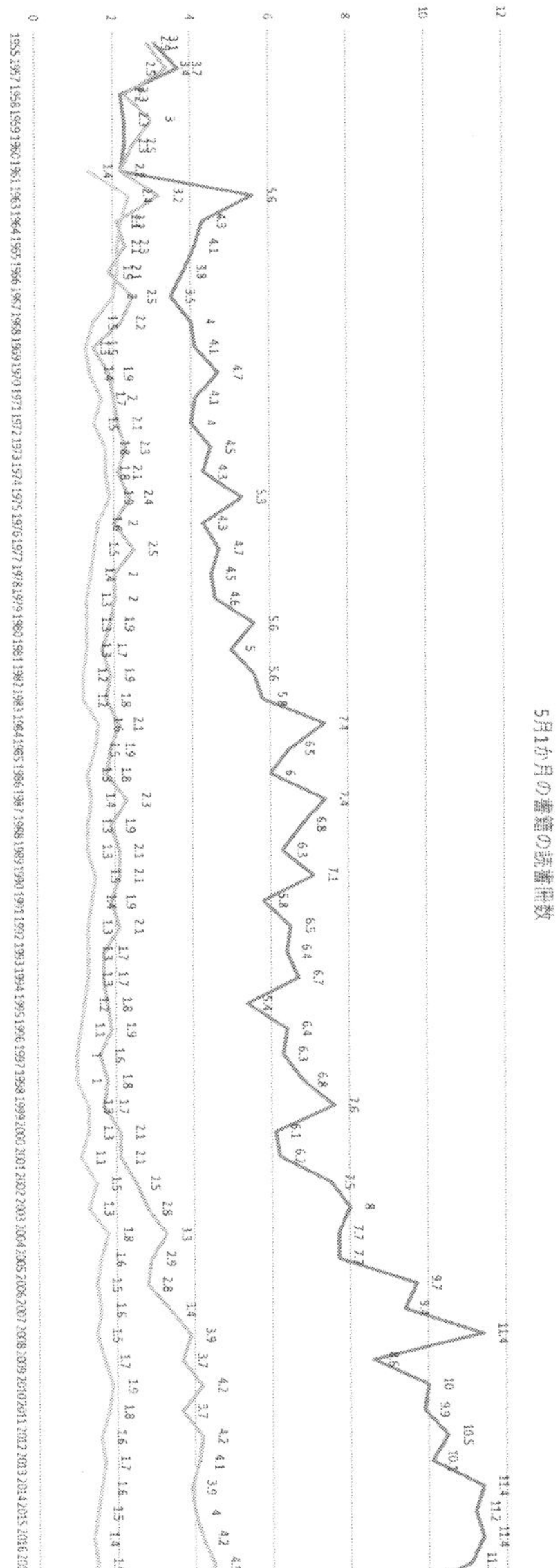

図3（「学校図書館」1997年11月号、16頁（1955－97年分）、同2019年11月号、19頁（1998－2019年分）を元に作成）

しかし、この説明だけでは不十分だ。たとえば、朝の読書は二〇〇〇年代までは実施校が伸び続けたが、二〇〇〇年代後半以降は現在に至るまで、ほとんど実施校が伸びていない（図5）。だからこの一〇年の小中学生の読書冊数の増加の理由や、二〇一四年以降の児童書市場の伸びを朝読に求めることはできない。

ではなにゆえだろうか？

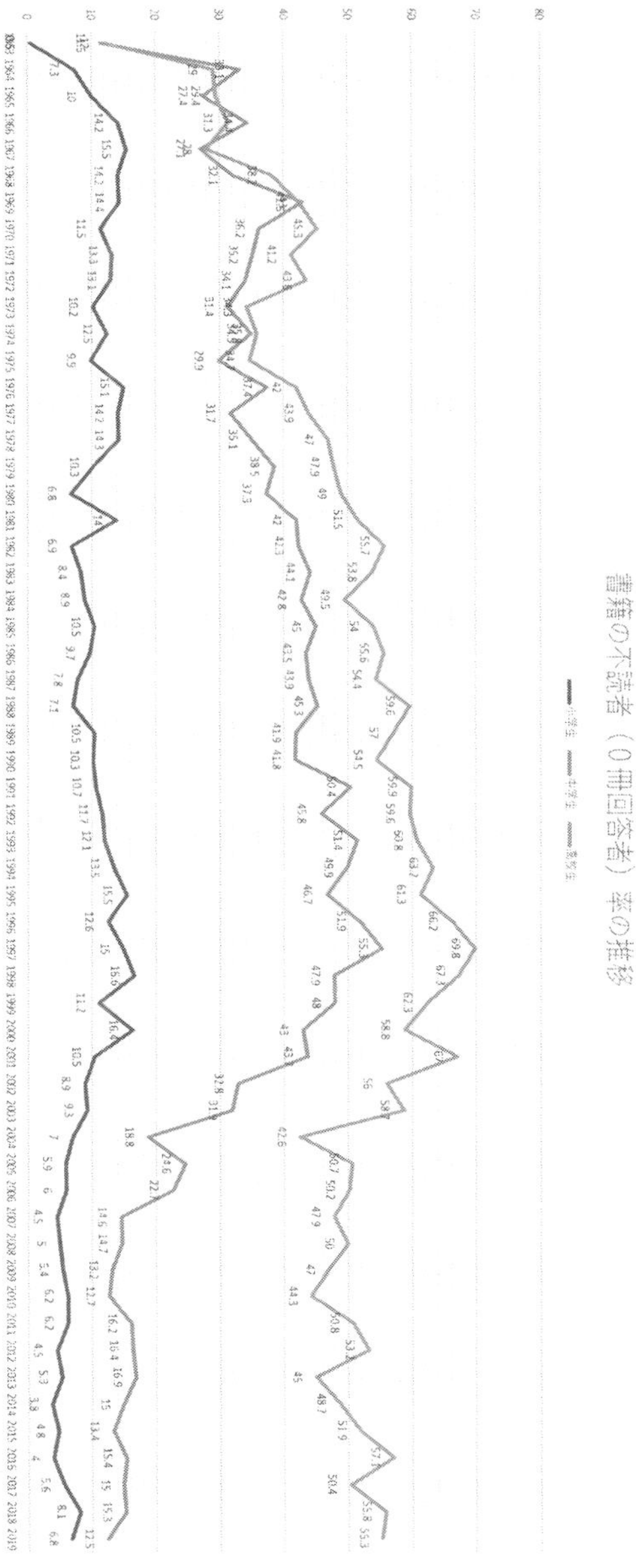

図4 （『学校読書調査25年』毎日新聞社、1980年、292－297頁（1955－68年分）、「学校図書館」2004年11月号、14頁（1969－2003年分）、同2019年11月号、20頁（2004－19年分）を元に作成）

また『出版指標年報』の理屈は、書籍は好調だが、その一方で子ども向け雑誌の凋落が止まらないことを無視している。

児童向け雑誌（コミック関連を除く）の発行部数は、二〇〇三年には一億七九八二万部だったものが、二〇一九年には五八二一万部と、一五年で三分の一になった（『出版指標年報2004年版』『出版指標年報2020年版』を参照）。人口減以上の勢いでの減少だ（図6）。

旺文社の「中一時代」「高一時代」、学研の「中学一年コース」は一九九〇年代に休刊。二〇〇九年には小学館の学年誌「小学五年生」「小学六年生」、学研の直販誌「科学」「学習」の休刊が決定し、二〇一一年に「小学三年生」「小学四年生」が休刊を決め、二〇一七年には「小学二年生」が休刊。学年誌は「小学一年生」のみになり、「一年生」も発行部数は一〇万部を割っている。

雑誌の発行部数減だけでなく、読書冊数減、不読者率向上も確認されている。

雑誌は一九七〇年代後半をピークに読書冊数が減少し続け、不読者率は九〇年代後半から急上昇し、今も増え続けている。二〇一九年調査では高校生は月に一冊しか雑誌を読んでいないし、一冊も読まない不読者は六九・一％である。小学生ですら四八・七％と約半数が不読者で、平均で三・〇冊しか読まない（図7、図8）。つまり、書籍に対してだけ子どもの読書環境を劇的に変える力が働き、雑誌に対しては働かなかった（または、さらに遠ざけるような力が働いた）。そうでなければこんな事態は起こりえない。ではそれは何だろう？

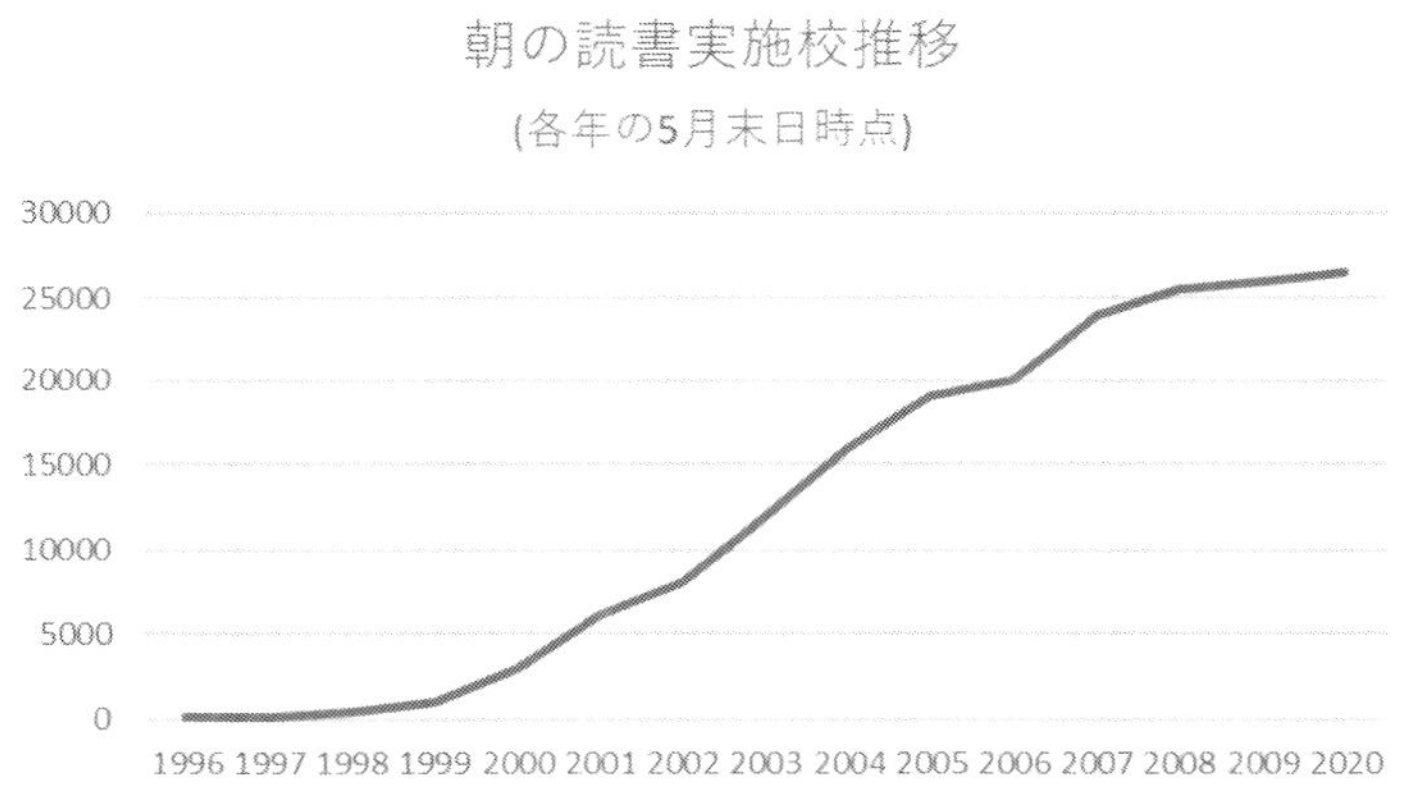

図5 （トーハンサイト内「朝の読書のあゆみ」（https://www.tohan.jp/csr/asadoku/ayumi.html)、「毎日新聞」1996年11月23日「林公さん 「朝の読書」運動を提唱、菊池寛賞を受ける（ひと)」、朝の読書推進協議会調べ「朝の読書」実施状況（https://www.tohan.jp/topics/upload_pdf/asadoku_bunseki.pdf）を元に作成）

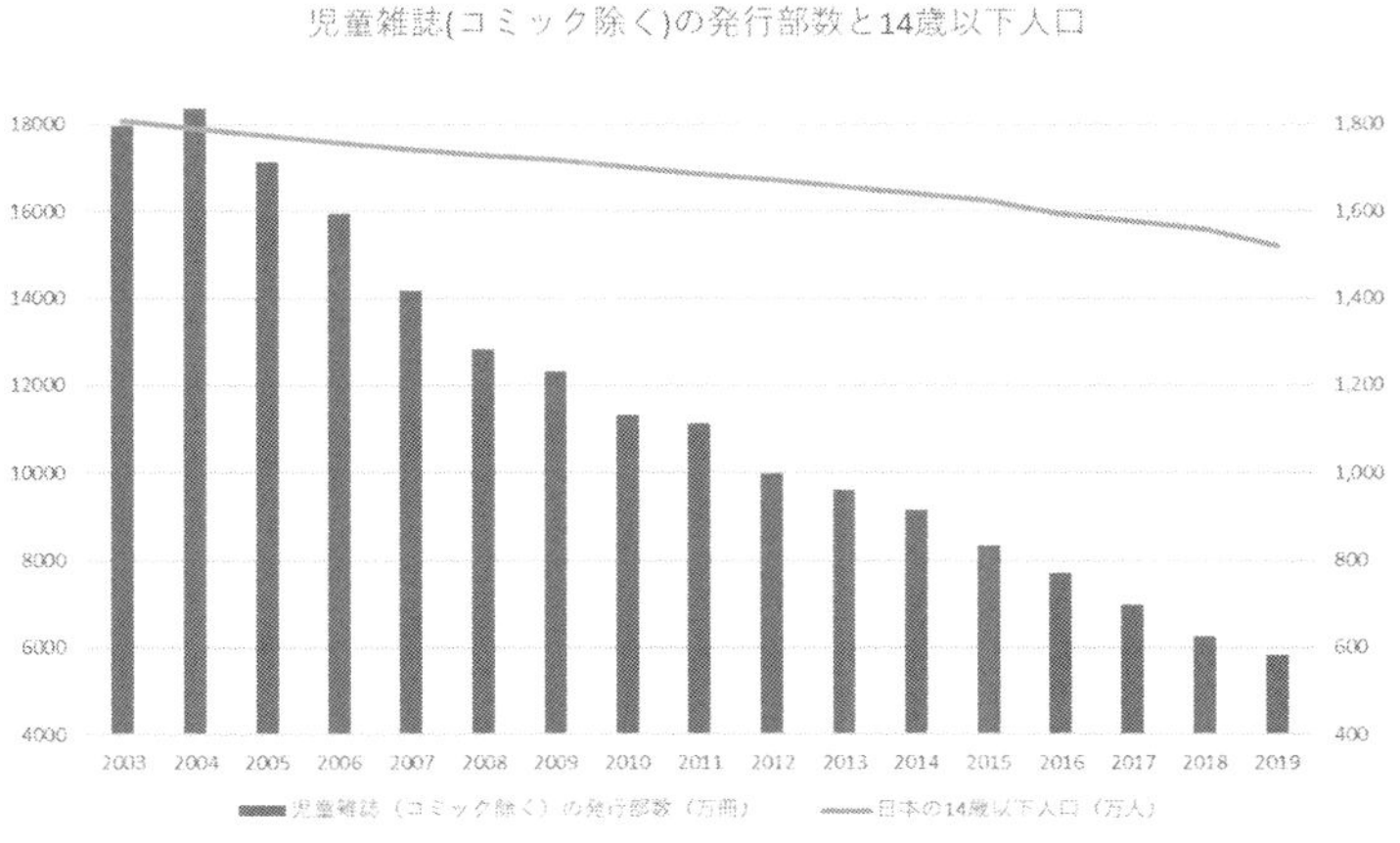

図6 各年の『出版指標年報』（出版科学研究所)、総務省統計局人口推計を元に作成）

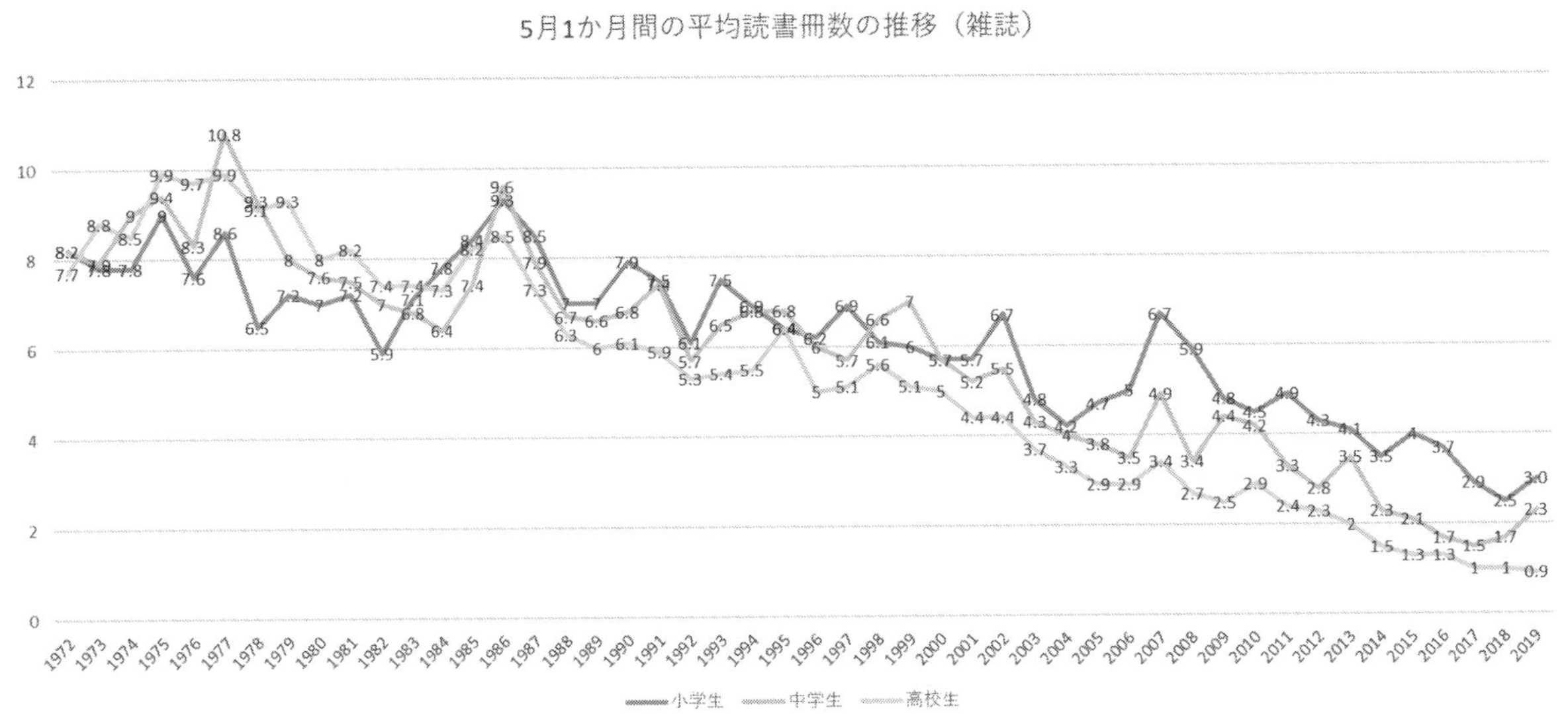

図7 （「学校図書館」2004年11月号、19頁（1972－2004）、2013年11月号、21頁（2005－2008）、2019年11月号、27頁（2009－2019）を元に作成）

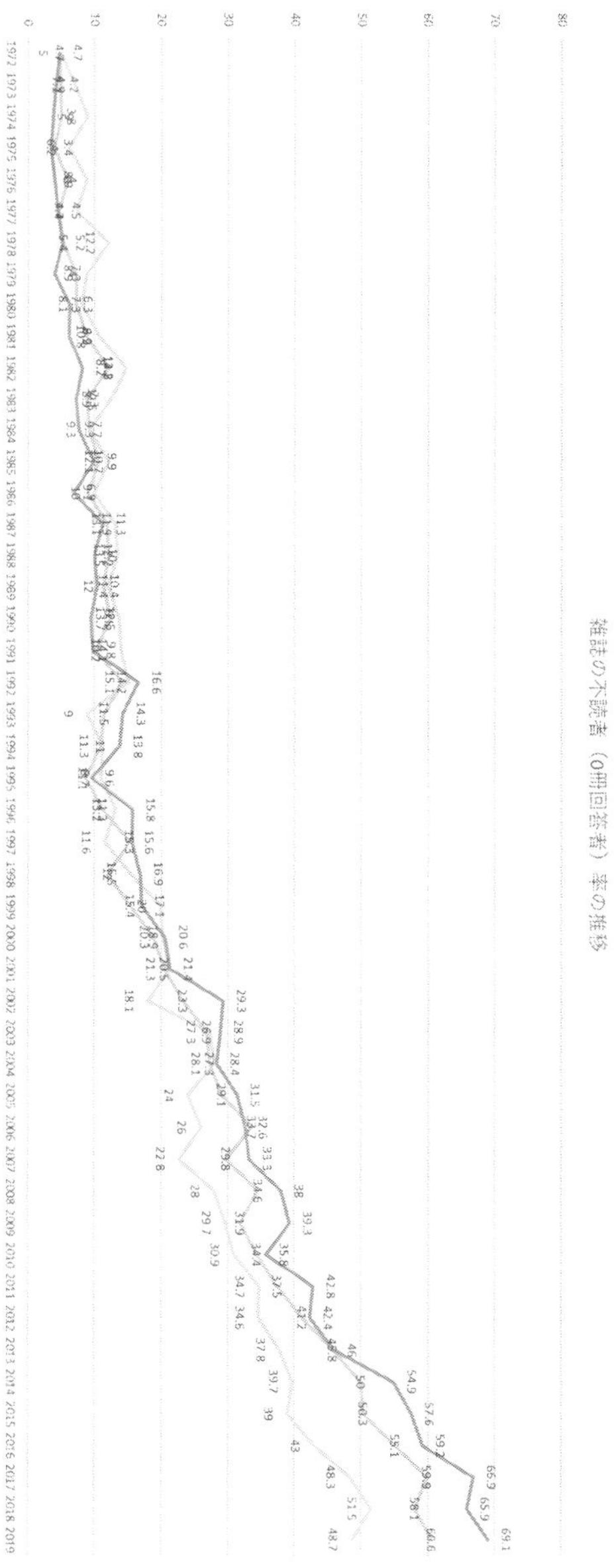

図8 「学校図書館」2004年11月号、20頁（1972－2004）、2013年11月号、25頁（2005－2008）、2019年11月号、28頁（2009－2019）を元に作成）

謎②ヒット作の背景がわからない

子どもの本市場には、他にも謎がある。子ども向けの売れている本、大人には知られざるベストセラーがたくさんあるが、どうして売れているのかがわからないのだ。

たとえば『出版指標年報２０１５年版』では、児童書市場が七八〇億円と三年ぶりに前年を上回った理由として以下のようなヒット作があったことを挙げている。

『妖怪ウォッチ』と『アナと雪の女王』関連書籍

学習図鑑では小学館の図鑑NEOの『昆虫』『恐竜』『動物』の一二年ぶり大幅改訂や学研教育出版（現・学研プラス）『危険生物大百科』などの新刊ラッシュ

絵本では『だるまさんが』などの新たなロングセラーやヨシタケシンスケ『りんごかもしれない』などの新人作家のヒット

児童文庫では角川つばさ文庫の『悪夢ちゃん』シリーズや『新訳　思い出のマーニー』、小学館ジュニア文庫の『名探偵コナン』や『12歳。』のノベライズ

読みものではKADOKAWAの『マジック・ツリーハウス』

などだ。

翌年の『出版指標年報２０１６年版』では

絵本でSNS活用や書店員のPRによりヒットする作品が増えた

学習まんがブームが起こった

読みものでは『動物と話せる少女リリアーネ』シリーズ（学研プラス）が女の子に人気で累計一二五万部突破、『グレッグのダメ日記』も話題に

とある。ではここで名前の挙がった書籍・作品、レーベルについて掘り下げた取材記事や論考はどれだけあるか？『妖怪ウォッチ』や『アナ雪』を除けば、意外なまでに少ない。

そもそも大人向けの本に比べると、子どもの本はメディアで取り上げられにくい。だから、どんなバックグラウンドの作家が何を考えて書いた本なのかも、ネットで調べたくらいでは出てこないことが多い。

また、「子ども向け」の世界は、大人の規範意識、教育的判断が強く働く。児童書を取り扱った雑誌を開くと「良書を読ませたい」という大人の想いはくりかえし語られている。それはもちろん大切だ。けれどもマーケットの実態や、「子どもはあのベストセラーのどこに惹かれているのか？」にはあまり関心が向けられない。たとえば『かいけつゾロリ』は子どもに圧倒的に支持されている。にもかかわらず読書教育関係の場や書籍では「『ゾロリ』を入り口に他にもっと目を向けさせよう」「子どもは放っておくとあればかり読む」と否定的に言及されることの方が多い。

「あれって何で売れてるの？」「何を考えてこの本を作ったのか？」と気にならないのだろうか。私は気になる。「子どもの本かくあるべき」という「べき論」ではなく、「子どもはこんな本が好き」「子どもが好きな本の作り手はこんな工夫をしている」ということが気になる。

教育的な意図や大人の善意、価値判断を否定するつもりはない。ただ、そうした意見・施策は、正確な事実認識や取材・調査・研究に基づいて組み立てられるのがスジだろう。ところがそれより「べき論」が先行しているケースがまま見られる。いま読まれている子ども向けの本には何が書かれていて、どんな背景があり、どうして子どもに支持されているのだろう?

謎③なぜか通史を書いた本がない

さらにどういうわけか、この分野には通史を書いた書籍がほとんど見当たらない。

児童文学や児童誌、学校図書館、子ども文庫、あるいは「コロコロコミック」など個別ジャンルや個別の雑誌の通史を書いた本はある。ところがそれらを総合し、戦後日本の子どもの本市場がどんな流れをかたちづくってきたのかについての本は極めて限られている。

子どもの本は「出版社と取次・書店と読者」でほぼ成立している他の本の市場とは異なる。学校図書館、学校教育、民間の読書推進活動も市場に大きな影響を及ぼしている。だからそれらをトータルで捉えないと、たとえばなぜいま子どもの書籍市場は好調で雑誌は不調なのかが見えてこない。

また、横断的な視野を持たないと、たとえば八〇年代から九〇年代にかけて「地域の文庫(私設図書館)に子どもが来なくなった」「児童書が売れなくなった」ころに、一方で「少年ジャンプ」をはじめマンガ市場が急成長し、あるいはコバルト文庫などの少女小説が小中学生に熱狂的に読まれていたという時代の姿が見えなくなる。私は小学生のころ児童書はほとんど読まなかったが、マンガは浴びるほど読んだし、いとこの家にあった宗田理の『ぼくらの七日間戦争』などは角川文庫で読んでいた。ではそのころさかんに言われていた「子どもの本離れ」の実態とは、理由とは、いったい何だったのか？　という話になる。

本書でわざわざ出版業界的には一般的な「児童書」ではなく「子どもの本」という言葉を使うのも、こういう理由からだ。書籍だけでなく雑誌やマンガも含めることで、全体像が見えてくる（狭義の児童書だけを指す場合に本書では「児童書」と表記する）。

通史がないなら、自分で書くしかない。

子どもの本ビジネスの戦後史と現在

本書は第一章で「なぜ子どもの本市場は今のような姿になったのか？」というマクロな環境要因を追い、第二章以降では「なぜ今の子どもの本市場の中で、このタイトルが売れているのか？」というミクロな個別事例を掘り下げていく。

このような視点から、子どもの本市場に働く力や、子ども向けのヒット作を捉えようとした類書は、筆者の知るかぎり存在しない。子どもの本を「マーケットとして見る」という視点自体が（日々の生業にしている出版社・取次・書店の人間を除けば）日本ではそれほど一般的ではない。「児童文学は『商品』ではない！」と憤慨される方もいるだろう。しかし、児童書を市場・商品・ビジネスとして見ることで初めて気づけることもある。その発見は、筆者と思想的に相容れないとしても有益な情報たりえているはずだ。

本書は子育て中のすべての親、そして子どもの教育や本に関心のあるすべての人に向けて書いた。その根源には、冒頭で述べたように、私自身がひとりの親として書店や図書館で子どもの本売場を眺めてみたときに感じた「どうして今はこうなっているんだ?」という素朴な疑問がある。と同時に、毎日読み聞かせをしている自分の子どものことを考えながら書いた本でもあり、息子と同時代を生きる子どもたちのことも思いながら書いた本でもある。

(1)「学校図書館」一九九七年一一月号、全国学校図書館協議会、一六ページ
(2)『出版指標年報2018年版』公益社団法人全国出版協会・出版科学研究所、二〇一八年、一二六ページ

第一章　子どもの読書環境はいかに形成されてきたか

この本の焦点は「現在」にある。「いま」どうして子どもの本市場は現在のような姿になっているのか？　それを考えるために、この章では戦後日本の子どもの本の歴史を紐解いていく。

一、一九四〇年代～七〇年代　戦後児童文学と学年誌が黄金時代を迎えるまで
二、一九八〇年代～九〇年代　サブカルチャーの隆盛と児童書冬の時代
三、二〇〇〇年代～二〇一〇年代　教育観の変化と国ぐるみの読書推進

これら三つの節に分け、時代ごとに学校図書館・学校教育、民間の読書推進活動、雑誌、児童書などの流れを追う。ただし個別のジャンル史は第二章以降でも扱うため、二〇〇〇年代以降については主に教育政策と市場との関係にフォーカスし、「現在」に至る道の流れを示していきたい（とりあえず結論が早く知りたい方は本章第三節から、近年のヒット作について知りたい方は第二章または第三章からお読みいただくことをおすすめする）。

子どもの本が子どもに受け入れられるために重要なのは、「生活サイクルに組み込まれること」「子どもの目線・感覚に近いこと」「参加できる要素があること」「時事・流行を採り入れ、覇権メディアと連携すること」だった。

一、一九四〇年代～七〇年代　戦後児童文学と学年誌が黄金時代を迎えるまで

学校図書館が長らく放置状態になったわけ

子どもの本市場を考えるには、「学校図書館」「公共図書館」「書店市場」は分けて捉え、さらに「書店市場」は「書籍市場」と「雑誌市場」で分けた方がわかりやすい。「子どもの本『市場』の話なのだから書店だけ見ればよく、なぜ『図書館』や『教育』、『司書』についての話に付き合わなければいけないのか」と思う人もいるだろう。だが本章を読み進めるうち、子どもの本市場は図書館や教育の動向と深く関わっていることがわかるはずだ。

まずは「学校図書館市場」がいかに形成されたかから見ていこう。

戦後日本の子どもの読書環境に影響を与えた重要な法律に、一九四八年の国立国会図書館法、一九五〇年の図書館法、一九五三年の学校図書館法の制定・施行がある。

学校図書館法の公布によって、学校図書館は「学校教育において欠くことのできない基礎的な設備」として設置義務が課せられた。皇国教育から戦後民主主義への転換に希望があふれていた敗戦後の数年間、学校図書館は大きな期待を寄せられた。根本彰『教育改革のための学校図書館』の整理を二六頁まで借りるが、学校図書館は、ＧＨＱの教育改革指令とそれを汲んだ文部省

および教育関係者の「新教育」と対応するかたちで公教育に導入されたのだ。

日本の初等中等教育は系統学習（教師による一方的・体系的な知識の詰め込み）と問題解決型学習・経験主義（子どもの自主的・体験的学習の重視）との間を揺れ動いてきた。「新教育」は経験主義的な考えであり、教科横断的なカリキュラム、学習者の実体験と自主性を重視する新しい教育方法が模索された。それは多様な学習資料を提供する図書館と親和的だった。

実は経験主義教育は二〇〇〇年代以降の子どもの本市場に決定的な影響を及ぼす。だが、それは約半世紀先の話だ。ここでは歴史を順を追っていく。

この「新教育」が積極的に追求されたのは、しかし、一九五一年のサンフランシスコ平和条約（講和条約）締結前の数年に限られる。学校図書館法が成立した一九五三年は、すでに理想的な教育を求める改革運動は衰えゆく途上だった。米ソ冷戦体制の開始と日本占領の終了によって、教育行政が見直されたためだ[3]。

一九五三年、施行されて間もない学校図書館法を改正し、免許制の司書教諭制度を導入する法案が、参議院文教委員会に議員立法として提案予定になっていた。「学校図書館の仕事は一般教員の片手間ではできない。ゆえに司書としての専門教育を受けた『司書教諭』と専門的な知識・技術をもった事務職員（現在では『学校司書』と呼ばれる存在）で対応する」という内容だった。さらに、一定規模の学校には授業や担任を受け持たない専任司書教諭を置き、それ以外でも兼任司書教諭を置く。兼任であっても授業時間を制限するという配置基準を設定する、ということも盛り込まれていた。

用語を説明しておくと、教員採用された人間が学校図書館の運営・活用についての役割を担うのが「司書教諭」、事務職員として採用された者が学校図書館に勤務する場合が「学校司書」である。

この法案は今見ても画期的だ。現在の学校図書館ですら、この構想は実現されていない。図書館を使った教育をする上では理想的なプランだった。

ところがこの法案は、吉田茂内閣のいわゆる「バカヤロー解散」が起こったことにより、提出寸前にふきとぶ。(4)そして廃案を経て半年後に改めて成立するまでの間に、当初の内容から大幅に後退。大蔵省や文部省による財政面での問題が指摘され、さらにはできたばかりの教育職員免許制度を複雑にしたくない文部省の思惑ゆえに、である。国会を通った改正案では、附則で司書教諭は「当分の間」置かなくてもよいとされ、しかも「当分の間」とはいつまでなのかが規定されなかった。このため以降、約四〇年にわたり、学校図書館には司書教諭も学校司書も置かなくてもよい状態が続く。(5)

加えて、いわゆる「五五年体制」の成立によって政治の保守化が進み、画一的・効率的大量生産（工業化社会）を支える人材を求める経済界からの声に応え、文部省はのちに「知識偏重の詰め込み教育」と批判される系統学習路線へ方針転換する。

久野和子「児童図書館、子ども文庫、学校図書館におけるトリニティの変遷：重層的な「場」

としての子どもの読書空間に着目して」[6]は、

（1）学校図書館を使うような経験主義的な授業ではなく、学習指導要領に基づく、教室での系統的な一斉授業が行われるようになったこと
（2）専任の司書教諭がほとんど配置されず、人が不在であったこと
（3）親や子どもの望む日曜開館も地域開放もなかったこと
（4）予算不足で子どもの読みたい本や授業で使える本を十分に揃えることができなかったこと
（5）知識偏重の受験勉強や塾通い、習い事で子どもたちが多忙になっていったこと

といった要因が重なり、学校図書館の利用は芳しい状態にならなかったと整理している。授業で使われず、鍵をかけられた倉庫と化すところも少なくなかった。

とはいえ、学校図書館法の規定により、すべての学校は図書館を設置しなければならず、図書購入のための予算は毎年発生する。そして戦前から図書館にあった本は、戦前の価値観を反映したものばかりである。だから本は新規に買う必要がある。こうして出版界は、学校図書館が販売先となることを前提に本を作るようになる[7]。しかもこのころは本の価格が高く――今の物価に直すと一冊六〇〇〇円前後になるくらいに高額だったという――、学校図書館向けの本は書店向けよりも価格がさらに高めに設定されていることが多い（今でもそうだ）。その高い本をセット売りするため、大きな利益になった。これが中小の児童書出版社の出版活動を支えることとなる[8]。

児童図書の出版点数は『出版年鑑』によると一九五〇年前後は年間約一四〇〇点であったもの

が、一九五五年前後には倍以上の三四〇〇点ほどに増加[9]。

経験主義的学習の導入が失敗したこともあり、日本の学校図書館は、読み物が主体の場所になった。偕成社の今村正樹いわく、学校図書館は学習に使われる「資料センター」ではなく「読書運動体」になったのだ。全国学校図書館協議会が一九五五年から読書感想文コンクールを主催し、六二年以降、毎年その課題図書を決めているが、それも学校図書館＝読み物主体という性格をあらわしている[10]、と今村は言う。

出版ビジネス史的には、販売方法としていわゆる「図書館ルート」（図書館巡回販売）が確立されたことも重要だ。教師や司書はどうやって本を選び、学校図書館に入れているのか？　一般書店で本を選ぶわけではない。出版社側の巡回グループが学校図書館向けに販促活動をしたい地域の書店を募り、巡回グループが見本になる書籍をトラックやライトバンに積んで書店とともに学校図書館を訪問（同行販売）。その場で予約を取って、書店経由で納入する。このとき、学校図書館だけでなく、幼稚園・保育園、学習塾なども販売先になる。書店は版元が用意したカタログを学校教諭や司書に渡し、訪問時の注文の目安にしたり、カタログから注文してもらう。図書館巡回に参加した書店には通常のマージンのほかに、出版社が売上の数パーセントの報奨金（バックマージン）を用意しているのが通例だ。

この巡回グループの最大手が「児童図書十社の会」（ポプラ社、岩崎書店、金の星社、偕成社などで構成）である。ほかにもいくつもそうした巡回グループが存在し、新学期になると各社が全国の学校図書館を巡回し、われ先にと予約を取りに向かった。なぜか？　多くの学校で「学校図書館の一年分の予算を一学期ですべて消化する」または春・秋の二回で消化することが半ば慣習となったからだ。前述の通り、司書教諭も学校司書もおらず、授業で図書館がほとんど使われない状態になった。つまり多くの学校で選書に力を注ぐ理由は希薄になる。教員が本や読書教育にそれほど思い入れがなければ（あるいは、あったとしても日々の業務に追われて時間がなければ）、営業に来た出版社と書店に半ば選書を任せ、一度にまとめて本を買う方が効率的だ。

一九九八年に刊行された尾下千秋『変わる出版流通と図書館』（日本エディタースクール出版部、一八ページ）には、小・中学校図書館の購入特質として

・児童書の既刊書がメインで、シリーズものと単行本が対象
・年に一、二回ある取次主催の展示会や巡回販売車の利用。および手書きの注文書による発注
・図書主任による選書

とあり、小・中学校図書館はたいてい年に一回か二回、購入のピークは春と秋。学校図書館向けのシリーズものを売ろうとするなら四月に間に合わせなくてはならない、とされていた。

学校図書館法が制定されて四〇年以上経ってもビジネスモデルがほとんど変わっていないことがわかる。

こうしたしくみは、学校図書館法が改正されて学校に司書が常駐するようになり、「二学期、三学期分も予算を残す」ことが一般化、さらには司書がきっちり選書して単品買いする学校が

徐々に増えていく二〇〇〇年代以降まで（良くも悪くも）なかなか変わらなかった。二〇二〇年現在では、司書が時間をかけて吟味して選書する学校・地域と、司書教諭・図書主任に時間がないためにかつてと変わらず巡回販売の際に短時間で決める学校・地域とに二極化しているようだ。

訪問販売による全集・事典ビジネスの隆盛

続いて、学校図書館以外の七〇年代までの動きを見ていこう。

五〇年代以降、版元と地域書店は、学校図書館の巡回の空き時間に家庭を巡回し、訪問販売を行っていた。七〇年代前半くらいまでは全集や百科事典が「応接間の飾り物」として定番だったために、よく売れた。[11]

子ども向けの全集には、たとえば一九五〇年に刊行が開始され、最終的には一七七巻まで刊行された『講談社版世界名作全集』があった。世界の名作を江戸川乱歩、井伏鱒二、村岡花子といった作家や、山室静ら著名翻訳家が子ども向けに書き改めたものだ。[12] さらに講談社が一九五八年から刊行した『少年少女世界文学全集』も爆発的に売れた。[13]

百科事典は一九六一、六二年と一九六七、六八年、そして一九七三年の計三回ブームになり、熾烈な販売合戦が繰り広げられた。七〇年代前半には百科事典の普及率は六、七軒に一セットと推測され、販売員は「一家庭一百科どころか対象別にいくつか揃えなくては」と親を煽り、三度目のブームのときは教育ママ向けに「二冊目の百科がどこまで家庭に入り込むか」が争われていた[14]。

こうした家庭に対する訪問販売は、八〇年代以降、共働き家庭が徐々に増えたことで成立しなくなっていき、全集や事典ビジネスは凋落する。

創作絵本の勃興

四〇年代から七〇年代にかけて書店ではどうだったか？

児童文学の翻訳者・研究家である神宮輝夫によれば、戦後二、三年の間はたくさん本が出たが、紙不足の深刻さゆえ、しばらくして出版不況が訪れると戦後一〇年ほどの間に出た本は忘れられていったという。一九五〇年代なかばすぎから出版状況が改善され、作家が育ち、新しい本が出始める[15]。

創作絵本の歴史も五〇年代に始まる。今日、当たり前のものとして親しまれている「日本人作家の手による創作絵本」だが、当時はまったく新奇なものだった。松居直『絵本とは何か』によれば、松居は一九五四年に幼児教育と童話の雑誌「母の友」（福音館書店）を一冊二〇円で創刊する。ところがこれがよく売れたために他社が保育絵本や幼児向け絵雑誌に付録として模倣した小冊子を無料で付け始め、本家「母の友」は勝ち目がなくなった[16]。これに憤慨、奮起した松居は「人のマネはしない」と決め、誰もやっていない企画を考える。インスピレーションを与えたのは、『ちびくろ・さんぼ』や日本の昔話『ふしぎなたいこ』など六冊を第一回配本として一九五三年に始まった「岩波の子どもの本」だ（今も『ちいさいおうち』などが読み継がれている）。松居は同シリーズをきっかけに、『100まんびきのねこ』の原書など横長、文字が横書きの海外の絵本に触れ、それまでの日本で刊行されてきた文字が縦書きの絵本とは、色使いや動きのある構図、製本がまるで違うことに刺激を受けた。横書きの原書を当時岩波書店の編集者だった石井桃子が自身の運営する家庭文庫（後述）・かつら文庫で訳しながら読み聞かせると、子どもたちは引き込まれていく。それを見て松居は横長の翻訳絵本を出すことに踏み切り、「単行本のようなかたちの物語絵本を毎月出す」という類例のない絵本誌「こどものとも」を創刊する。

松居は「こどものとも」が従来の絵本と違う特色として

1　一つの物語で一冊の絵本――物語性がないことは従来の絵本の最大欠点で、断片的な印象をしか幼児に与えていません。

2　ひとりの画家で一冊の絵本――様々な絵の寄せ集めにしかすぎぬ従来の絵本は、絵に対して雑然とした印象をしか与えないので、絵に対する理解の目が養われない。

3　「こどものとも」は幼児を雑然としたモノシリにするよりも、人間としての骨組を作る絵本です。

4　ほかの保育観察絵本に「こどものとも」を併読することは、幼児にとって非常に親切な絵本の与え方です。

を挙げている。(17)

「こどものとも」から現在も読まれる『おおきなかぶ』や『ぐりとぐら』などが生まれたが、当時『ぐりとぐら』のような創作の物語絵本は、異例だった。そのころは講談社が出していたような世界の古典名作の絵本こそが絵本だと思われ、日本人が書いた／描いた物語は「絵本ではない」と批判された。また「岩波の子どもの本」もそうだが、判型が従来の日本の絵本とは異なったため、書店から「棚に入らない。置き場所を考えて本を作れ」とも批判された。学校の教師からは「国語教科書が縦書きなのにどうして横書きにするのか」。ところが保育者からは「子どもに読み聞かせると喜んで聞いてくれた」という声がしきりに伝えられたという[18]。

新奇なものはいつの時代でもまずは「常識」ある大人に否定され、若い（幼い）感性から受け入れられる。「こどものとも」創刊号は二万部刷って実売は五〇〇〇部。残りは全国の幼稚園、保育園に宣伝に送った。その後も五年ほど赤字だったが、だんだんと風向きが変わり「物語絵本が幼児教育で重要だ」と言われ始める[19]。

絵本の出版は五〇年代から六〇年代にかけては数社に限られていた。しかし徐々に浸透していく。一九六〇年代後半から日本でも多くの創作絵本が出版され、『ぐりとぐら』（一九六三年）、『11ぴきのねこ』（一九六七年）などが生まれた。一九七〇年代の日本は第一次絵本ブームともいわれ、読者対象、表現方法などが大きく広がり、『はじめてのおつかい』（一九七六年）、『旅の絵本』（一九七七年）、『１００万回生きたねこ』（一九七七年）などが書かれる[20]。七〇年代に入ると、児童書を持たなかった出版社どころか、出版以外の企業までもが絵本部門を設けて参入。翻訳ものも含めた創作絵本は充実した時代を迎える[21]。

赤ちゃん絵本では、一九六四年にブルーナの『子どもがはじめてであう絵本』（福音館書店）が出版されて以降、日本人作家の作品が多く登場している。わかやまけん『こぐまちゃん』シリーズ（こぐま社）、せなけいこ『いやだいやだの絵本』シリーズ（福音館書店）、岸田衿子と長新太『あかちゃんのえほん』シリーズ（ひかりのくに）、さらに七一年には『どうぶつあれあれえほん』シリーズ（文化出版局）などが登場し、幼児に浸透[22]。「日本人の手による創作絵本」の出版は、こうして自明のものになった。

戦後児童文学の黄金期

児童文学は、一九五九年に佐藤さとる『だれも知らない小さな国』やいぬいとみこ『木かげの家の小人たち』などが出版されたことが画期であったとする見方が通説となっている。これを皮切りに理論社・講談社・実業之日本社・福音館書店・東都書房・牧書店などが相次いで創作児童文学の作品を世に送るようになっていく[23]。

絵本、童話、小説などの児童文学のマーケットは六〇年代に花開き、七〇年代にはさらに成長した。

幼児から七、八歳くらいまでを対象とする幼年文学は、雑誌掲載の短編作品が主であった時代を経て一九六〇年代から長編のいぬいとみこ『ながいながいペンギンの話』（宝文館、一九五七年）、中川李枝子作、大村百合子絵『いやいやえん』（福音館書店、一九六二年）、R・S・ガネット作、R・C・ガネット絵『エルマーのぼうけん』（福音館書店、一九六三年）などが刊行されるようになった。[24]

また六〇年代後半に斎藤隆介ブームが起こり、『ベロ出しチョンマ』『八郎』『三コ』『花さき山』『モチモチの木』などが支持された。長谷川潮は、やさしさ、けなげさ、たくましさ、献身をキーワードとする民衆の思想を斎藤は体現し、児童文学に興味を持っていなかった多数の人々、特に女性を児童文学の世界に惹きつけた――ただしこのブームは大人が熱狂したのであって、子どもとは関係のないところで起こったものだった、と整理している。[25]

そのころの『出版年鑑』の記述を見てみよう。『出版年鑑1968』では「書籍全般のなかでもっとも伸び率のいい分野は児童図書」だとしている。子どもの教育（情操教育）の需要が増え、学参市場はこれ以上伸びないと踏んだ書店が売上率が高くなった児童書にスペースを振り向け、売り場面積を拡大。また、百科事典などの普及と並行して学校図書館に集中されていた児童図書が家庭に向けられてきた。[26]『出版年鑑1969』では、第一次ベビーブーム世代（団塊世代）に比べると「小学生の数は減ってきているが、児童書の売れ行きは従来より伸びている」。背景に学校図書館の充実、各地にみられる母子読書の成果、高度経済成長によって一般家庭の所得増加などが重なった上、テレビ時代の子どもの欲求に応えうるたのしい児童書が続々出ていることを指摘する。[27]『出版年鑑1971』でも「こどもの本の世界はますます好調のようだ。日本にも絵本作家がだいぶ出てきた」[28]。

『日本児童図書出版協会の六十年』によれば、一九七五年にポプラ社の田中治夫が日書連の増買委員長の藤原佐一郎と話し合い、日書連主催として「子どもの本ベストセラー一〇〇選」を企画し、一九七六年に実現。さらにその三年後には「子どもの本ベストセラー一五〇選」というかたちで継続。こうした努力によって「書店でも子どもの本は売れる」と認知されていったという(逆に言えば、六〇年代まではそういう認知がなかった、ということになる)。

こうした繁栄の背景には『出版年鑑』の指摘する要因以外に、同人雑誌から作家が育ってきたこと、理論社の小宮山量平や福音館書店の松居直ら意志的な出版者の出現、読書感想文コンクールにより読書に向かう子どもが増えたことなどがある[29]。

もっとも読書感想文コンクールについては『出版年鑑1969』で「課題図書に指定された児童書は、多い低学年ものになると16万部も刷ったといわれ、これもマス支配の一端をみるおもいがする[30]」とあるように、課題図書に入った本が多いと数十万部も売れるために、作家たちがその選定に入りやすい主題や内容に向かうといった弊害も生まれた[31]。また、学校図書館は課題図書に選ばれた本を複数冊購入するため蔵書が歪み、予算の無駄遣いだという批判もある。ただ、七〇年代末からだんだんと課題図書の売れ行きは落ちていき、にもかかわらず選ばれた版元は最低でも数百万円かけて新聞広告の予算を捻出しなければならないため、参加版元の旨味は時代が下るにつれて薄れていくが、今もこの制度は続いている。

このあと七〇年代末から八〇年代初頭にかけ、部数的にも質的にも、いわゆる「児童文学」は転換期を迎える。『出版指標年報１９８０年版』を見ると、一九七九年の国際児童年に合わせて出版社横断の取次主導の販売企画が増え、灰谷健次郎フェアが大ヒットしたことが記されている。灰谷の『兎の眼』が映画化され、『太陽の子』が読書感想文コンクールの課題図書になった。[32] 社会から疎外された存在を中心に描く『ろくべえまってろよ』『ひとりぼっちの動物園』『太陽の子』と続く灰谷健次郎作品は七〇年代後半から八〇年代にかけてブームとなり、児童文学への一般の人々の関心を高めた。長谷川潮は灰谷ブームも斎藤隆介ブームと同じように主要な支え手は大人だったとし、とはいえ灰谷のほうが若い層を惹きつけた、としている。

子どもに発見され、支持された「児童文学」は一九七八年開始の那須正幹『ズッコケ三人組』や八〇年開始の矢玉四郎『はれときどきぶた』が画期であり、児童文学の変わり目となった、と長谷川は言う。[33]『ズッコケ』にしても『はれぶた』にしてもわかりやすく、娯楽色が強い。

こうした一部の作品は爆発的に売れたが、八〇年代に入ると大人と子どもの支持する本に大きなズレが生じ、児童書市場は伸びなくなっていく。

子ども文庫（家庭文庫）の時代――本を読む側の革新

六〇年代から七〇年代にかけての児童文学の黄金期は「本を作る側」だけの努力で生まれたわけではない。「読む側」の革新と呼応した結果だ。この時代の子どもの読書環境を大きく変えたのは一九六五年、児童文学者の石井桃子が刊行した『子どもの図書館』である。同書は五八年に著者が自宅に開設した「かつら文庫」の七年間の記録を中心にしたものだ。「文庫」といっても文庫本ではなく、「学級文庫」などで使われている方の「文書や図書を収める書庫」のことだ。

石井自身が『子どもに歯ごたえのある本を』（河出書房新社）などでくりかえし語っているように、文庫設立以前の石井は、児童文学を作るにあたり、実際の子どもとのふれあいが少なく、仕事に支障をきたすことが多いと感じていた。子どもがどんな本を喜ぶのか、どんなことがどんなふうに書いてあれば子どもはおもしろいと思うのかがわからなければ、いい本は作れない。だから自分が外国で見聞きし、学んできたことを日本の子どもで実験してみようと石井は文庫を設立して子どもに開放し、同書に文庫の作り方を具体的に書いた。子ども文庫（家庭文庫）は裕福な篤志家によるものや村岡花子、瀬田貞二などの児童文学作家や研究者が設立したものも多かったが、同書はなにより全国の母親たちに支持され、多くの家庭文庫が創設された。

児童文学作家・椋鳩十による「母と子の20分間読書運動」発足（一九六〇年）、一九六七年の日本親子読書センター創立、一九七〇年創立の日本親子読書地域文庫全国連絡会による文庫活動の普及などと連動することで、一九六〇年代半ばから七〇年代にかけて、子どもへの民間図書サービスが発展していく。

子ども文庫の運動は、石井が「母親が熱心になりすぎて子どもがかわいそう。子どもの読書はもっと自由にしてほしい」と苦言を呈するほどに過熱していった。(34)

久野和子は全国でこうした文庫創立が促進された社会的背景を、

（1）親や子どもの旺盛な「潜在的読書欲」があったこと

（2）高度成長期における家庭の経済的余裕と高学歴専業主婦が生まれ、子どもの読書や教育への関心が高まったこと

（3）文化や福祉が立ち後れ、地域の絆もない新興住宅地の中で、核家族での子育てに奮闘する母親達が子どもには豊かな文化環境を与えたい、人との豊かなつながりの中で子育てをしたいと願っていたこと

（4）ＰＴＡ活動・自治会活動など市民活動が活発だったこと

（5）民間篤志家によって多くの児童館が開設されていたこと（一九六三年で全国二〇〇か所）

（6）自然破壊や生活環境の悪化によって、子どもの身近で安全な遊び場が喪失したことや、テレビやゲームが普及したことへの社会的な危機感があったこと

（7）様々な住民運動、社会運動が全国で高まりを見せていたこと

（8）戦後のベビーブームによって子どもの数が増加し、読書需要が大きかったこと

と整理している[35]。

終戦後から一九七〇年代初頭まで日本の公立図書館数は一〇〇〇館未満であり、一〇〇〇館を超えたのは一九七四年。同年、文庫の数は二〇六四と、公立図書館の倍。

子ども文庫運動は、一九七〇年代終盤から八〇年代はじめにピークを迎える。これまでの全国調査で最大となったのは一九八〇年の文庫数で四四〇六。これは当時の公立図書館数の約三倍。とはいえ、石井は行政が公立図書館を充実させ、児童図書館専門司書を置くべきだと主張した。同様に、七〇年代には多くの母親が各地で図書館の充実や新設を熱心に求めた。子ども文庫は運営者個人の病気や身辺変化によって挫折する力が弱いものであり、公共図書館の児童部を育てていくほかない、と石井は『子どもの図書館』で述べる。こうした「公共図書館は児童サービスをするべき」という考え方自体、石井たちが声をあげ、文庫活動が普及する以前は、それほど一般的なものではなかった。

一九五〇年四月「図書館法」が公布され、それまで本は買って読むもの、図書館は学生の勉強部屋くらいに考えていた人たちも、はじめて図書館を身近なものと観直したにちがいない。しかし、児童サービスに対する認識や関心は極めて低く、アクセサリーくらいにしか考えられなった［原文ママ］時代であった。
（児童図書館研究会編『児童図書館のあゆみ　児童図書館研究会50年史』教育史料出版会、二〇〇四年、四ページ）

それからわずか十数年、二十数年で、人々が図書館に求めるものは大きく変わった。熱は、公共図書館にも及ぶ。全国の公共図書館における児童書の蔵書合計は、一九六〇年度の一〇八万冊（館外貸し出し一三四万冊）から六五年度に一五二万冊（館外貸し出し二〇〇万冊）、七〇年度に二三五万冊（館外貸し出し五二六万冊）と急激に増加。一九六〇年に二九％だった幼稚園の就園率が六五年には四一％、七〇年には五四％になり、幼児教育が普及した（文字が読める子どもが増えた）ことなども、絵本や幼年童話の需要を急増させた要因となった。

『図書館白書1979』（日本図書館協会、一九七九年）から児童室・コーナーのある図書館数の伸びを見ると、一九七〇年度の図書館数八八一館に対し三六八館だったのが、一九七八年度には一一九九館中八〇九館と大幅に増加。公立図書館数は八〇年代初頭には一五〇〇館以上となり、さらに八〇年代から九〇年代にかけては約六〇〇館が新設された。

だが公共図書館が増え、児童サービスが充実していくのと反比例するように、子ども文庫は児童文学ともども八〇年代以降、失速していく。

八〇年代から九〇年代の「子どもの本離れ」の背景を探るには、その時代の子どもにもっとも影響を持つ覇権的なメディア（紙芝居、マンガ、テレビ、ゲーム）と蜜月な関係を築けた媒体が勝ってきた、戦後児童誌の流れを踏まえなければならない。

マンガ市場の拡大――キャラクター主体・TVとの連動・少年少女小説からの輸入と独立

ここでいったん、時代を遡る。一九四〇年代に創刊された月刊の大衆娯楽雑誌が、「赤とんぼ」「銀河」などの〝良心的な〟児童文学雑誌の読者を奪い、駆逐していったことはよく知られている。戦前の児童雑誌「赤い鳥」の構想を受け継ごうとした実業之日本社「赤とんぼ」(一九四六―四八)が先鞭を付け、それを模倣した児童雑誌が多数生まれたが、四八年からあいついで廃刊、五一年の「少年少女」終刊によってすべて消える。(36)

日本は今でも世界最大のコミック市場を有し、マンガがあまりに当たり前の存在になっているが、改めてなぜここまで巨大化し、八〇年代以降は児童書と明暗を分けたのか、そもそもから辿る必要がある。

野上暁『子ども学その源流へ』が七〇年代までの流れを手際よくまとめているため、以下しばらくこの本に依拠しながら記述してみよう。

戦前から刊行されていた講談社の月刊大衆娯楽雑誌「少年倶楽部」「少女倶楽部」「幼年倶楽部」が一九四六年に「少年クラブ」「少女クラブ」「幼年クラブ」と誌名を変え、実業之日本社「少女の友」も継続して出版されていた。そこに四六年一一月に光文社「少年」、四七年四月に芳文社「野球少年」、一二月に学童社「漫画少年」が創刊される。

また、街頭紙芝居で人気を得ていた作・鈴木一郎/画・永松健夫『黄金バット』を加太こうじの手により絵物語として、永松の手によりマンガとして単行本化した明々社(のちの少年画報社)が、同作品を軸に『冒険活劇文庫』(五〇年二月に『少年画報』に改題)を四八年八月に創刊。絵物語は、絵と語り(絵の背面にテキストが書いてある)が分離している紙芝居を書籍化するにあたり、同じページ内に絵と文を収録したものだ。今日「読みもの」と呼ばれる児童書ジャンル（中でも絵の多いもの）の形式と似ており、ルーツのひとつと言える（たとえば本書第三章の『ほねほねザウルス』の項を参照）。

『冒険活劇文庫』に続いて街頭紙芝居の人気作家・山川惣治『少年王者』を単行本化してヒットさせていた集英社が、四九年九月に「おもしろブック」を創刊――これが「少年ジャンプ」の前身となる。またこの絵物語ブームが秋田書店、少年画報社、芳文社を生まれさせた。

加太こうじ『紙芝居昭和史』によれば、一九四六年末に冒険活劇文庫が創刊され、戦後の絵物語が出発。山川惣治『少年王者』を経て集英社の「おもしろブック」創刊で一九四八年頃から児童雑誌界に絵物語ブームが起こるとあり[37]、野上の著作とはやや記述が食い違うが、いずれにせよ四〇年代後半には絵物語が流行していた。

竹内オサム『戦後マンガ50年史』は、街頭紙芝居から絵物語へ、そしてマンガに流れ込んだスタイルは、遡れば明治に書かれた押川春浪の武侠小説、大正期の剣戟ものを中心とした立川文庫、昭和に入って流行した「少年倶楽部」等に載った少年小説にある、としている。こうした、主人公を次々ピンチに追い込み乗り越えさせる山川惣治スタイルの絵物語は低俗だとされ、マンガともども悪書追放運動で槍玉にあげられた。ただし当の山川は、自分は子どもたちに正義や友情の大切さを植え付けたい、セックスも描かないし女の子が縛られるシーンも描かない、大人の倫理観をもって漠然と非難すべきではない、と反論している[38]。

絵物語ブームは一九五二年頃まで続き、以降はマンガにその座を明け渡す。そして街頭紙芝居はテレビの台頭とともに消えていく。しかし戦後の数年間、紙芝居は子どもたちを惹きつける覇権的なメディアだった。そしてキラーコンテンツ『黄金バット』『少年王者』を本にすることでベストセラーが生まれた。この「覇権メディア上のキラーコンテンツを出版物にしてヒットを生む」スタイルは、今に至るまで繰り返されている。

紙芝居・絵物語の次の時代の覇権を握ったのは、今言った通りマンガだ。米澤嘉博によれば、四〇年代に創刊された娯楽少年少女誌も良心的児童雑誌も、ともに読み物主体の誌面構成であり、一、二本掲載されていたマンガは「息抜きの笑い」の役割を受け持たされていたにすぎなかった[39]——が、人気に押されて紙幅を増やしていく。

四九年には光文社が「少女」、秋田書店が「少年少女冒険王」(のちに「冒険王」と改題)、文教出版が「少年少女譚海」を創刊。「少年」は手塚治虫の『アトム大使』『鉄腕アトム』、田中正雄『ダルマ君』、横山光輝『鉄人二八号』などのヒットで五〇年代の子ども雑誌界を席巻。

ところがマンガは悪書追放の槍玉にあげられ、焚書の対象にさえなり、各雑誌は漫画の掲載ページ数を一時抑制した[40]。「週刊朝日」は四九年二月六日号で「〝浪華赤本〟裏から表から」という記事を、四月二四日号で「こどもの赤本—俗悪マンガを衝く—」という特集を組み、五〇年には「出版ニュース」二月上旬号がマンガ特集を組み、赤本マンガが問題視された[41]。「悪書追放運動」は少年誌の売上を二割減らし、批判に対して教育的マンガの出版によってマンガ＝悪ではないと応答する動きが始まる（なお児童マンガ家たちも赤本を批判する側に立った）。こうして三一年頃から「名作漫画」「世界名作漫画」「偉人マンガ全集」といったシリーズが生まれた。

並行して赤本マンガは一九四九年をピークにインフレ、供給過多、中央の雑誌が絵物語やマンガ中心に通俗娯楽を安価に提供しだしたことなどにより衰退。一九五二年頃から貸本屋専用の単行本出版に活路を見いだし多数の読者を獲得するも――長谷川裕『貸本屋のぼくはマンガに夢中だった』は、太平洋文庫、東京漫画出版社、若木書房のマンガは最盛期には一社あたり年間七〇〇万人以上に読まれただろうと試算している[42]――貸本マンガもやはり大人には快く思われず、そしてテレビ受像機が一〇〇万台を超えた一九五八年を境に衰退し始める[43]。

ＧＨＱによっていくつかのジャンルは禁止されていたが、一九五二年頃から禁が解かれて柔道や剣道が復活。少年誌は捕物帖や講談ものを、絵物語はチャンバラものを描くようになっていく。五二年一月から「冒険王」で福井英一『イガグリくん』が連載開始。浪花節と対決パターンによってヒットし、柔道・剣道マンガを次々生む。米澤嘉博は、物語に重きを置く手塚マンガに対して『イガグリくん』はキャラクターが引っぱるドラマ展開、しかも無国籍でアメリカナイズされた手塚治虫の少年たちとは異なり、主人公は日本人の中学生で坊主頭に学生服、長屋暮らしというリアリティがあった、と語る。熱血少年たちは敵に勝ち、負けた相手が仲間（友）になる。のちの少年マンガにも通ずるテーマと作劇の方法論が『イガグリくん』にはあった[44]。

米澤は「手塚治虫の物語マンガの方法論を持って、より一般大衆向けのエンターテインメントを確立させた『イガグリくん』によって、少年誌はマンガをメインの読み物と考えるようになり、ページ数を与えるようになったことはまちがいない」と書く[45]。そして『イガグリくん』が決定づけた、キャラクターを主体とするマンガは、こののち週刊マンガ誌の登場によって、より一般化する。「週刊誌マンガはリードキャラクターを大きく前面に出し、物語の機能というより読者の視点を定めるために主人公をクローズアップしていった。週刊というサイクルは、確固たる主人公(ヒーロー)なしには読者をつかまえておけなかったのである[46]」

食品メーカーのカバヤは、一九五二年に始まったカバヤ文庫(世界名作全集の抄訳)に続き、営業の提案で「カバヤマンガブック」なるものを一九五三年に始めている。『宝島三勇士』『牛若姫』『宇宙少年』『ビックリくろちゃん』『こん助珍道中』などが出たが、子どもからの人気が爆発して児童文庫の方は人気がなくなり、さらにはマンガを嫌う学校や親から不買運動が起こり、カバヤ文庫の方も続けられなくなった[47]。

マンガに一定の理解のある中高年が増えた現在では信じられないくらいマンガは大人から嫌われ、攻撃対象となるほどに、子どもの需要がすさまじかった。一九五九年に創刊された初の週刊マンガ誌――とのちに呼ばれる「少年サンデー」「少年マガジン」は創刊当時にはマンガの分量は全体の三〇%強しかない「総合娯楽誌」だった。世間のマンガ批判がそうさせた。「読書世論調査」一九六一年版では小学校六年生のよく読む雑誌第一位に「週刊少年サンデー」が登場。「マガジン」は四位で小学館の学年誌「小学六年生」を抜き、中学生でも一年生と三年生の三位

に「週刊少年サンデー」が入るなど、両誌は創刊して早々に人気を得る。(48)

少女マンガはどうだったか?

一九四九年ごろから少女雑誌に小説が掲載されるようになったが、構成米沢嘉博『別冊太陽 子どもの昭和史少女マンガの世界I【昭和20年~37年】』(平凡社、一九九一年)は昭和二〇年代の少女小説のニーズは「悲しい、ゆかい、こわい」の三つだと喝破する——これは今の児童文庫市場を見ても本質的には大きく変わっていない。

当時はけなげで哀れな美少女が悲劇的な運命に立ち向かい、最後に幸せになるというメロドラマ風の少女小説がもっとも好まれた。それからユーモア小説、そして怪魔ものの探偵小説だ。乱歩が『少年探偵団』を「少年」に連載再開すると、少女雑誌でも探偵小説人気に拍車がかかり、乱歩のほか、西条八十、柴田錬三郎、島田一男、横溝正史らが執筆。探偵が登場し難事件を解決、あわれな少女を救うという物語が受容されていった。(49)

戦前には少女マンガ雑誌はなかったが、一九五四年に講談社「なかよし」、一九五五年に集英社「りぼん」というB5判の低中学年向け雑誌が創刊される(といってもやはり当初はマンガの他に絵物語や小説などの読み物ページを中心に、ファッション、芸能記事なども掲載された総合誌だった)。それが誌面の半分以上をマンガが占めるようになると、ひとつのモデルとして少女小説が選ばれる。主人公の少女がアクシデントや逆境に耐えながらも立派に生きていくパターンが主流だった。特に逆境が母親に起因する〝母親もの〟が人気を得た(50)。

一方、同時に少女小説雑誌はこの年以降、終刊を迎えていき、一九六三年の「少女ブック」終刊によって「女学生の友」を除いてすべて終刊となる。

「りぼん」「なかよし」では薄幸の少女を主人公にした母親もののメロドラマが一九五五年から五八年にかけて隆盛。しかし、五八年から本格的にマンガ時代が始まり、高橋真琴ら新たなスタイルの作家が登場すると、娯楽少女小説はマンガにその役割を渡して消えていく(51)。六二年から六三年にかけて「週刊少女フレンド」「週刊マーガレット」が創刊されると、同時期に四誌の月刊誌が休刊した。

久米依子『「少女小説」の生成』によれば、水野英子やわたなべまさこなどの華麗なマンガ作品は西洋への憧憬を強め、国産少女小説よりも欧米の家庭小説や映画などの影響が目立つようになる。さらに萩尾望都ら二四年組はケストナーやヘッセ、コクトーなど西欧文学の影響が濃い作風を展開。六〇年代に一世を風靡した、若い女性の生き方や性愛をリアルに問うジュニア小説が描いた世界は、西谷祥子の『レモンとサクランボ』(六六年「週刊マーガレット」にて連載開始)をはじめとする諸作によって同様の世界がマンガでも描けることが示され、以後は少女マンガが少女向け小説へ影響を与える時代が訪れる(52)。

『なかよしArtBook　創刊65周年記念「なかよし」展公式図録』によると、同誌では六〇年代後半に日本を舞台にした恋愛マンガ作品が増加。一九七〇年を最後に絵物語がなくなり、少女マンガ誌になると不幸もの、ギャグマンガに変わり、ラブコメ作品が増加し、青池保子や里中満智子、大和和紀、いがらしゆみこらが人気を獲得。恐怖ものは根強く人気……と変遷を遂げていく。[53]

しばしば言われるように、少年誌も少女誌もA5からB5にと大判化し、小説・絵物語からマンガ中心にとビジュアル重視、視覚的な刺激に訴える誌面へと変化していった。そしてビジュアルと誇張された感情表現を行うキャラクターで読者を惹きつける手法を確立したのちに、文学性をも表現しうる技法が探求されたことが重要だった。入り口がわかりにくければ、そのテーマが広くマーケットで受け入れられることはなかっただろう。

少女小説のモチーフやテーマが少女マンガに持ち込まれたように、隣接ジャンルには必ず往還がある。少年誌では、竹内オサムが指摘するように戦前の多様な娯楽少年小説の要素が戦後のマンガ誌に移入された。また、子どもマンガの隆盛によって不遇を託《かこ》っていた少年小説家・梶原一騎は「少年マガジン」編集部から依頼を受け、戦前期少年小説の一大テーマだった「艱難汝を玉にす」（人は困難や苦労を乗り越えることによって、初めて立派な人間に成長する）を展開、『巨人の星』『あしたのジョー』で「主人公が試練を経ることで成長していく物語」を打ち出すことで、「少年マガジン」を「劇画／青年マンガ」とも「子どもマンガ」とも異なる「少年マンガ」へと変化させた、[54]と瓜生吉則は言う。かつては文字中心で表現されていたものを、絵も交えて表現することで、より大衆的な支持を得た、と言ってもいい。戦後日本で海外絵本の大胆な構図（と、それを参考にしてつくられた新しいタイプの国産絵本）が子どもの心をつかんだことと、紙芝居や絵物語、マンガが子どもの心を捉えたこととはそう遠くない現象である。このあともテレビ、ゲーム、ＹｏｕＴｕｂｅと視覚刺激の強い娯楽をいかに本や雑誌に取り込み、子どもの関心を惹きつけるかは一貫した課題となる。

米澤嘉博は、映画から強い影響を受けてきたマンガは、一九五七年頃からテレビと結びつき始める、と書いている。なかでも『スーパーマン』とその日本的展開である川内康範・桑田次郎『月光仮面』がスーパーヒーローブームを呼び起こす。また、マンガの人気がラジオ、映画、テレビに飛び火したかたちで福井英一（のちに武内つなよし）『赤銅鈴之助』が大ヒットし、テレビとのタイアップで桑田次郎『まぼろし探偵』、武内つなよし『少年ジェット』、一峰大二『七色仮面』、堀江卓『矢車剣之助』などが生まれていったのは五七年から六〇年頃[55]。六〇年には「マガジン」と連動させたマンガ『マッハ三四郎』や、『快傑ハリマオ』が登場。一九六三年に初の国産アニメ『鉄腕アトム』が放映されると人気爆発、各社がＳＦテレビアニメを次々製作。『鉄人28号』『8マン』『宇宙少年ソラン』『スーパージェッター』『レインボー戦隊ロビン』などがアニメとのタイアップで週刊誌で連載が行われ、雑誌形式の単行本が刊行された。そして先にも述べたように六六年には『ウルトラマン』が放映を開始してＴＶ、出版が呼応した怪獣ブームが始まる。

週刊少年少女誌の登場は、それ以外にもテレビの存在が無視できないものだった。野上暁は、テレビの普及によって「週単位」感覚のコンテンツ消費が子どもに染みつき、購買力の高まりもあいまって週刊誌ブームを生んだ、と指摘する。[56] 子どもの時間感覚に合致し、生活サイクルに組み込ませられれば売れるが、そうでないものは売れなくなっていく。内容のよしあしに加え、コンテンツをどのように提供するかも、商品としての運命を左右する。
『出版年鑑1968』は「少年週刊誌は九五%、九六%のほぼ返品なしの売上が続き、伸びを続け、さらに年に何回も増刊を出し、それも好売れ行きを見せた」一方で、月刊少年娯楽誌である光文社「少年」が休刊になったとしている。[57]
五〇年代初頭までに月刊娯楽誌が良心的な児童文学誌を売れなくしたように、六〇年代には週刊マンガ誌が月刊娯楽誌を過去のものにした。六〇年代半ば以降に、記事ページの極力少ない大ボリュームの「増刊」の月刊誌化と、読み捨ての雑誌ではない「単行本」(コミックス)の台頭があり、七〇年代以降のマンガビジネスのさらなる隆盛を準備する。増刊で新人マンガ家を育成し、新連載企画をテストする。その中で見込みのあるものを部数の大きい本誌連載に移すことでヒット作をつくる。そうして生まれたヒット作は雑誌購買につながり、利益率のよいコミックスになってもう一度稼いでくれる。その稼ぎを元にさらに新人・新作へ投資を行う――このサイクルが築かれたことで、日本のマンガ産業は巨大化していった。
山森宙史『「コミックス」のメディア史』によれば、一九六六年、シリーズ名に「コミックス」を冠したストーリーマンガを中心とする新書判マンガ単行本が一斉に発刊される。コダマプレスのコダマダイヤモンドコミックス（コダマダイヤモンドコミクス）を皮切りに、小学館のゴールデンコミックス、秋田書店のサンデーコミックス、集英社のコンパクトコミックスなどが創刊。ただし当初の新書判コミックスは価格も高く、大人向けが多かった。六七年に創刊された講談社の「ＫＣ」は「少年マガジン」連載作品を単行本化するものだったが、読者が少年たちで、雑誌同様の手に取られ方をすることから取次の協力を得て、雑誌ルートでの配本となった。この雑誌ルート配本によって新書判コミックスは書籍を取り扱わない小規模書店や書店以外の小売業にまで広がり、発行部数を拡大。こうして七〇年代以降、マンガ誌とコミックスレーベルはセット創刊され、「コミックス」が母体誌と同じ雑誌流通ルートを介して販売される「雑誌」であることが出版業界では自明になる。[58]『出版年鑑１９７０』にはコミックスは「雑誌並みに短期間に売れ、資本回転率が良い、返本期限がないという書店からすると最高の商品」と形容されている。売る側にとって良い商品だったこともマンガ市場が伸びた原因だ。[59]七〇年代前半までは「少年サンデー」の作品が小学館ではなく秋田書店からコミックス化されるなど、マンガビジネスでは雑誌が「主」で、単行本は重視されていなかった。それが七〇年代半ば以降になると、自社の雑誌で連載し、自社で単行本も刊行するスタイルが一般化する。

　そして単行本の売上が増し、九〇年代後半以降、雑誌の売上が小さくなると、今度は雑誌が「従」になる。多くの雑誌は雑誌自体の価値で売るものではなく、将来コミックス化される原稿を集めるための媒体と化す。二〇〇五年には、マンガ市場において雑誌はコミックスより売上が小さくなり、以降、その傾向は覆っていない。今日では「コロコロ」や「ちゃお」、「ジャンプ」といった「雑誌で提供できる価値とは？」ということを突き詰めたわずかなマンガ誌だけが、子どもに支持されている――その詳細は第二章に譲る。

テレビと蜜月の学年誌・幼年誌

マンガ誌以外の児童誌はどうだったか？

六〇年代から七〇年代にかけて覇権メディアはテレビであり、なかでも子どもに愛されたのは特撮とアニメだ。幼年誌・学年誌はそれらと組むことで全盛期を築く。特に子どもたちを惹きつけたものが『ウルトラマン』シリーズであり、その「図解」だ。

図解の歴史に触れるには、いったんまた「マガジン」「サンデー」の話に戻る必要がある。

月刊少年マンガ誌と比べて豊富な読み物・記事がウリだった「マガジン」は創刊当初、大人の週刊誌に準じて時事トピックを追う記事ページを作っていたが子どもにはあまり響かず、六〇年には科学の未来ものなど夢を売る路線に変更。読者の反響もあって六二年頃から兵器や軍事ものに集中していく。[60] 竹内オサム『戦後マンガ50年史』によれば「サンデー」「マガジン」は六〇年代はじめに戦艦大和や零戦などを誌面で「かっこよく」紹介。次いで戦記マンガが隆盛。これに保護者、教育者から非難の声が挙がる。戦記ものブームは六一年に始まり、アメリカ西部劇のテレビ放映と結びついてガンブームが起こり、兵器や銃に子どもの目が向く環境が形成されていく。そして「サンデー」で六七年一一月に連載が始まった『あかつき戦闘隊』は雑誌の懸賞で賞品として日本海軍兵学校制服・制帽・短剣・刀帯セットなどを付けたことで児童文学者たちの反発を招いて新聞上で批判され、抗議される。[61]

これを機に兵器の図解は封印される——ただ、そのころすでに「マガジン」は図解の対象を「怪獣」に変えていた。六六年に『ウルトラQ』『ウルトラマン』がTV放映されるが、「マガジン」は放映前から特集を組み、マンガと図解でしかけ、怪獣ブームに乗った。図解を担当したのは大伴昌司。[62] 野上暁『小学館の学年誌と児童書』によれば、一九六五年から一九七一年まで編集長を務めた内田勝から宮原照夫へと編集長が交代し、「マガジン」との蜜月が終わっていた大伴昌司は、今度は小学館と組んで『ウルトラ怪獣入門』『怪獣図解入門』を手がけ、この二冊はともに一〇〇万部を超えるヒットとなる。[63]

一九七三年に大伴が亡くなった後もこの図解のノウハウは学年誌で活用されて『ドラえもん』のひみつの道具などの図解に使われ、それがさらに「コロコロコミック」に受け継がれてホビーをビジュアルで魅せるグラフ（記事ページ）として今も子どもたちを楽しませ、あるいはエンタメ性と専門性を両立させる今日の図鑑にもエッセンスが継承されている。切通理作『怪獣少年の〈復讐〉』は、怪獣のスペックをデータベース化する方法は以後の子ども文化のひな形となり、タカラのリカちゃん人形の設定もウルトラ怪獣図鑑を参考にキャラクターをはっきりさせたと生みの親・小島康宏が証言している、と書く。[64] ただし、図解のルーツは兵器の図解にある。力は使い方次第で正義にも悪にもなる――これは横山光輝や石森章太郎、永井豪らのマンガで繰り返し描かれてきたことだが、図解にも同じことが言える。

話を戻すが、『ウルトラマン』『ウルトラセブン』までは講談社に雑誌掲載権を独占されていたが、『帰ってきたウルトラマン』の独占掲載権を獲得したことで小学館の幼年誌・学年誌九誌は部数を伸ばした。六〇年代から七〇年代初頭にかけて『ウルトラマン』ブームと併走していた「小学一年生」は伸びに伸び、七二年二月号がピークで学年浸透率は五〇%を超え、実売が一〇〇万部超。七〇年より小学館は子どもの疑問に答える形式で怪獣の話題をきっかけに恐竜、動物、宇宙などさまざまな題材を学ぶ図鑑シリーズ『なぜなに学習図鑑』全二八冊も刊行。しかしオイルショックの影響もあり、七三年には年間一四タイトル放映されていた特撮ヒーロー番組は七四年には八タイトル、七五年には六タイトルに減少。七五年三月の『ウルトラマンレオ』最終回をもって『帰ってきたウルトラマン』から始まる第二期ウルトラマンシリーズはいったん幕を閉じる。[65] とはいえ七二年から八三年までの一一年間、「小学一年生」は刷り部数で一〇〇万部を超えていた。「小学三年生」も七三年四月号には一〇〇万部を達成。同じ七三年四月号では「小学五年生」が六三万五〇〇〇部、「小学六年生」が四六万部と最多部数を記録している。[66]

一方、講談社は一九七一年に始まる『仮面ライダー』シリーズ、一九七五年の『ゴレンジャー』以降の東映スーパー戦隊の情報を独占掲載する雑誌媒体となる。[67] 講談社は、学年誌・幼年誌九誌体制の小学館に対抗するため、テレビヒーロー番組の特集に特化した雑誌「テレビマガジン」を七一年に創刊。『仮面ライダー』『マジンガーZ』を二本柱にして子どもたちに浸透させる。ただこうした子ども向けテレビ雑誌の読者層の中心は四、五歳児と低年齢化していく。八〇年にガンプラが、八三年にファミリーコンピュータが発売されると上の層はそちらに流れ、キャラクター玩具はますます幼児から低学年にシフトしていく。[68]

学年誌の潮目が変わり始めたのは七〇年代後半からだ。

『出版年鑑1978』では「未就学誌は好調」だが「小中高生誌は不調」とする。理由は「塾に通う子どもが増えたから」だそうだ。[69] この理屈は「子どもの本離れ」に対する理由を語るときによく登場する。だが、ではなぜ一方でこのころマンガは好調で、このあと受験戦争は激化するのにマンガやゲーム市場は伸びたのか。この理屈では説明がつかない。なお未就学誌が好調なのは、人口の多い団塊ジュニア世代が幼年誌を買う年齢になったからだ。すでに七〇年代後半には上向きだったのは幼年誌だけで、野上の『小学館の学年誌と児童書』によれば、学年誌は八〇年代中頃になると五、六〇万部まで落ちていく。[70] それには書店で発売される雑誌とは異なり、付録に関する規制がないために本格的な付録を付けられたマンツーマン販売による直販誌「学習」「科学」(学研)に食われたこともあった(『出版年鑑1977』)。しかし、「学習」「科学」も徐々に勢いを落としていく。

そして——創刊時点では小学生男子にとっての雑誌の代名詞が交代するとは誰も予想していな

かっただろうが――一九七七年に学年誌の編集部を母体に小学館から「コロコロコミック」が創刊される。七〇年代中頃、小学館は少年サンデーコミックスを創刊（それまでは秋田書店から発行）、さらに学年誌でもてんとう虫コミックスを創刊し、一九七四年から『ドラえもん』を刊行するようになると、利益率がいい上に大ヒットとなった。[71] これを受けて『ドラえもん』一挙掲載を目玉に「コロコロコミック」は創刊されている。

一九七九年、二度目のＴＶアニメ化を機に『ドラえもん』はブームになり、連載誌の「よいこ」「幼稚園」「てれびくん」、学年誌、「コロコロコミック」の部数を伸ばす。[72]「コロコロ」は八〇年代に入ると「マンガ」「グラフ」（記事ページ）「イベント」を三位一体とする独自のビジネスモデルを構築し、ホビー、アニメと連動していくつものブームをつくっていくことになる。

こうして八〇年代までに、子ども向けの出版物は、商業的には完全にマンガ中心と言っていい状況になった。児童書はマンガやゲームのようなわかりやすい視覚的・情動的な刺激、ＴＶ番組などと連動して子どもの生活サイクルへ入り込む戦略を欠き、書店にとってはマンガ雑誌やコミックスのように子どもの定期的な来店動機となり、かつ高回転、高利益率という商売上の旨みが相対的に薄かったことで、徐々に読まれなくなっていってしまう。

（３）根本彰『教育改革のための学校図書館』東京大学出版会、二〇一九年、一三五、二八八ページ

（4）肥田美代子『学校図書館の出番です！』ポプラ社、二〇一七年、七五ページ
（5）『教育改革のための学校図書館』五一ページ、二八九ページ
（6）川崎良孝・吉田右子編『現代の図書館・図書館思想の形成と展開』京都図書館情報学研究会、二〇一七年、一七八ページ
（7）小峰紀雄×竹下晴信「児童図書出版の現在・過去・未来」、『日本児童図書出版協会の六十年』編集委員会編『日本児童図書出版協会の六十年』日本児童図書出版協会
（8）今村正樹「児童書出版は、戦後どのように成長してきたか」、『ず・ぼん12』ポット出版、二〇〇六年、一四―一五ページ
（9）全国学校図書館協議会『学校図書館五〇年史』編集委員会編『学校図書館五〇年史』社団法人全国学校図書館協議会、二〇〇四年、三〇ページ
（10）『ず・ぼん⑫』一四―一五ページ
（11）『ず・ぼん⑫』一六ページ
（12）川戸道昭・榊原貴教『図説絵本・挿絵大事典第1巻図説日本の児童書四〇〇年』大空社、二〇〇八年、四五二ページ
（13）佐藤宗子、ひこ・田中、さくまゆみこ、司会いずみたかひろ「現代児童文学の終焉とその未来」、「日本児童文学」日本児童文学者協会、二〇一六年一一・一二月号、三九ページ
（14）出版年鑑編集部『出版年鑑１９６８』出版ニュース社、一九六八年、七〇ページ、出版年鑑編集部『出版年鑑１９７４』出版ニュース社、一九七四年、五八ページ
（15）神宮輝夫「子どもの文学の新周期　１９４５―１９６０」、『平成17年度国際子ども図書館　児童文学連続講座講義録「日本児童文学の流れ」』国立国会図書館国際子ども図書館、二〇〇六年、一一ページ
（16）松居直『松居直と『こどものとも』創刊号から１４９号まで』ミネルヴァ書房、二〇一三年、四ページ
（17）『松居直と『こどものとも』創刊号から１４９号まで』八ページ
（18）松居直『翻訳絵本と海外児童文学との出会い』ミネルヴァ書房、二〇一四年、二八―二九ページ
（19）松居直『絵本とは何か』日本エディタースクール出版部、一九七三年、二三九、二四一―二四二、二四九―二五

一ページ

(20) 難波博孝・山元隆春・宮本浩治編著『読書で豊かな人間性を育む児童サービス論』学芸図書株式会社、二〇一二年、八〇ページ

(21) 森久保仙太郎「日本の創作絵本のあゆみ」、日本児童文学者協会編『戦後児童文学の50年』文溪堂、一九九六年、一八四ページ

(22) 児童図書館研究会編『児童図書館のあゆみ　児童図書館研究会50年史』教育史料出版会、二〇〇四年、一五八ページ

(23) 上笙一郎「出版状況と児童文学」、日本児童文学者協会編『児童文学の戦後史』東京書籍、一九七八年、一六七ページ

(24)『読書で豊かな人間性を育む児童サービス論』八二ページ

(25) 長谷川潮「現代児童文学、その生成と発展　60年代から70年代へ」、『戦後児童文学の50年』三九、四五—四六、四九ページ

(26)『出版年鑑1968』、七二ページ

(27) 出版年鑑編集部『出版年鑑1969』出版ニュース社、一九六九年、七一ページ

(28) 出版年鑑編集部『出版年鑑1971』出版ニュース社、一九七一年、七四ページ

(29)『児童文学の戦後史』一六七ページ

(30)『出版年鑑1969』七一ページ

(31)『児童文学の戦後史』一六七ページ

(32)『出版指標年報1980年版』公益社団法人全国出版協会 出版科学研究所、一九八〇年、七一ページ

(33)『戦後児童文学の50年』五二、五四ページ

(34) 竹内哲『生きるための図書館』岩波新書、二〇一九年、七一ページ

(35)『現代の図書館・図書館思想の形成と展開』一八八—一八九ページ

(36) 今田絵里香『「少年」「少女」の誕生』ミネルヴァ書房、二〇一九年、四〇五—四〇六ページ

(37) 加太こうじ『紙芝居昭和史』岩波現代文庫、二〇〇四年、二二九ページ

(38) 竹内オサム『戦後マンガ50年史』筑摩書房、一九九五年、四〇―四一、四六―四七ページ
(39) 構成米沢嘉博『別冊太陽　子どもの昭和史少年マンガの世界Ⅰ　昭和20年～35年』平凡社、一九九六年、四ページ
(40) 野上暁『子ども学その源流へ――日本人の子ども観はどう変わったか』大月書店、二〇〇八年、一七一―一七三ページ
(41) 『戦後マンガ50年史』二〇ページ
(42) 長谷川裕『貸本屋のぼくはマンガに夢中だった』草思社文庫、二〇一八年、八三―八四ページ
(43) 『別冊太陽　子どもの昭和史少年マンガの世界Ⅰ　昭和20年～35年』三―六ページ
(44) 同、八八ページ
(45) 同、七ページ
(46) 構成米沢嘉博『別冊太陽　子どもの昭和史少年マンガの世界Ⅱ　昭和35年～64年』平凡社、一九九六年、一六一ページ
(47) 坪内稔典『カバヤ文庫の時代　坪内稔典コレクション第1巻』沖積舎、二〇一一年、六八―七一ページ
(48) 中野晴行『マンガ産業論』筑摩書房、二〇〇四年、三七ページ
(49) 中川裕美『少女雑誌に見る「少女」像の変遷』出版メディアパル、二〇一三年、一一四―一一五ページ
(50) 『なかよしＡｒｔＢｏｏｋ　創刊65周年記念「なかよし」展公式図録』講談社、二〇一九年、三ページ
(51) 構成米沢嘉博『別冊太陽　子どもの昭和史　少女マンガの世界Ⅰ昭和20年～37年』平凡社、一九九一年、一六ページ
(52) 久米依子『「少女小説」の生成――ジェンダー・ポリティクスの世紀』青弓社、二〇一三年、三〇五―三〇七ページ
(53) 『なかよしＡｒｔＢｏｏｋ　創刊65周年記念「なかよし」展公式図録』一一ページ
(54) 瓜生吉則「「少年マンガ」の発見」、岩崎稔・上野千鶴子・北田暁大・小森陽一・成田龍一編著『戦後日本スタディーズ2　60・70年代』紀伊國屋書店、二〇〇九年、二二八―二二九ページ
(55) 『少年マンガの世界Ⅰ』七ページ

(56)『子ども学その源流へ』一八三ページ
(57)『出版年鑑1968』一一三―一一五ページ
(58)山森宙史『「コミックス」のメディア史――モノとしての戦後マンガとその行方』青弓社、二〇一九年、七八、一一〇、一一三ページ
(59)出版年鑑編集部『出版年鑑1970』出版ニュース社、一九七〇年、五四、六八ページ
(60)週刊少年マガジン編集部編『少年マガジンの黄金時代～特集・記事と大伴昌司の世界～』講談社、二〇〇八年、三三五―三三六ページ
(61)『戦後マンガ50年史』九一―九四ページ
(62)『少年マガジンの黄金時代～特集・記事と大伴昌司の世界～』三三五―三三六ページ
(63)野上暁『小学館の学年誌と児童書』論創社、二〇一五年、八二ページ
(64)切通理作『怪獣少年の〈復讐〉――70年代怪獣ブームの光と影』洋泉社、二〇一六年、一六八ページ
(65)秋山哲茂編『学年誌ウルトラ伝説』小学館、二〇一七年、二四四、二五〇ページ
(66)『小学館の学年誌と児童書』八三ページ
(67)『子ども学その源流へ』一九六ページ
(68)『怪獣少年の〈復讐〉』二〇四―二〇五ページ
(69)出版年鑑編集部『出版年鑑1978』、出版ニュース社、一九七八年、六六ページ
(70)『小学館の学年誌と児童書』九二ページ
(71)同、一二〇―一二一ページ
(72)『出版指標年報1980年版』七五ページ

二、一九八〇年代〜九〇年代　サブカルチャーの隆盛と児童書冬の時代

マンガの伸長と児童書・児童誌の苦境は八〇年代から九〇年代にかけて続く。

コミックス市場の爆発とアニメやゲームとのメディアミックスで伸長するマンガ

八〇年代から九〇年代にかけて、マンガ市場は爆発的な勢いで隆盛を遂げていく。

集英社の「りぼん」は八二年七月号連載開始、同年一〇月からテレビアニメ化された池野恋『ときめきトゥナイト』がヒットし、一〇〇万部程度だった部数が一九八三年には一八〇万部近くになり、[73]八五年には月刊少女誌として初の二〇〇万部超えを達成。講談社の「なかよし」は一〇〇万部を超え、集英社の「別冊マーガレット」は一六〇〜一七〇万部、角川書店（現ＫＡＤＯＫＡＷＡ）が「あすか」を創刊してコミック誌への進出を果たす。

少年誌では八四年に集英社「週刊少年ジャンプ」が当時の雑誌史上未踏の三〇〇万部を超え、四〇〇万部に届こうとする爆発的人気となり、『キン肉マン』が小学生、『キャプテン翼』が中学生、『北斗の拳』が高校・大学生に支持されていた。[74]講談社の「週刊少年マガジン」は八二年には二五万部だったが『鉄拳チンミ』などの人気が急上昇し一〇〇万部に迫る勢いとなる。

八〇年代のマンガ市場の成長には

①六〇年代以来のＴＶアニメとの連動

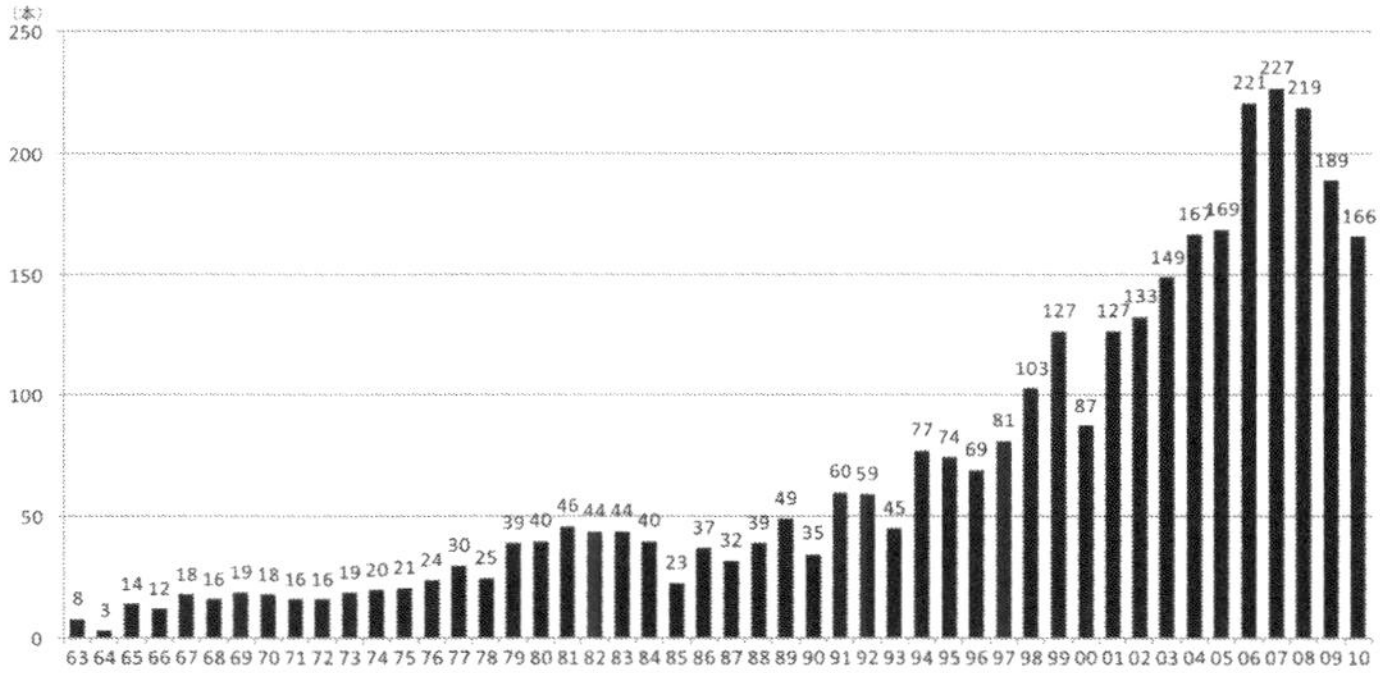

図9　テレビアニメ新作放映数の推移

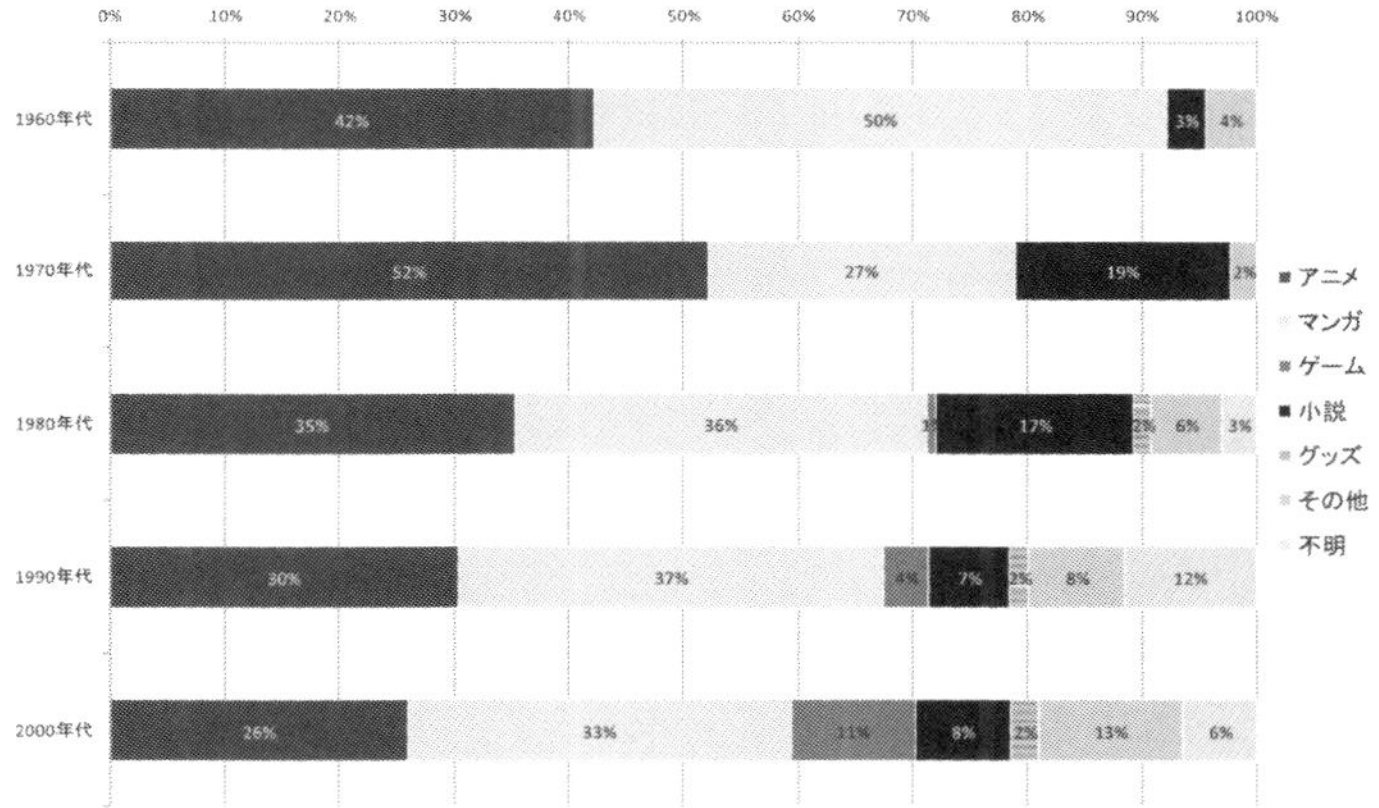

図10　テレビアニメにおける原作媒体の割合の変化（図9、10は増田のぞみ・東園子・猪俣紀子・谷本奈穂・山中千恵「日本におけるテレビアニメ放映データの分析――リストの作成とその概要――」「甲南女子大学研究紀要」第50号文学・文化編2014年3月より引用）

一九七七年公開のアニメーション映画『宇宙戦艦ヤマト』以降、キッズアニメではない一〇代以上を対象としたアニメがブームとなり、七〇年代までよりも制作本数が増え、アニメの原作となるマンガ作品の割合も増えた（図9、図10）ことが、マンガの売上にポジティブな影響を与えた。
②人口の多い団塊ジュニア世代（一九七一年〜七四年生まれ）がマンガを読む年齢になったこと。そして大人になっても卒業しなかったこと（これ自体は六〇年代末から起こっていたことだが）
③七〇年代前半までの雑誌一本槍から、雑誌＋コミックスビジネスへの転換によってさらに子どもの可処分時間・所得を獲得するに至ったこと。それがさらに作家・作品への再投資を加速し、競争と作品の多様性を生んだこと
などが考えられる。それに加えて
④覇権メディアとなったゲームと組む、またはその感覚を取り入れた作品を作り得たこと
がある。

　一九八三年に任天堂から発売された家庭用ゲーム機ファミリーコンピュータは最終的に日本国内だけで一九〇〇万台以上を売り上げ、一九九〇年に発売されたスーパーファミコンは一七〇〇万台以上を売り上げた。実に日本の人口の一割以上、二割近くにあたり、子ども（特に男子）にとっては圧倒的に支持されるエンターテインメントメディアとなった。

　ゲームが出版市場に与えたインパクトは大きかった。『出版年鑑１９８７』によれば、八六年には角川書店（当時）の「マル勝ファミコン」などファミコン雑誌が続々創刊され、既存のファ

ミコン誌も最大の発行部数を誇る『ファミリーコンピュータMagazine』（徳間書店）などは一〇〇万部を超えた。[75] 当時はインターネットもなく、ゲームの新作情報、攻略情報を知りたければクチコミか雑誌を読むしかなく、爆発的な需要が生じた。

『出版指標年報1986年版』によれば、小学館の「コロコロコミック」や講談社の「コミックボンボン」はファミコンゲームを題材にしたマンガを掲載したところ売れ行きが一気に上向き、「コロコロ」は四〇万部から七〇万部に。「ボンボン」は三三万部から四七万部に部数を伸ばす。[76]「ジャンプ」もさくまあきらによるゲーム攻略（裏技情報）ページの展開、『ドラゴンクエスト』のキャラクターデザインに鳥山明を起用、『ドラクエ』の世界観をベースにしたマンガ『DRAGON QUEST―ダイの大冒険―』の始動など、ファミコンブームに対応し、また、数々のジャンプマンガがゲーム化されていった。

一方『出版指標年報1987年版』では児童書の不調の理由について「ファミコンに対抗できなかった」と書いている。同じ「子ども向けの出版物」であっても、マンガはゲーム関連情報を積極的に取り入れ、ソフトをマンガ化、あるいはゲーム感覚を取り込んだオリジナル作品をつくった一方、児童書業界は敵視ないし無視して取り扱わないというスタンスの違いによって、商業的な明暗が分かれた。

学年誌も八〇年前後からコンピュータゲーム記事が定番化。『ゲームセンターあらし』や高橋名人も交え、人気ソフトや最新ハードの紹介に多くのページを割いていた。[77] しかし月刊であるがゆえに週刊ゲーム誌より情報が遅く、同じ月刊でも「コロコロ」のように独占掲載権もなければ人気ゲームのマンガ化に積極的でもなく、ゲーム大会を主催・協賛するポジションも取れなかった。学年誌から派生した「コロコロ」があったからこそ、「コロコロ」との棲み分けを考え、同じことをしなかった（できなかった）ことが災いしたとも言える。学年誌は六〇年代から七〇年代にかけての特撮番組との蜜月と比べると、八〇年代以降のゲームとはどうしても距離があった。それが子どもに選ばれなくなっていった理由のひとつだろう。学年誌は学習要素と娯楽要素をともに扱う総花的媒体ゆえに情報の密度がファミコン誌や「コロコロ」に劣り、結果、子どもが敏感に反応する時事風俗の一翼を担う存在から脱落した。

対してマンガ市場はその後も伸び続け、九〇年代前半には「りぼん」「なかよし」が二〇〇万部、九〇年代半ばには「ジャンプ」が史上最高の六五三万部を記録、「マガジン」も四〇〇万部を突破と、少年・少女マンガは出版史上最大の活況を呈する。

八〇年代に起こったマンガ市場の変化で、歴史的に重要だった点がもうひとつある。「学習マンガ」市場の成立である。

『出版年鑑1982』によれば、メキシコの時事マンガ家が、字が読めない人たちのためにマルクス思想を説いた、大学生向けの「見る思想書」と銘打った現代書館の入門シリーズが八〇年暮れから出始め、人気を呼んだという。ラインナップは『アインシュタイン』『フロイト』『マルクス』『毛沢東』など。イギリスの出版社がシリーズ化したものが、日本でも翻訳出版された。これに続いて一九八一年に小学生向けに「学習まんが」と銘打った小学館『少年少女　日本の歴史』全二三巻が刊行され、第一巻、第二巻ともに一二万部以上が売れて増刷を続け、八二年には学研『学習まんが　日本の歴史』が全一六巻、集英社『学習漫画　日本の歴史』全一八巻が刊行された。また、こちらは数学だが、赤塚不二夫の『ニャロメのおもしろ数学教室』（パシフィカ）が五万部となっている。[78] 八四年には旺文社『教科書まんがシリーズ』、学研の『教科書まんが事典』など、教科書と直結した学習マンガが出始める。[79]

マンガは五〇年代、六〇年代には「俗悪」と否定され、悪書追放運動の対象となってきた。それに対して世界の名作のマンガ化、あるいは一九六〇年代後半には筑摩書房『現代漫画』、『現代コミック』（双葉社）、『白土三平選集』（秋田書店）、『赤塚不二夫全集』（曙出版）、『のらくろ全集』（講談社）などハードカバーの「漫画全集」が刊行され、文学全集の棚の横に並べて売られる[80]など、「マンガは文学・文化と肩を並べるものだ」とアピールすることで、世間のマンガ批判をかわしながらも爆発的な需要のあるマンガで商売をすることを試みるなど、世間に認められるための努力を重ねてきた。

そして八〇年代についに「学習マンガ」という〝教育的な〟大人にも認められるジャンルを確立し、以後、家庭や学校図書館を市場に一定の地位を得ていく。学習マンガもまた、今日では当たり前に「児童書」として（かつ、子どもに与えて良いものとして）認められているが、八〇年代以前の書店では一般的ではなかった。

子どもの本市場で支持されるために重要な点に、

「生活サイクルに組み込まれること」

「大人目線ではなく、子どもの目線・感覚に近いこと」

「大人からの一方通行なものではなく、子どもが参加できる要素があること」

「流行・時事風俗を取り入れること、覇権メディアと連携すること」

がある。このうち最低二つ以上満たさなければヒットや流行にはつながらない。八〇年代から九〇年代にかけて、児童～一〇代向けのマンガはこれらすべてを見事に満たしていた。学校帰りに書店で立ち読みし、気に入ったものを買って帰り、家ではアニメやドラマを観て、ゲームで遊び、友だちと電話で恋愛やファッションについて語り合う。マンガはアニメやドラマ、ゲームの原作となるか、そうでなくても同じ感覚として楽しめる内容や、その時代に生きる子どもの興味関心に合致するものを提供していた。雑誌では読者投稿コーナーが隆盛し、「ジャンプ」連載の『キン肉マン』では読者に自分の考えた超人を投稿してほしいと呼びかけ、「コロコロ」連載の『ダッシュ！四駆郎』では読者にオリジナルのミニ四駆のデザイン募集を呼びかけ、優秀作品は実際に作中で採用された。

児童サービスを拡大する公共図書館と子ども文庫の利用数減少

アニメやゲームといったサブカルチャーと連動するマンガが伸長した一方で、八〇年代以降、図書館や子ども文庫、児童書からは子どもが離れていく。

当時の状況を伝えるテキストを見てみよう。児童図書館研究会編『年報こどもの図書館1981〜1985：1986年版』内の小河内芳子「児童図書館奉仕の現状」では、八〇年代に入ってから児童の図書館利用率が、個人貸出登録者数、貸出冊数共に低下しはじめた、と書く。この傾向はまず都市部に現れ、全国に波及しつつあり、特に一九八四年から八五年にかけて減少している館が多い。また利用児童については減少以外に低年齢化も指摘され、これは文庫にも見られる、と。[81]八〇年代後半にはこの傾向がさらに加速する。

図書館、文庫共に、おはなし会に参加する子どもの年令がさらに低くなってきたという声が聞かれる。10年位前までは5・6年生や中学生までがふつうにおはなしを聞きに来ていたのに、だんだん高学年の子が来なくなり、このごろは、おはなし会に参加する子どもの中心は幼児に移ってきたようである。3年生からは塾へ、さらに小学校に上がるか上がらないうちに、ピアノやお習字に加えて英語教室や算数教室へと駆り立てられる子どもが増えているためであろうか。

（内藤直子「おはなし会」、児童図書館研究会編『年報こどもの図書館１９８６〜１９９１：１９９２年版』日本図書館協会、一九九四年、一九一ページ）

両者ともになぜか一九八五年の『スーパーマリオブラザーズ』発売以降のファミコンブームやコミックスの隆盛に触れていないが、当然、その影響は大きかった。

髙橋樹一郎『子ども文庫の１００年』も、やはり八〇年代に入ると子ども文庫に通う子どもの数は減少し、特に高学年の子どもが著しく減った、としている。いま挙げた理由に加え、石井桃子が危惧していたように、長いと一〇年以上も文庫活動を続けるうちに運営者側が疲弊したり、社会的な外圧にさらされたり（文庫運動の従事者には左翼思想の影響を受けた人間が少なくなかったことから、「アカ」扱いされて夫の会社から圧力をかけられ、辞めさせられたケースもあった）といった事情が重なった結果と推察される。

ただし、お話や読み聞かせを行う活動は少しずつ増え始めている（「読書ボランティア」の誕生）。八〇年代以前は読み聞かせの出前は断られることが多かったという。今では当たり前に存在する「読み聞かせ」（「読みきかせ」「読み語り」「おはなし」）は、何と呼称するかはともかくこのころから家庭外へも広がっていった。[82] 八〇年代から九〇年代にかけて、それまで地域で展開されてきた文庫は、学校とのつながりも持ち始める。八〇年代には読み聞かせなどの「〝出前型〟活動」が行われるようになり、九〇年代には学校図書館における蔵書やサービスの充実を求める学校図書館充実運動へと展開していく。[83] 地域の読書推進活動は、文庫を設置して「待つ」のではなく、自ら学校や公共図書館へ読み聞かせなどに「行く」スタイルへと変化していく。

民間図書館（子ども文庫）は閑散化していくが、一九八〇年代には公共図書館および児童室（コーナー）の増加とともにサービス多様化と質の向上が図られるようになる。さらに九〇年代には児童室に加えて図書館内に乳幼児コーナーが設置され、乳幼児を対象としたブックリスト作成が行われるようになり、乳幼児と保護者を対象としたお話会やわらべうたの集いといった行事も増えていく。また、保育園などで読み聞かせをする機会が増えたことからの要望か、九〇年代には図書館内で大型絵本も目立つようになる。[84] こうした公共図書館内のイベントは図書館員だけで行われるのではなく、地域の読書ボランティアが関わるケースも多い。

ただ、この頃はまだまだ「図書館に行く習慣がない」「赤ちゃんに絵本を読ませるという発想自体がない」親が少なくなかった。こうした試みが目に見えて結実し、乳児期からの本との触れ合いが、より一般化するのは、ブックスタートが広まる二〇〇〇年代以降のことになる。

停滞する八〇年代の児童書市場とその例外

一九八〇年代の書店では児童書は活気があり、読みものも絵本も初版部数が一万部前後だった、と『日本児童図書出版協会の六十年』にはある。ただしこれは九〇年代と比べれば、という話であって、リアルタイムでの児童書市場についての記述は悲痛だ。

『出版指標年報1981年版』を見ると、一九八〇年は点数的にも販売面でも伸び悩んだ年とされる。「安定した需要を示す学校・公共図書館の伸びが弱まり、一般家庭・個人読者需要の動向が成長の鍵を握る[85]」。『出版年鑑1981』でも「幼児誌の売上は相変わらず良くない。原因としては対象人口の減少、『ドラえもん』の人気の下降、物価高による買い控え。ただし『テレビくん』『テレビマガジン』『テレビランド』などキャラクターものを掲載している雑誌は順調[86]」。続く八一年も、児童書は「部数伸び悩み」「重版不調で販売成績は前年をやや下回る[87]」。『出版年鑑1983』でも「このところ児童誌が低迷[88]」。『出版指標年報1985年版』では「新学習指導要領が「ゆとりある教育」をうたい、高校への全員入学と言われる状況となり（中略）読書調査などによれば、〝ゆとりの時間〟教育のおかげで、読書の興味が増し、子どもの読書率が上昇していると言われているが、図書館利用が拡がって、書店店頭の売れ行きにつながらず[89]」。『出版指標年報1986年版』では児童書の売れ行きは「不振」「特に創作ものは不調[90]」。『出版指標年報1987年版』も「児童書は低調」「新刊点数、冊数とも落ち、重版の動きも悪かった」「ファミコンに読書が対抗できなかった[91]」。これで「八〇年代には児童書は活気があった」と言うのは、九〇年代がひどすぎたがゆえに「相対的にはマシだった」というレベルの話だろう。

もちろん、活気があったジャンルやヒット作がなかったわけではない。赤ちゃん絵本や児童文庫、そして『ズッコケ三人組』は元気だった。

赤ちゃん絵本は一九八〇年にはキヨノサチコ『ノンタン』（偕成社）、松谷みよ子作、瀬川康男絵『いないいないばあ』（童心社）、このみひかる『ぴょこたん』（あかね書房）、ディックブルーナ『こどもがはじめてであう絵本』（福音館書店）などがよい売れ行きとなった[92]。特に『ノンタン』については『出版指標年報1984年版』でもヒットしたことが挙げられ、絵本の「娯楽性が強まることについては一部に批判もあるが、子ども達の人気が売れ行きに反映した形である」とある[93]。

ここ数年、赤ちゃん絵本が多く出版され、幼児にとっての本もかなり豊富になってきた。そんな中で目立った絵本は、『ノンタンのえほんシリーズ　おおともやすおみさちこ作絵　偕成社』であろう。これは2・3歳児から、4・5歳児までの子どもの心をつかんで、100刷りになっているものもある。ノンタンえほんは出版された当時、その評価が割れて話題を呼んだが、子どもたちは、あのギザギザの線の動きと、マンガチックな構成と、子どもと同化できるストーリーによって、自分たちのものにしてしまっている。

（近藤洋子「読書傾向」、児童図書館研究会編『年報こどもの図書館1981～1985：1986年版』日本図書館協会、一九八七年、一四八ページ）

ここにもあるように、一九七六年から刊行された『ノンタン』シリーズは、当初、あかんべしたり、ブランコをひとりじめしたりと、お行儀がよろしくなく、（最終的には反省するものの）

好き放題に振る舞うノンタンに対して批判する大人が少なくなかった。一九六七年から始まる馬場のぼるの『11ぴきのねこ』シリーズも、登場する猫たちの気ままさ、教育的内容の希薄さ（そのように当時は見えた）などから「あんなものはマンガだ」と否定する声が多かった。一九五〇年代には日本人作家による創作絵本自体が「こんなものは絵本ではない」と批判されたことは先に見た。それから時が経ち、創作絵本が受け入れられるようになるとカテゴリー内での選別が始まり、「創作絵本かくあるべし」という規範が形成され、そこから逸脱するヒット作は叩かれる。だがさらに時代が下ると『11ぴきのねこ』も『ノンタン』も「ロングセラーの名作」に変わる。しかしそれは大人の事情であって、喜怒哀楽、羨望、欲望が剝き出しの11ぴきのねこやノンタンに子どもは発売当時から惹かれた。『ノンタン』は一九九二年にテレビアニメ化されるとさらに人気を増し、現在まで愛されるキャラクターとして定着している。

また、児童文庫も好調だった(94)。

というより、児童文庫市場が成立したのが七〇年代末から八〇年代初頭にかけてである。「児童文庫」とは、新書サイズの大きさの子ども向けの本のことだ。本の大きさは文庫サイズではなく中公新書や講談社現代新書のように新書サイズだが角川つばさ文庫のように「文庫」と呼び、「子ども文庫」（家庭文庫）は私設図書館、「児童文庫」は本の種類を指す。ややこしいが、本書では慣例に従って表記する。

七九年一〇月には岩崎書店、金の星社、童心社、理論社が協力出版するレーベル〝フォア文庫〟が「出版市場に前例のない協力出版」という触れ込みで誕生し、刊行ラインナップには〝戦後の佳作〟と言われる作品が多く、大きな話題となった。[95]フォア文庫創刊の理由として『出版年鑑1980』は、創作児童文学を育ててきた中堅出版社の大手出版社に対する版権防衛（児童書に限らず、単行本発売からしばらく経って刊行される文庫版は版元を移されるケースが横行していた）、子どもの間にハンディな本が定着していること（これはマンガのコミックスも含むと考えられる）、子どもの本の読者層が大人にまで広がっていることを挙げる。[96]翌八〇年には講談社青い鳥文庫が創刊され、「児童書は低学年のウェイトが高いだけに、高学年から上の読者を開拓していることが児童文庫が成功している大きな要因」と『出版指標年報1981年版』は書く。[97]

児童文庫はもともと「名作を安価でハンディな形態で読めるように」という意図から作られたが、八二年に講談社青い鳥文庫が福永令三『クレヨン王国の十二か月』の続編である『クレヨン王国の花ウサギ』を書き下ろしで刊行したことを皮切りに、児童文庫では徐々に書き下ろしが増えていく。そして九〇年代から二〇〇〇年代にかけて、はやみねかおる『名探偵夢水清志郎』、松原秀行『パソコン通信探偵団事件ノート』（『パスワード』）など、多数のオリジナルヒットシリーズを抱えるレーベルへと成長する（詳しくは第三章で扱う）。

一九七八年から刊行の始まった那須正幹『ズッコケ三人組』シリーズも、八〇年代から九〇年代にかけて圧倒的に読まれた、「児童文学」としては例外的な作品だ。八五年から八六年にかけてテレビドラマ化され、これと前後してファンクラブが発足。ファンクラブ会員になるための資格試験問題は本の巻末に載っていた。最盛期にはファンクラブ会員が四〜五万人。最終的には文庫版も合わせて二三〇〇万部と、シャーロック・ホームズシリーズや江戸川乱歩全集の記録を塗り替え、児童書では戦後最大級のベストセラーになった。

那須は、同一キャラクターのシリーズものは外国の児童書にはあり、また日本でもマンガではあるのに『ズッコケ』刊行以前には児童書では数えるほどしかなく、中、高学年向けでは皆無だったため、シリーズものに耐えうるような主人公を用意して書き始めた、としている。[98] ようするに、キャラが立った作品もあった娯楽少年小説がマンガの流行によって廃れ切ったあとの七〇年代後半に、誇張された感情表現を行うマンガ的な親しみやすいキャラクターが主人公となってドラマを引っ張る、子ども向けのきわめて読みやすい小説を狙って書いたところ当たった、と言いかえられる。

ファンクラブ会長・飯塚宣明が書いた「私の「ズッコケ三人組」シリーズ論」は当時、どのように受容されたのか、よくわかる解説となっている。飯塚は七〇年代後半から八〇年代初頭にかけて児童文学が対象とする年齢だった。当時の書店の児童書コーナーには太平洋戦争での悲惨な出来事や日本が貧しかったころのことを描いた作品が多く、それらを読むのは「学校での勉強の延長」「過去のこと」で、読書を楽しむ感じでもなければ、現在や将来に必要なものとも思えなかった。だが『ズッコケ』は違った。戦争はなく物がある時代に生きる三人組を主人公にし、笑いがあり、学校教育で溜まったストレスを『ズッコケ』を読むことで癒した。しかし九〇年代に入ると時代の方が軽薄になる。『ズッコケ』は地味で真面目な作品に映るようになり、大人が眉をひそめるものから公認された「児童文学の名作」に変わり、読者も優等生が増えた[99]――。

キャラ立ち、笑いの他に『ズッコケ』の人気の理由には文体的な特徴もある。赤木かん子は江戸川乱歩『少年探偵団』、ルブラン『怪盗ルパン』、那須正幹『ズッコケ三人組』、松原秀行『パスワード』は「本の好きではない男の子がはまるもの」だったとし、共通するのは「情景描写がない」「心理描写がない」「人物描写がない」ことだと指摘する。次から次へと事件が起こり、それを追いかけていけばいいから、本嫌いでも読めるのだ、と[100]。出来事と会話主体の文章にした方がマンガに近い感覚で読める。描写を排し、現代文学では一般的に「筋」（プロット）よりも「描写」が重要だとされるが、子どもを引きつけるには描写を排して事件と会話で読ませた方がよい、文学志向が強いほど子どもの心は離れるということになる。

マスメディアと連動しないと動かない――八〇年代後半〜九〇年代の児童書市場

八〇年代前半までと比べると、後半は一見、児童書市場は持ち直し、ヒット作が目立つようになったかに見える。

『出版指標年報１９８６年版』では映画『ネバーエンディングストーリー』が公開されてミヒャ

エル・エンデの『はてしない物語』が一五万部のヒットとなったほか、フジテレビ放映のＴＶアニメ「小公女セーラ」の人気でバーネットの『小公女』がよく売れた[101]、とある。八七年後半にはテレビ、映画、マスコミの影響でハチ公関係と『風が吹くとき』、『はれときどきぶた』が売れ、「児童書市場がやや持ち直す傾向が見え始める」と書かれる[102]。八八年はミヒャエル・エンデの『モモ』が映画の影響で売れたほか、児童文庫ではズッコケシリーズ、クレヨン王国シリーズが売れた[103]。八九年は『一杯のかけそば』『魔女の宅急便』がメディアの影響で話題となるも、全体的には低調と『出版指標年報１９９０年版』にはある[104]。一九九〇年にはフレーベル館の『ウォーリー』シリーズが驚異的なベストセラーになり、九一年には『きかんしゃトーマス』が『ひらけ！ポンキッキ』で放映されたことでヒット。ほかに偕成社「赤ちゃんのための遊びの本」が各一〇万部以上売れ、ファーストブック市場が伸びた。単行本でヒットしたのは竹下龍之介『天才えりちゃん金魚を食べた』（岩崎書店）。刊行当時七歳だった著者をマスコミがこぞって取り上げた[105]。

八〇年代後半には、コミックのみならず児童書も映画やＴＶ、ゲームなど他メディアの影響が大きくなる。赤ちゃん絵本と児童文庫、『ズッコケ』を除けば、他メディアの影響なくしては『年報』『年鑑』に記載されるクラスの目立ったヒット作がほとんどない。

八八年秋にＴＶアニメの放映を開始した『アンパンマン』も多メディア展開によって国民的人気作品になった。『アンパンマン』は当初スポンサーが付かず、日本テレビの自前企画として、日テレの関連会社でビデオ制作をしていたバップと日本テレビ音楽、日テレ番販部の三社で制作費を賄い、アニメ制作会社の東京ムービー新社に商品化権などのロイヤリティ分配率を増やすことで制作費を低く抑え、スタートを切る。ところが放送を始めると人気が爆発してスポンサーが集まり、その後アンパンマン関連商品の売上は年間四〇〇億円にまで成長する。[106]

九〇年代に入っても児童書市場の傾向は変わらず「ゲーム付きのキャラクター本やシール絵本に人気が集中し、古典名作や創作童話が伸び悩んでいる」[107]。一方でテレビ放映の影響で『きかんしゃトーマス』の新シリーズ『トーマスのテレビシリーズ』(ポプラ社)や青沼貴子『ママはぽよぽよザウルスがお好き　みたび』(婦人生活社)はヒットしている。[108]

一九八四年と一九九三年の全書籍に占める児童書の割合を比較すると、出版点数は八・四%から六・四%へ、推定発行部数では九・一%から五・一%へ、推定発行金額では七・九%から五・〇%へと比重を下げている。一九八〇年代は読みものも絵本も初版部数が一万部前後だったものが、創作絵本、小学校低・中学年向け創作児童文学が五〇〇〇部前後、小学校高学年から中学生対象の創作児童文学および図書館向け知識系列出版物が三五〇〇部前後、取次から書店を通して配本される創作児童文学は三〇〇〇部前後に減る。[109] なお『日本児童文学』二〇一六年一一・一二月号でさくまゆみこは「ふつうの児童書の初版部数は平均すると三〇〇〇部くらい」と言っており、児童書市場が堅調と言われる近年でも「初版部数」は増えていない。[110]

一九九四年には児童書の発行金額が九〇・七%と過去五年間で初めて前年割れ。原因は五〇〇円を切る（多くは三〇〇円台の）「ミニ絵本」ブームだ。ミニ絵本は『セーラームーン』『ドラえもん』『きかんしゃトーマス』『ノンタン』などが各出版社から出版され、部数は出たが単価が低すぎ、結果、全体として見ると売上は減った。[111] 日本がデフレに突入するのは一九九七年前後からとされるが、絵本市場はその傾向を先取りしてしまった。一九九九年になると市場の低価格志向が顕著になり、一〇〇〇円を超える児童書・絵本は売れにくくなる。[112]

九〇年代末になると児童書市場に関する記述はさらに悲鳴めいてくる。『出版指標年報1997年版』では、児童書は純粋な読みものや絵本だけでの商売は難しく、各社売れ筋を確立するのに苦労していると書かれ[113]、『出版指標年報1998年版』では「特に児童向け読みものは惨憺たる状況だ。毎年多くの販売が見込める課題図書は年々売れ行きが低下し、書店の児童読みものの棚自体も減少している[114]」。『出版年鑑1998』によれば児童書部門は全ジャンルの中で売れ行きがもっとも落ち込み、六年連続前年割れ[115]。出版業界誌『ず・ぼん⑥』（一九九九年）では子どもの本を特集し、巻頭言で「公共図書館では当たり前に目にする児童書だが自分で買おうとすると、書店には全く置いていなかったりする」「かつて知的で冒険心に富んでいた児童書出版は今、トリッキーなもの、ヤング・アダルトもの、調べ学習のためのセット企画ものが目立つと言う[116]」と書く。以降も「出版月報」九九年六月号で児童書市場の販売高が一九九一年の一〇〇〇億円をピークに九八年には八〇〇億円規模になっていると推計したことを紹介し、書店店頭では売れ行き良好書上位五〇位をみると『ポケットモンスター』、プラレール、『となりのトトロ』、『アンパンマン』といったキャラクターものばかりだと嘆く[117]。

この特集の中で野上暁は、なぜこの惨状を招いたかをこう分析する。七〇年代に入って子どもの本が売れ始め、灰谷健次郎の本が出た頃には高学年向けの分厚いものや大長編シリーズも売れていた。ところがその後、高学年向けの売れ行きが難しくなり、低学年向けが売れるようになる。コミック市場が急成長し、上の子たちはマンガ、ジュニアノベルに移っていく。結果、九〇年代初頭は幼年童話ジャンルが膨れ上がり、ひどいものまでたくさん出たために、今では低学年の読者からもスポイルされるようになってしまったのだ、と[118]。

九〇年代中盤以降に、売れる児童書として挙がるのは「しかけ絵本」くらいだ。しかけ絵本は、一九九六年刊行のポプラ社『ママとあそぼ・しかけブック』シリーズなどから人気が始まる。九七年には教育画劇『12か月のしかけえほん』（きむらゆういち作、いもとようこ他絵）、金の星社『たのしいしかけ絵本』シリーズ、あかね書房『ちいさな　しかけえほん』シリーズ（かどのえいこ作、おおしまたえこ絵）などが出ている。また、音が出る絵本、センサーを使った絵本として、カラオケえほんとピアノえほんを一緒にしたポプラ社の『ステレオサウンド・ピアノ・カラオケえほん』、絵本にセンサーを当てると動物の鳴き声や乗り物の出す音が聞こえるしかけになっている偕成社の『サウンドセンサー絵本』などが話題となった[119]。以降もブームは続き、二〇〇〇年には偕成社の『メイシーちゃんのえほん』シリーズが大人気に。『メイシーちゃんのクリスマス』ではツリーがきらきら光り、プレゼントが飛び出してくる。ＮＨＫ教育テレビでの番組放送を機に、大規模な立体広告を展開し、売り伸ばした(120)。
これらは流通上は「本」だが、音や光が出たり、可動部分が多くて遊べる「おもちゃ」に近づけることで売り伸ばしたジャンルだ。しかけ絵本を否定するつもりは一切ないが、ことこの時期のブームに関しては、子どもや親に「本」を「本」として売ることが深刻なほど難しくなっていたことを象徴していたと捉えざるをえない。

出版界全体の売上は九六年がピークだったが、そのころ児童書は危機的状況にあった。学校読書調査を見ると、八〇年代に小中高生の不読率は上昇する一方で、平均読書量はほぼ横ばい。「本を読む層」と「読まない層」の二極化が進行し、この傾向は九〇年代いっぱいまで続く。九七、八年には学校読書調査で小中高生の不読率・平均読書冊数が過去最悪となる。同時期、『ポケットモンスター』がブームとなり、ポケモン関連の本や雑誌は売り伸ばしていたが、それらを除けば影響力の強いメディアであるテレビやマンガ雑誌、ゲームとほぼ無関係であることで、児童書は子どもの生活サイクルに組み込まれなくなっていた。

ところがなんと、約四〇年にわたり政策的に手を付けられずにいた学校図書館に変化の季節が訪れ、さらに『ハリー・ポッター』という黒船の襲来により、二〇〇〇年代以降、児童書市場は劇的な復調を果たす。正確を期すならば、政界と文部省(文科省)、出版業界と民間の読書推進活動、公共図書館の動きが絡み合うことで、二〇〇〇年代以降に児童書市場は復活した。ともあれ、きっかけは政治の世界からもたらされた。

(73)『出版指標年報1984年版』公益社団法人全国出版協会・出版科学研究所、一九八四年、一五七ページ
(74)『出版指標年報1985年版』公益社団法人全国出版協会・出版科学研究所、一九八五年、二二二―二二三ページ
(75)出版年鑑編集部『出版年鑑1987』出版ニュース社、一九八七年、五五ページ
(76)『出版指標年報1986年版』公益社団法人全国出版協会・出版科学研究所、一九八六年、一八二ページ
(77)『学年誌が伝えた子ども文化史　昭和50～64年編』小学館、二〇一八年、三三ページ
(78)出版年鑑編集部『出版年鑑1982』出版ニュース社、一九八二年、五一―五二ページ
(79)出版年鑑編集部『出版年鑑1985』出版ニュース社、一九八五年、五二ページ
(80)出版年鑑編集部『出版年鑑1970』出版ニュース社、一九七〇年、六〇ページ
(81)児童図書館研究会編『年報こどもの図書館1981～1985：1986年版』日本図書館協会、一九八七年、一〇一ページ
(82)髙橋樹一郎『子ども文庫の100年――子どもと本をつなぐ人びと』みすず書房、二〇一八年、二六七ページ
(83)広瀬恒子「子ども文庫活動と戦後50年」、『図書館雑誌』89（8）、日本図書館協会、一九九五年、六〇二―六〇三ページ
(84)『児童図書館のあゆみ　児童図書館研究会50年史』教育資料出版会、二〇〇四年、一七九、二一七、二五三ページ
(85)『出版指標年報1981年版』公益社団法人全国出版協会・出版科学研究所、一九八一年、五五ページ
(86)出版年鑑編集部『出版年鑑1981』出版ニュース社、一九八一年、六六ページ
(87)『出版指標年報1982年版』公益社団法人全国出版協会・出版科学研究所、一九八二年、七一ページ
(88)出版年鑑編集部『出版年鑑1983』出版ニュース社、一九八三年、五七ページ

(89)『出版指標年報1985年版』一二五ページ
(90)『出版指標年報1986年版』一二一ページ
(91)『出版指標年報1987年版』公益社団法人全国出版協会・出版科学研究所、一九八七年、一〇五ページ
(92)『出版指標年報1981年版』五六―五七ページ
(93)『出版指標年報1984年版』一〇〇ページ
(94)『出版指標年報1986年版』一二一ページ
(95)『出版指標年報1980年版』七一ページ
(96)出版年鑑編集部『出版年鑑1980』出版ニュース社、一九八〇年、五三―五四ページ
(97)『出版指標年報1981年版』五七ページ
(98)那須正幹「ズッコケ三人組誕生の秘密」、石井直人・宮川健郎編『那須正幹研究読本ズッコケ三人組の大研究』ポプラ社、一九九〇年、一〇ページ
(99)石井直人・宮川健郎編『那須正幹研究読本ズッコケ三人組の大研究Ⅱ』ポプラ社、二〇〇〇年、七三―七九ページ
(100)赤木かん子『子どもに本を買ってあげる前に読む本――現代子どもの本事情』ポプラ社、二〇〇八年、二八、三〇ページ
(101)『出版指標年報1986年版』一二二ページ
(102)『出版指標年報1988年版』公益社団法人全国出版協会・出版科学研究所、一九八八年、九〇ページ
(103)同、一〇五―一〇六ページ
(104)『出版指標年報1990年版』公益社団法人全国出版協会・出版科学研究所、一九九〇年、一三六ページ
(105)『出版指標年報1991年版』公益社団法人全国出版協会・出版科学研究所、一九九一年、一二六ページ
(106)篠田博之「コミック市場に翳りは見えたのか」、「創」創出版、一九九三年九月号、三七ページ
(107)出版年鑑編集部『出版年鑑1995』出版ニュース社、一九九五年、九六ページ
(108)出版年鑑編集部『出版年鑑1996』出版ニュース社、一九九六年、一二七ページ
(109)小峰紀雄「危機から想像の地平へ」、子どもと本の出会いの会編『子どもと本　いま・これから』小峰書店、一

九九四年、二七—三二ページ

(110)「現代児童文学の終焉とその未来」、『日本児童文学』二〇一六年一一・一二月号、四〇ページ

(111)『出版指標年報1995年版』公益社団法人全国出版協会・出版科学研究所、一九九五年、一二九ページ

(112)出版指標年報2000年版』公益社団法人全国出版協会・出版科学研究所、二〇〇〇年、一三六ページ

(113)『出版指標年報1997年版』公益社団法人全国出版協会・出版科学研究所、一九九七年、一二一ページ

(114)『出版指標年報1998年版』公益社団法人全国出版協会・出版科学研究所、一九九八年、一一五ページ

(115)出版年鑑編集部『出版年鑑1998』出版ニュース社、一九九八年、九三ページ

(116)ず・ぼん⑥編集委員会『ず・ぼん⑥』ポット出版、一九九九年、二一—三ページ

(117)「出版月報」一九九九年六月号、出版科学研究所、三七ページ

(118)新井彩子、大場絹代、荻野準二、黒石耀子、北村まり、新海きよみ、内藤弘美、野上暁、平井拓、船崎克彦、柵原周、堀渡「買いたい本が減っている?」、『ず・ぼん⑥』一六ページ

(119)『出版年鑑1998』九三ページ

(120)出版年鑑編集部『出版年鑑2001』出版ニュース社、二〇〇一年、六八ページ

三、二〇〇〇年代〜二〇一〇年代　教育観の変化と国ぐるみの読書推進

肥田美代子らによる学校図書館改革と図書整備計画策定

マンガやゲームに押しのけられてしまった児童書を再び子どもの生活サイクルに組み込ませる大きな流れをつくったのは、政界だ。政治が学校教育、学校図書館を変え、法律をつくり、民間の動きと呼応することで、児童書市場のV字回復が実現した。

はじまりは、児童文学者の肥田美代子が一九八九年、日本社会党から参議院議員選挙の比例区へ立候補し、当選したことだ。肥田は最初の任期を終えると九六年に衆院選で民主党から立候補し、二〇〇五年まで衆院議員として活動する。

八九年に国会議員となった肥田は、子どもの読書をめぐる環境をどうにかせねばという問題意識を持っていた。肥田美代子『「本」と生きる』(ポプラ新書、二〇一四年)によれば、肥田は九一年一一月二一日に国会で「一九五三年に制定された学校図書館法では司書教諭を『当分の間』置かないことができる、と条文にあるが、すでに四〇年近く経った。『当分の間』とはいったいいつまでなのか」と質問をする。これを皮切りに、文教委員(現・文教科学委員。文教科学委員会は参議院における常任委員会のひとつ)として国会審議を通して文部省(当時)に粘り強く呼びかけ、学校図書館調査と図書整備計画策定の約束を取り付ける。九二年の「学校図書館の現状に関する

調査」では、開館日数は週六日が最も多く、週五日がこれに続くものの、開館時間を見ると始業前から下校時まで開館しているのは小中平均で三割しかない。ほとんどの学校では司書教諭も学校司書もおらず、無人状態。また、学校図書館の司書教諭の配置状況は全国約四万校のうち、小中高合わせて五五五人。実際にはほとんどの時間、鍵をかけられて放置されている学校図書館が少なくないことを他の国会議員に知らしめ、子どもの本離れは国家的課題だと訴えた。

肥田らの活動を受けて、出版界も動き出す。

一九九三年三月には「子どもと本の出会いの会」が作られ、児童出版に関係する多くの団体が参加し、個人会員も千人を超えた。会長は井上ひさし、運動の中心になったのは日本児童図書出版協会（児童出協）だった。児童書業界の危機意識を背負う「子どもと本の出会いの会」は学校図書館の整備充実を喫緊の課題とし、国会議員に働きかけた。九三年一二月には国会議員と民間との連携組織として「子どもと本の議員連盟」が設立され、衆参両院議員七八名が参加。会長は鳩山邦夫、事務局長が肥田美代子。『日本児童図書出版協会の六十年』によれば、これが読書環境を課題にした政治・行政・民間の連携の始まりだった[121]。

同九三年には、前年から実施した新学習指導要領に基づき、文部省が学校図書館を必要とする教育へと転換――いわゆる「調べ学習」がここから始まる――、学校図書館充実のための施策を実施し、「学校図書館図書標準」と「学校図書館図書整備新五か年計画」を策定する。これは五年間で学校図書館図書を一・五倍程度増やす、というものだった。

その財源として、一九九三年度を初年度として五年間で約五〇〇億円を地方交付税として交付する措置が取られた。ただし地方交付税交付金は用途が限定されておらず、学校図書館の図書費にあてるには自治体が予算化しなければならない。そこで九三年六月、児童出協、全国学校図書館協議会（全国ＳＬＡ）、取次各社、日書連で「学校図書館連絡会」を作り、予算化運動に取り組む。各地で説明会開催、チラシやポスターを配布。それでも地方交付税交付金の三〜四割は土木工事予算などに消えてしまい、第五次計画に入った平成二七年（二〇一五年）度末段階でも図書標準達成率は小学校で六六・四％、中学校で五五・三％にすぎない[122]。とはいえ年一〇〇億円の五割か六割だけが予算化されたとしても毎年五、六〇億円。児童書市場は（『ハリー・ポッター』の刊行年を除けば）長年にわたって七〇〇〜九〇〇億円台だから、市場の約六〜九％前後を学校図書館が占めることになる。

蔵書量の増加は、読書冊数に影響する。Houle,R.,and C.Montmarquette.1984. An empirical analysis of loans by school libraries. The Alberta Journal of Educational Research 30:104-114によれば、学校図書館の蔵書量や開館時間が増加すると、図書の貸出冊数は増えるという調査がある。図書の供給が二〇％増えることによって貸出冊数は一〇％増加し、開館時間を二〇％延長することで貸出冊数は中学、高校図書館では一七％も増加する。

しかし、図書館に本が置いてあるだけでは、子どもは本を読むようにはならない。図書館利用を推進する存在が必要だ。肥田は「子どもと本の議員連盟」（会長・鳩山邦夫衆議院議員）と

「国際子ども図書館設立推進議員連盟」（会長・村上正邦参議院議員）に対し、司書教諭の配置義務を盛り込んだ学校図書館法改正案を議員立法で提出したいと申し出る。これは即座に賛同を得て、九七年に成立。それまで何度も改正運動があったものの四三年にわたり実現できず、文部省が「司書教諭の配置は難しい」と長年渋っていたにもかかわらず、「参議院のドン」と恐れられていた村上正邦らの支持を取り付けると、あっという間に「司書教諭を一二学級以上の学校図書館に配置する」という主旨の学校図書館法改正が成立した。

配置が実施されると、司書教諭の存在と「調べ学習」について新聞などが取り上げるようになる。たとえば「朝日新聞」一九九八年八月二九日大阪地方版「調べ学習通じ、知的な遊び場に（がっこうに司書がきた：下）／石川」では、石川小学校の図書館を「石川子ども文庫連絡会」の十七人の主婦が訪れ、五年生の「調べ学習」の様子を見て回ったことをレポート。教師が司書に調べ学習の範囲を事前に伝え、授業が始まると図書館には本やビデオ、ＰＣ用の資料が用意されている。これを見た文庫連絡会代表の徳田照美は「『調べ学習』では児童によってテーマも違い、一人が一冊から二冊の本を使います。図書の量、質ともに専任の司書でなければ資料を集められないでしょう」と感心した、と書く。司書が入ると鬼ごっこする場所だった学校図書館は様変わりし、一日一〇冊以下だった貸出数が約四〇冊に増え、しかし資料が学校の蔵書だけでは足りず、公共図書館との連携が課題だ、とまとめる。この記事が典型だが、

子ども文庫と学校図書館は連携関係にある（読書ボランティアとして読み聞かせなどで出入り

し、協力している）

調べ学習（および「総合的学習」「探究学習」）には司書が必要

司書がいると図書館の利用は増える

資料が足りないため、学校図書館と公共図書館の連携が必要

ということが、以降二〇年以上、全国各地の事例とともに新聞等で記事化されていく。

出版界・学校図書館・読書ボランティア・教育政策の動きがリンクする

出版界も政界への働きかけに留まらず、自ら児童書の危機的状況の打破に向けて積極的に動く。九八年九月から日本児童図書出版協会などの業界団体が主催する「第四土曜日は、こどもの本の日」が始まり、書店店頭で読み聞かせや独自に選んだ推薦本の販売、読書相談などを行うほか、講談社が全国規模で未就学児童を対象とした〝読み聞かせ〟を行うキャラバン隊（「本とあそぼう全国訪問おはなし隊」）の派遣を九九年から始めている。[123]『出版年鑑２０００』には、一九九九年はＪＰＩＣ（一般財団法人 出版文化産業振興財団）が読み聞かせの会を盛んに行ったとし、書店店頭では日販支援による「おはなしマラソン」が全国展開を開始。合わせて版元では親子の読み聞かせに最適な本が意欲的に企画され、[124]この傾向は長く続くことになる。他にも九〇年代以降、読書ボランティアや学校の教師、司書らによる読み聞かせ、ブックトーク、アニマシオンが普及していく。[125]結果、『出版年鑑２００１』には「絵本の読み聞かせがかつてない全国的な広がりを

見せた」[126]とまで書かれるようになる。

ここで少し詳しくＪＰＩＣの読み聞かせ人材育成事業について紹介しておこう。

一九九〇年代後半から多面的に展開された読書推進運動において、政官民連携の要のひとつとして活動してきたＪＰＩＣは、読み聞かせ人材の育成を二〇年以上にわたり続けている。まず、出版についての網羅的な学習を提供することを目的に九三年に始めたのが「ＪＰＩＣ読書アドバイザー養成講座」。大きな反響を得て初回は定員の二〇倍以上の申込者があった。以来現在に至るまで、一〇〇人の募集定員を割ることのない人気講座として、毎年開講。ただし都内開催のため、交通費やスケジュール面から「地方在住者は参加しづらい」との声も出たことを受けて九九年から子どもの本の読み聞かせに特化し、全国四七都道府県を巡回する「ＪＰＩＣ読みきかせサポーター講習会」を開始。二〇年間継続し、二〇一九年には延べ五〇〇〇回を数え、二〇二〇年中には参加者が五万人に達する見込みだ。

「サポーター講習会」の参加者は、全体の三割が（読書ボランティアと思われる）主婦。これには長年文庫活動を続けていた層と、それとは別の若い世代の層がある。次いで近年では、図書館員、学校司書などの図書館関係者が二割、他に学校教師、保育士、書店員など。受講者は圧倒的に女性が多いが、近年は男性が一割弱みられる回もある。

かつての地域の読書推進活動のイメージは、場所は公民館の会議室、資料は手作りのモノクロ刷り、というものだった。しかしＪＰＩＣはそれより広くて良い会場を借り、二〇〇一年から出版しているカラー雑誌「この本読んで！」なども関連づけた。

従来の文庫活動を知らない層や、文庫の活動者と世代が違うことや左翼くささなどから「入りづらい」と敬遠していた層も入りやすい雰囲気にすることを意識したと言える。

また「育成と実践の両輪で」を念頭に、各講座の修了・参加者がＪＰＩＣと一緒に活動できるよう、読み聞かせ要員の募集をメールマガジンや「この本読んで！」を通じて告知。さらに九八年に日書連、児童出協（日本児童図書出版協会）とともに始めた書店店頭でのおはなし会「第四土曜日は、こどもの本の日」や、九九年に講談社が始めた「全国訪問おはなし隊」などへの参加も促した。それにつれて、自主的な地域活動の広がりもみられるようになる。さらにＪＰＩＣは「サポーター講習会」の受講者がおはなし会を開く時に役立てるため、親子が本と触れ合う大切さを記した冊子を制作し、生命保険協会の協賛で子どもの人数分を手配し、配布している。

正確な普及過程は不明だが、九〇年代末からの二〇年のあいだに「読み聞かせ」という言葉が定着した。これはたとえばＪＰＩＣの講座受講者をはじめとする人たちの全国的な活動の積み重ねがあってのことだ。それ以前にはこの用語自体が知られていなかった。

一方、政治の世界に再び目を向けると、やはり肥田らが中心となって二〇〇〇年を「子ども読書年」にするという国会決議がなされ、二〇〇〇年に東京・上野に「国立国会図書館国際子ども図書館」が設立される。また、同年には官民協働の「子ども読書年」を展開。「子ども読書年」

の成果に関して、小峰書店社長（当時）の小峰紀雄は「ここにきて初版部数は持ち直し、（児童書の低迷は）底を打った」と語っている。[127]二〇〇一年には「子どもの読書活動の推進に関する法律」が制定され、同法では政府に「子供の読書活動の推進に関する基本的な計画」を作ることを義務付ける。さらには読書活動を財政面で支える「子どもゆめ基金」を創設、民間の中小読書グループの活動を支えることとなった。「子どもの読書活動の推進に関する基本的な計画」は二〇〇二年八月二日に閣議決定され、基本方針として

1．子どもが読書に親しむ機会の提供と諸条件の整備・充実
2．家庭、地域、学校を通じた社会全体での取組の推進
3．子どもの読書活動に関する理解と関心の普及

を置き、これらを具体化していく。読書推進活動は、民間や図書館関係者によるものに留まらず、法律に基づく国家的な取り組みもなされることになったのだ。

二〇〇〇年に「国際子ども図書館設立推進議員連盟」は「子どもの未来を考える議員連盟」（「未来議連」、川村建夫会長）に改組され、この議連に参加した議員が核となって二〇〇三年には「活字文化議員連盟」が発足、二〇〇五年には「文字・活字文化振興法」が制定される。

ここまで見てきたように、八〇年代末に児童文学者の政治家が誕生し、九〇年代から二〇〇〇年代にかけて、出版業界の要望と学校図書館や子ども文庫の声が国会に届けられ、次々に法律が

制定・改正されていった。これが「ブックスタート」や「朝の読書」「ハリー・ポッターブーム」、そして文部省（文科省）の教育改革の動きと連動することで、子どもの読書環境を変えていく。

ブックスタート――読書好きを育てる幼少期の読み聞かせ

たとえばまず、二〇〇〇年代以降の日本の未就学児、なかでも乳児と絵本／読み聞かせに大きな影響を与えたブックスタートに目を向けてみよう。

すべての赤ちゃんに絵本を手渡すブックスタートは、英国の児童書コンサルタントであるウェンディ・クーリングが本とのふれあいを持たずに育った子どもたちの存在に気づいたことから、一九九二年、慈善教育団体「ブックトラスト」が中心となりバーミンガムで始まった。

日本には二〇〇〇年の「子ども読書年」を前に「子ども読書年推進会議」が発足。九九年一一月にトーハン（当時）の佐藤いづみが会議でプレゼンをし、ブックスタート室が設置される。二〇〇一年にはブックスタート支援センター（現・特定非営利活動法人ブックスタート）が設立され、同年、一二の自治体で実施された。その後は首長、議員、役所の職員、地域のボランティアなど、きっかけとなった人は官民を問わず、子育て支援や母子保健、子どもの読書推進など自治体での予算（計画）の位置づけも様々ながら、各地で実施に向けた声があがっていく。二〇〇一年末に子ども読書推進法が施行されると、以降は読書推進計画に組み込む自治体も増えていった。二〇二〇年五月三一日時点では一〇五五の市区町村（全自治体の約六〇％、ＮＰＯブックスタート調べ）で取り組まれている。これはもともとあった子ども文庫ないし読書ボランティアの活動と融合するかたちで地域に浸透していったケースも少なくなく、七割弱の地域で、住民ボランティアが活動に携わっている。[128]さらには図書館員も参加することが少なくない。

ブックスタートは受診率が九割以上を超える乳児健診の会場で行われることが多いが、図書館で行われることもある。図書館サイドからは、ブックスタートが始まった当初「なぜ図書館が本を無料で提供しなければならないのか」「図書館が本をあげるくらいなら、もっと資料費や人件費を増やしてほしい」という意見があった。しかしいざやってみると赤子や親の喜ぶ表情に出会うことができ、また、その後の図書館への来館につながり、読書習慣が形成されていったことから、現在では反対意見は少ない。そしてブックスタートをきっかけに、全国の公立図書館で赤ちゃん絵本コーナーが増え、乳児連れも歓迎する空気が醸成されていった。

二〇〇〇年代以降は公共図書館での読み聞かせ、おはなし会の定例化がいっそう進み、週二回、あるいは毎月四、五回と回数が増していく。子ども向けのコーナーでも幼児と小学生など、年齢で区分する図書館がさらに増え、お絵かきやミニ工作、折り紙などを子どもが随時、日常的にできる図書館が増えた。[129]

ただ、ブックスタートはこうした他のサービスと決定的に異なる特徴がある。それは、単に絵本を渡すのではなく、訪れた親子に対して目の前で絵本を開き、赤ちゃんがどんな風に楽しむかを体験してもらう点だ。文字通りの「ファーストブック」、乳児が初めて絵本に反応し、笑顔を見せる姿に立ち会うことのインパクトは大きい。その子が第一子であれば親にとっても初めての体験であり、良い反応が得られれば深く印象に刻まれる一日となる。それは、その後の読み聞かせや本の購買に少なからぬ影響を与える。

ブックスタートは各国で展開され、国によっては識字教育や読書推進政策に明確に組み込まれている。しかし日本のブックスタートでは絵本は「教材」ではなく、早期教育が目的ではない。絵本を開くことで生まれる親子のふれあいを通じて、あたたかい時間をすべての赤ちゃんに届けることが趣旨である。とはいえ英国でも日本でも実施者を対象に調査が行われ、読書冊数、図書館の利用頻度などにポジティブな効果が確認されている。たとえば「出版界スコープ」(「出版ニュース」二〇〇〇年三月中旬号)に紹介されている、一九九四年からバーミンガム教育大学研究班によって行われたブックスタートを受けた/受けなかった家庭の対照調査によれば、実施によって

本への意識が格段と高まった
親子の「本の時間」がより長く持たれるようになった
図書館の加入者が、大人、子ども共に増加した
(読み聞かせに限らず)家庭での読書時間が増えた
本の購買が増加した
子どもの集中力が増し、好奇心が旺盛になった

といった効果が確認されている[130]。また、「出版ニュース」二〇〇一年一月下旬号掲載の長沢立子「「ブックスタート」早くも岐路に」によれば、ブックスタート初期のバーミンガムのプロジェクトに参加した九ヶ月児は八歳時点で追跡調査が行われ、学校に入ってからも平均より高い成績を納めた。サリー大学の追跡調査でも、ブックスタートを通じて早期に本に触れ合うことによって子どもの知能の発達、学校での成績向上が図れ、国の文化程度も上がるとの効果が公表[131]。

　日本でも、梶浦真由美「北海道恵庭市におけるブックスタートの検証　母親からの聞き取り調査を通して」(「絵本学」Ｎｏ．13)によれば、乳幼児連れで気軽に図書館を利用する家族が増えたほか、父・祖父の図書館来館も増え、ブックスタートで本に興味を持った層向けに図書館では〇歳児向け絵本が充実した、としている[132]。仁愛大学と福井大学の調査研究「ブックスタート経験の有無が子どもの生活習慣や読書環境等に及ぼす影響」でも、ブックスタートに取り組む自治体とそうでない自治体を比較検討すると、保護者による子どもへの読み聞かせの頻度が高まる、小学一年生時点での読書習慣を増やす、ゲーム習慣を減らす、などの効果が確認できたという[133]。「学校図書館」二〇一三年一一月号掲載の第59回学校読書調査報告「幼少期の読み聞かせは読書習慣を育てる　家庭での読み聞かせ」では、幼少期の読み聞かせと現在の読書冊数の相関性について一九九八年、二〇〇八年、二〇一三年の調査結果を分析している。同調査によれば、二〇〇八年、二〇一三年では小中学生はきれいな階段状のグラフになる(図11)。つまり、現在の読書冊数が多い児童生徒は、幼少期に家の人からよく読み聞かせをしてもらっていたことが裏付けられた、としている（高校生は統計的に有意な相関関係を示さなかった）。

二〇一八年に実施された第64回学校読書調査では「本を読むことが好きか」ということと「小学校に入る前、あるいは小学校低学年のときに家の人に本を読んでもらっていたか」ということの関係について調べている。やはり小中学生では、幼少期の家庭での読み聞かせ経験がある方が、本好き率が多かった。[134] 二〇〇〇年にブックスタートが始まっていることを思えば、二〇〇〇年代後半以降の小中学生の不読率低下、読書冊数増加、ひいては今日の児童書市場の堅調さには、ブックスタートの影響（で幼少期からの読み聞かせが増えたことの影響）があるはずだ。

03年は「ブックスタート」運動の拡がりもあって、特にあかちゃん向け絵本の売れ行きが好調だった。中でも、皇太子ご夫妻のご息女・愛子様の愛読書として注目を集めた『いないいないばああそび』をはじめとした偕成社の「あかちゃんのあそびえほん」シリーズや、同じく偕成社の『はらぺこあおむし』といった絵本の動きが良かった。（中略）赤ちゃん向け絵本は、8月の「ベイビー・アインシュタイン」シリーズ（フレーベル館）や10月の「主婦の友はじめてブックシリーズ」（主婦の友社）など、新シリーズの立ち上げも相次いだ。

（『出版指標年報２００４年版』一二四ページ）

との指摘もある。ブックスタートが乳幼児期からの本との親しみをつくり、絵本市場を活性化し

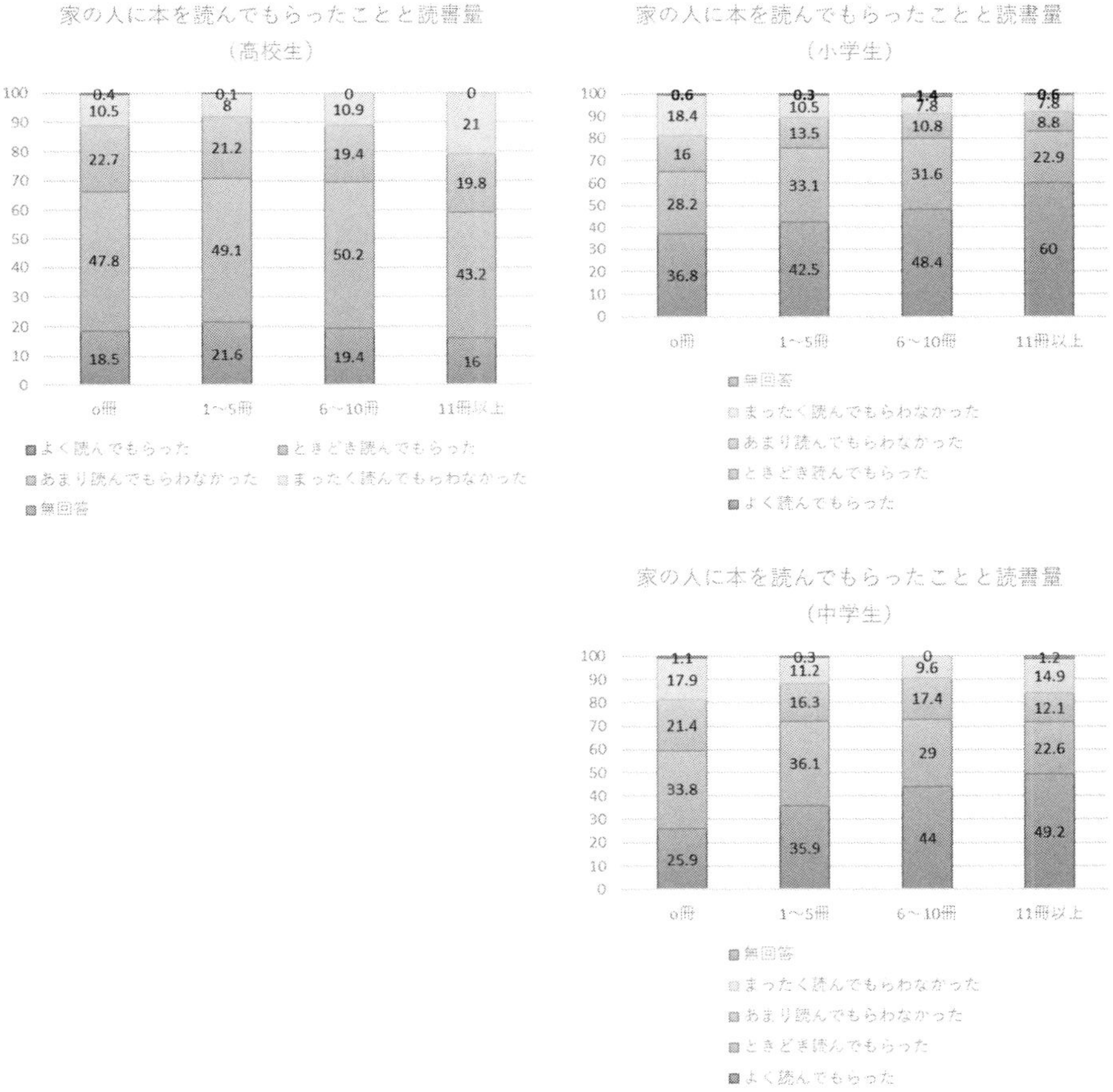

図11　（「学校図書館」2013年11月号、全国学校図書館協議会、37－38頁を元に作成）

た。そして小中学校では朝読が読書習慣づくりに貢献し、児童文庫などの市場を刺激した。

朝の読書運動は「学級崩壊」対策として広まった

ブックスタートと並んで、二〇〇〇年代以降の子どもの読書環境改善に大きな役割を果たした運動として「朝の読書」がある。出版取次会社トーハンのサイト内にある「朝の読書のあゆみ」を見ると、朝読は一九八八年に始まっている。実施校が急激に伸びるのは二〇〇〇年代に入ってからだ。そして二〇〇〇年代末になると伸びは止まる。

朝読は「始まった当初」と「伸び始めた二〇〇〇年代初頭まで」、「二〇〇〇年代半ば以降」では、それぞれ期待された効果（価値）が変化している。このことは、今日の教育政策および子どもの本市場の動向と無縁ではない。朝読は「生徒の履歴書をよくするため」に始まり（八〇年代末～九〇年代）、「学級崩壊」対策として注目され（九〇年代末～二〇〇〇年代前半）、その後「若者の本離れ」と「読解力向上」の手段として期待された（二〇〇〇年代中盤以降）。二〇〇〇年代序盤から中盤までは、教育業界の流行に合致した意味（価値）を提供することができた。ところが二〇〇〇年代後半以降は流行に沿った価値を提供できず、伸び悩む。順に見ていこう。

一九八八年、千葉県の私立船橋学園女子高校（九六年に東葉高校に校名を変更）の林公教諭はジム・トレリース著『読み聞かせ　この素晴らしい世界』（高文研）巻末にあるわずか一〇ページ強の最終章で紹介されていた、マクラッケン夫妻が提唱した「「黙読の時間」のすすめ」に注目する。そこにはこう書かれている。

(1)一定の時間だけ、読ませること。教師や親はそれぞれのクラスや家庭に「黙読の時間」を導入し、子供の熟達に応じて調整すること。教室の場合は一〇分ないし一五分が望ましい
(2)読むための素材を子供自身に選ばせること(本、雑誌、新聞など)。その時間内は他の読みものと取り替えないこと。素材はすべて事前に選んでおくこと。
(3)教師も親も、読むことで手本を示すこと。これは何よりも大切なことである。
(4)感想文や記録のたぐいは一切求めない[135]。

この記述を読んで「これだ!」と思った林は校内の教師に紹介、説得を始める。すると体育教師の大塚笑子が賛同。大塚は生徒に進路を考えさせる目的で履歴書を書かせてみるが、名前と住所しか書いてこない。これはなんとかしなくては、という課題意識を持っていた[136]。つまりはじめは就職や進学のためだったのだ。「部活もしてない、検定も取ってない、趣味もない……では、どこにも採用してもらえない。履歴書に、せめて「趣味は読書」って書かせたかったんです[137]」。

当時の船橋学園は、林が「私たちの学校にやってくるのは、公立高校をことごとく失敗した生徒たちが多」[138]く、退学する生徒が「こんなうるさい学校にいたら、私、気が狂っちゃう[139]……」と

漏らし、生徒の机に「馬鹿野郎、死んじまえ」と落書きがしてあったり、入学式の日に担任の大塚に「クソババー！」と罵声をあびせる生徒がいたりする学校だった。[140] 林が『読み聞かせ』を読んだのは、生徒募集にも四苦八苦している時期だ。そんな学校で、まず大塚が「黙読の時間」を実施した結果、「教師が何より驚いたのが、遅刻の激減であった」[141]。大塚、林のみならず、他の教師も「生徒たちの真剣に読書する姿を見て感動しました」「あんな静かなホームルームができるのなら」と賛成する意見が多くなった。[142]「黙読の時間」を実践した生徒側の感想も、

「授業によってはうるさくって頭が痛くなるほどだったのに、読書の時間にはクラス全員が静かに本に集中している。信じられないくらいです」

「読書の時間ができたおかげで、朝落ち着いた気分で学校生活が始められます」

「毎日読んでいるし、少しずつ読む力が付いてきたみたいで、なんか自分の頭が良くなったみたいで、あたしだってバカじゃないんだと思えるようになりました」

「本が読めるようになって、県立を落ちて友達からコソコソ逃げ回っている自分が恥ずかしくなりました。もっと本を読んで、堂々と胸を張って歩ける人間になりたい！」

（『婦人公論』一九九七年三月号、二三〇ページ）


といったものだ。授業以前の状態の改善、および、生徒の自信喪失からの回復の声が目立つ。

林は朝読の効果として第一に「静寂と集中の時間が生まれた」ことを繰り返し挙げている。宮原創一「「朝の読書」で学校が変わった。」(「潮」二〇〇二年五月号)には朝読実施校について「校内暴力、いじめがなくなった」「騒がしく問題の多いクラスが落ち着きを取り戻した」「遅刻や教室に駆け込む生徒が減った」という面が主に取り上げられている。[143] つまり初期の朝読は「生徒が騒がしくてホームルームや授業にスムーズに入れない」「遅刻者が多い」「学びに対する自信喪失」という、学業以前の状態を改善させることへの期待から実施されていったのである。

と言っても、林・大塚は朝読を広めるべく毎月全国の学校へ手紙を書いたものの、最初の八年間はほとんど注目されなかった。一九九四、五年時点では、全国の小中高校に四万枚近いハガキを出したが、返事の便りをくれたのは約三〇〇人。その半数が取り組み、全校一斉実現へ進んだ学校は数十。[144] 変化が現れるのは、トーハンがバックについてからだ。九五年、鳥取県米子市で開催された「本の学校」第一回シンポジウム学校図書館分科会に林がパネリストとして参加、ここでのちに朝の読書推進協議会事務局長となるトーハンの佐川二亮との面識を得る。トーハンは朝読の応援を申し出、運動を組織的に展開することを提案。翌年から「本の学校」では毎年朝の読書の専門分科会が運営される。また、トーハンは通常の広報業務に便乗するかたちで全国の学校や社会へ知らせ、マスコミ取材時には本来の取材が終了してから必ず朝読のPRを付け加えた。[145] 九六年七月三日、「東京新聞」が特報記事で大々的に朝読を取り上げ、この記事を読んだ江藤淳がNHK教育テレビ「視点・論点」で朝読のすばらしさを説き、これが林へ菊池寛賞が贈られることに結びついたが、この時点の実施校は約一五〇校。

「読書は強制すべきではない」と根強い反対論がある。百五十校ほどが取り組んでいるが、「始めても続かない学校も少なくない」。

（「毎日新聞」一九九六年一一月二三日東京朝刊「林公さん　「朝の読書」運動を提唱、菊池寛賞を受ける（ひと）」）

一九九七年には「朝の読書推進協議会」が発足するも、一一月段階で実施校は約二五〇。この時期はメディアも朝読に期待する効果を「本離れを食い止める」ことを第一に置いていない。

肥田美代子は『「本」と生きる』（ポプラ新書、二〇一四年）や『学校図書館の出番です！』（ポプラ社、二〇一七年）などでたびたび「朝読は二〇〇一年に制定された『子どもの読書推進に関する法律』以降に広まった」と書いているが、これは不正確な認識だ。実施校はそれ以前の九〇年代後半から急激に増え始めている。九八年には五〇〇校を超え、一九九九年には一〇〇〇校、二〇〇〇年には三〇〇〇校、二〇〇一年には六〇〇〇校を超えている。

急増の理由は何か？　一九九八年頃から、小中学校（特に小学校）で授業中に生徒が勝手に立って歩く、騒ぐなどして教育が困難になる状況が多発していることをマスメディアが「学級崩壊」と称して報じていた。朝読はこの学級崩壊への対策として注目されたのだ。たとえば「朝日新聞」一九九七年四月二三日東京地方版／福島「早朝に10分間読書　マンガ・雑誌以外自由、好評　県立石川高／福島」や「朝日新聞」一九九八年四月一七日東京地方版／静岡「始業前、10分間黙読　朝の空気が変わった　県立松崎高校　／静岡」を見ると、騒がしく、すさんでいた学校を変えるために導入されており、活字離れを食い止める云々はついで程度の話でしかない。そのあとで「子ども読書推進法」が成立し、各自治体が読書推進計画を立てて取り組まなければならなくなったことで、さらに後押しを受けた、というのが正確な事実認識だ。

また、二〇〇〇年から学校でスタートした「総合的な学習の時間」は、その時間を分割して朝読に充てることも許容された。そうでなくとも授業時間数が以前よりも削減されていたため、朝読の時間を新規につくるのはそこまで難しくなかった。

二〇〇四年から朝の読書推進協議会は岩崎書店、金の星社、童心社、理論社がつくるフォア文庫の会やヤングアダルト出版会、講談社などと連携して小中学校に本を寄贈する運動を開始。さらにこちらは寄贈ではないが偕成社が「朝の読書学級文庫セット」を企画したところ大ヒットし、他の出版社も続々と同様のセットを企画するようになった[146]。運の良かったことに、二〇〇〇年に『ハリー・ポッター』ブームが始まり、そして同作品が火を付けたファンタジー小説ブームもあいまって、児童書市場は活気づく。朝読で子どもが読みたいと思う本が、次々刊行されるようになった。

『ハリー・ポッター』と海外ファンタジーブーム

一九九九年一二月に発売された『ハリー・ポッターと賢者の石』は、児童書史上未曾有の大ヒットとなった。

書店店頭で1ジャンルの売上シェアが3％以下になると、このジャンルは棚確保について危険水域にあるといわれる。この年［引用者註、二〇〇〇年］の前後はこどもの本、学習参考書は低迷をつづけていた。なかでも児童書はショッピングセンター内の書店を除いてはお荷物ジャンルであった。

ところが『ハリー・ポッター』シリーズの発売後は児童書売場にお客様がもどってきた。児童書売場縮小の話は全く嘘のように消えてしまった

（能勢仁『平成出版データブック』ミネルヴァ書房、二〇一九年、五四ページ）

こう総括されるほど、劇的だった。二〇〇一年には『ハリー・ポッター』が牽引役となり、他の海外ファンタジーも好調な売れ行きになる。海外ファンタジーは単行本だと一冊あたり二〇〇〇円前後、しかもシリーズで出る。この高単価多品種、大量販売によって児童書全体を持ち上げ、『ハリー・ポッター』と海外ファンタジーで児童書売上の約二割を占めた。二〇〇二年には、フ

ァンタジー小説専用コーナーが書店にでき、トールキン『指輪物語』、マーガレット・ワイス、トレイシー・ヒックマン『ドラゴンランス』、エミリー・ロッダ『デルトラ・クエスト』、クライヴ・バーカー『アバラット』などが好調に売れた。[147] ほかにはジョナサン・ストラウブ『バーティミアス』やメアリー・ポープ・オズボーン『マジック・ツリーハウス』もヒット。[148]『出版指標年報2005年版』では、二〇〇四年には『ハリー・ポッターと不死鳥の騎士団』が上下巻二九〇万セット、『ダレン・シャン』がシリーズ合計四二〇万部、宮崎駿監督がアニメ化した『ハウルの動く城』の原作小説は七二万部、また『かいけつゾロリたべられる‼』が初版五〇万部と読みものにヒット作が多く、一部の人気作に売れ行きが集中してはいるものの、ヒット作の数が増えた、としている。[149]『ハリー・ポッター』以降刊行されたファンタジーは、当初は大人が買うものも多かったが、定着してくると『デルトラ・クエスト』や『ピーターと星の守護団』『ルナ・チャイルド』など小学生にも人気（小学生でも読める）ものも増えた。[150]

海外ファンタジーブームは『ハリー・ポッター』が完結するまで、二〇〇〇年代いっぱい続く。八〇年代末から九〇年代にかけて一〇代に広く支持される和製ファンタジー小説ブームがあったが、今度は大人向けから低中学年までもが読者となる作品のあるブームだった。なお、このとき入ってきた海外ファンタジー小説も、ゲームの影響が感じられる作品が少なくない。

九〇年代には五〇〇円以下のミニ絵本がブームとなって利幅を小さくしていた。しかし二〇〇〇年代に入ると高単価なハードカバーの海外ファンタジーが飛ぶように売れ、児童書市場のデフレスパイラルは食い止められる。

ただ、それまでは二〇〇〇ドル前後が相場だった海外の児童書の版権に対するアドバンス（前払い金）が、『ハリー・ポッター』ブーム以降は数万ドル単位に跳ね上がり、ヨーロッパのブックフェアに行くとブローカーのような編集者たちが「あれはいくら」「安いね」といった会話を繰り広げるようになる。[151] この影響もあってか、二〇一〇年代以降の日本の児童書市場では、二〇〇〇年代と比べると海外発のヒット作の翻訳される冊数自体が減り、日本でも売れる読み物となると、さらに目に見えて少なくなる。

朝読とファンタジーブームの相乗効果によって、二〇〇二年の学校読書調査では平均読書冊数の増加とともに不読者が中高生ともに一〇％以上下がった。[152]

〇五年以降になると海外ファンタジー以外の売れ筋も目立つようになる。『出版指標年報2006年版』は青い鳥文庫、フォア文庫『マリア探偵社』シリーズ、童心社『怪談レストラン』などが売れ行き良好だったと書き、[153] 小学男子では『かいけつゾロリ』、小学女子では令丈ヒロ子『若おかみは小学生！』や石崎洋司『黒魔女さんが通る‼』などの講談社青い鳥文庫作品、中高生男女であさのあつこ『バッテリー』、中高生女子では美嘉『恋空』、メイ『赤い糸』、めぐみ『心の鍵』などのケータイ小説が目立つ（「学校図書館」二〇〇七年一一月号）。〇九年には女子に人気の文具〝一期一会〟の小説版が一話一〇分ほどで読めるオムニバスとして朝読でも人気になった。いずれの作品も誇張された感情表現を行うキャラが読者の情動に訴えるドラマを展開する、マンガに近い特徴を持っている。

本を買う場所は、学校帰りに寄れる町の中小書店は減少していった一方で、九〇年代半ば以降、ショッピングセンター内書店が相次いで誕生している。ファミリー需要を取り込めるジャンルとして児童書売り場は注目され、家庭実用書、学参と隣接させ、売り場を家族で回遊しやすくする店も登場した[154]。週末の家族での買い物の流れの中に、子どもが親に本を買ってもらう、ということが組み込まれやすくなった。

また、二〇〇〇年代後半からはブックスタートを経験した子どもが朝読に取り組む年齢になっていく。たとえば二〇〇七年四月には恵庭市で最初のブックスタートを経験した赤ちゃんが成長し、小学校に入学。教師は新一年生の印象を「本の読み聞かせをすると言ったときの集中の仕方がすごい」「朝読も一年生なのに本を読んでいる様子が自然」と語った[155]。こうしてブックスタートと朝読は、児童書を再び子どもの「生活サイクルに組み込まれること」に導き、『ハリー・ポッター』と海外ファンタジーブームは「大人目線ではなく、子どもの目線・感覚に近いこと」「流行・時事風俗を取り入れること、覇権メディアと連携すること」を満たす本を量産した。

ところがこのあと朝読はまたも社会的な意味づけ、期待される効果を変えられていく。二〇〇〇年代に行われたＰＩＳＡ（ＯＥＣＤ加盟国の一五歳を対象に行う学習到達度調査）によって日本の子どもの「読解力」の低さおよび読書量が参加国中最低だったことが明らかになり、「本離れを食い止める」ことと「学力向上」のためになされるものという位置づけが強まっていくのだ。

九〇年代までにも「本を読むと頭が良くなる」と感覚論で語られていた。しかし学力向上を第一目的においた読書推進活動は、民間でも学校単位でもそれほど一般的ではなかった。朝読は「学級崩壊」「荒れた学校」対策が主目的で広まった。ブックスタートは「早期教育目的ではない」と述べている。石井桃子に続く子ども文庫の実践者たちも、学校の成績を良くしてほしくて本を読む場を用意したわけではない（戦後児童文学の一大テーマが「反戦」「原爆」であり、肥田が社会党から出馬したように、児童文学関係者は基本的に左派中心だった）。しかし二〇〇〇年代以降には、明確に、国家の政策として、学力向上のための読書と図書館利用が推進されていく。奇しくもこうした「お上の思惑」によって、児童書市場の堅調さは底支えされることになる。

学力向上施策に組み込まれる読書推進活動

PISAの結果が日本において二〇〇〇年代前半の読書推進政策を推進させたことは、岩崎れい「学校図書館の国際的な動向と研究における課題」（図書館情報学会研究委員会編『学校図書館への研究アプローチ』勉誠出版、二〇一七年）、山下直「読書推進政策と体制の歴史の展開」（日本読書学会編『読書教育の未来』ひつじ書房、二〇一九年）など、すでに複数の指摘がある。本書では、子どもの本市場への影響を中心に見ていきたい。

PISAの狙いは、実生活で直面する課題に知識や技能をどの程度活用できるかを評価する点にある。初めて行われたPISA2000の結果、読解力ランキングで日本は参加三二国中八位

（ＰＩＳＡの順位には、調査参加国すべての中での順位と、ＯＥＣＤ加盟国中の順位のふたつがあるが、本書では後者の順位を表記する）。この結果は、フィンランドや韓国の後塵を拝するものと受けとめられ、「ゆとり教育」路線から「確かな学力」向上路線への転換を促す。

日本同様に大きなショックを受け、ドイツやブラジルは教育改革に乗り出した（ドイツは読解力二一位、数学的リテラシーと科学的リテラシーは各二〇位。ブラジルはすべての科目において最下位）一方で、フランス、アメリカは平均レベルのスコアと順位だったがＰＩＳＡの影響はほとんど聞かれないなど、各国の反応は分かれた[156]。日本は成績がトップクラスであったにもかかわらず、過敏に反応した国である。まずはＰＩＳＡの二〇〇〇年の調査結果が二〇〇一年一二月に公表されたあとの新聞や雑誌の記事を引こう。

読解力の総合得点では、日本はフィンランドに次いで二位グループ（順位は八位だが、二位のカナダと統計的な差はない）につけた。

ただ、問題の中に、「落書き」について賛否両論の意見文を読ませ、その内容について論述形式で答えさせるものがあった。参加国全体の平均正答率は53％。これに対し、日本は42％と11ポイントも低かった。しかも、回答欄に何も書けない「無答率」が29％にものぼり、米（4％）、英（7％）、仏（9％）などと、大きな差がついてしまった。

国立教育政策研究所の有元秀文・総括研究官は、「ものを考えない、表現できない」傾向の表れだと分析し、参加国中で最低だった「読書量」の少なさが背景にある、と見る。

この調査で、日本の子どもは、55％が「趣味で読書することはない」と答えていた。高校生の二人に一人は、自ら望んで本を手に取ろうとしない。これは、参加国の平均32％を大きく上回る。

（「読売新聞」二〇〇二年一〇月一一日東京朝刊「「読書していますか」（1）文章書けない学生（連載）」）


読書量と国語学力には明らかな相関がある。ＯＥＣＤの読解力調査でも、日本の場合「趣味で読書することはない」と答えた生徒の平均得点は５１４点だが、「毎日1時間から2時間読書する」生徒の平均得点は、５４１点で、27点高い。ところが、フィンランドの「毎日1時間から2時間読書する」生徒の平均得点は５７７点で日本より36点も高い。つまり、フィンランドではよく読書する生徒が高い得点を取るような教育が行われているのであろう。

（有元秀文「国立教育政策研究所総括研究官・当時」「読書教育の曙光」、「図書館雑誌」Ｖｏｌ．97，Ｎｏ．６（二〇〇三年六月号）、三七七、三七八ページ）


トップであるフィンランドと日本の子どもの読解力と読書量を比較し、日本の子どもは読書量が足りないからダメなのだ、と結びつけている。これは文科省も同様の認識だった。二〇〇二年八月に文科省が発表した「子どもの読書活動の推進に関する基本的な計画」の第1章では、PISAの結果を取り上げ「趣味としての読書をしない」と答えた生徒がOECD平均三一・七％に対し日本は五五％もおり、「どうしても読まなければならないときしか、本は読まない」と答えた生徒が、OECD平均一二・六％に対し日本は二一・五％であることから、読書離れを指摘し、問題視。同計画で注目すべきは、学校で読書習慣の確立や読書指導の充実の取り組みとして「朝の読書」や読み聞かせなどの取り組みを一層普及させ、各学校が目標を設定し、読書習慣を確立するよう促すことが示された点だ。[157]

九〇年代末から二〇〇〇年代初頭にかけて、多くの学校が自主的に「学級崩壊」対策のために朝読実施を決めていったが、文科省は目的をスライドさせ、「読解力向上」のために朝読をもっとやれ、と促したのである。

二〇〇四年に、東京都葛飾区立上平井小学校での学校をあげての読書推進活動の取り組みを書いた吉田法子『先生、いっしょに本を読もうよ 「朝の読書」が教えてくれた言葉の力、本の力、子どもの力』という本が刊行されている。同書ではやはりOECD調査と二〇〇四年二月の文化審議会の「これからの時代に求められる国語力」を参照し、学校教育における読書の位置づけの重要性を指摘し、朝読（読書）と学力を結びつけている。[158] ところが、もともと同校が朝読を始めた理由は、いじめ、不登校、器物破損、教師への暴力などで荒れ果て、授業が成立しなかったために「生活指導」として一九九六年から取り組んだことにある。[159] 上平井小学校は、朝読が学級崩壊対策から学力向上目的へと位置づけが変わっていったことを象徴する事例である。

朝読だけではない。学校での読み聞かせ（読書ボランティアの活用）や、学校図書館の活用も、文科省的にはすべて「読解力向上」「学力向上」のためになされるものなのだ。

続いて二〇〇四年一二月にはPISA二〇〇三年調査の結果が公表され、日本の子どもは「読解力」で〇〇年調査の八位から〇三年調査で一四位に後退したことが明らかになる（いわゆる「PISAショック」）と、ますますこの流れは加速する。二〇〇五年一二月、文科省は「読解力向上プログラム」を発表。ここで「読書活動を推進するためには、学校図書館の充実を図る必要がある」とする。[160] また、小学校における読書ボランティアの活用が二〇〇五年に急増し、以降も増加を続けて二〇一六年には八割を超えた（文科省の「学校図書館の現状に関する調査」、図12）。こうして子ども文庫からの流れを汲む地域の読書推進活動は――当事者の目的はおそらく異なるだろうが――読解力向上を望む教育界からの要請に応えるかたちで、二〇〇〇年代以降、かつてないほど学校で積極的に活用されている。全国学校図書館協議会理事長（当時）の石井宗雄は、二〇〇五年七月に成立した「文字・活字文化振興法」が「言語力の涵養」を重視したことも、PISAで判明したように日本の子どもたちの「読書離れ」や「読解力」低下が背景となって浮上したものと考えられる、としている。[161]

この後、ＰＩＳＡの読解力ランキングは二〇〇六年に一二位だったものが二〇〇九年には五位に上昇。二〇一二年にはなんと一位となる。

文科省は読解力が回復した要因の一つに「読書活動への支援」を挙げる。

今回、生徒への質問紙による調査で「読書は大好きな趣味の一つ」と答えたのは42％と、前回より5・5ポイント増。「本の内容について人と話すのが好きだ」も43・6％で同7・1ポイント上がった。「読書は時間のムダだ」との回答は15・2％で、4・5ポイント減った。

読む本の種類などを2000年調査と比べると、小説や物語など「フィクション」が42％で14・5ポイント増え、伝記など「ノンフィクション」も11・1％で1・3ポイント増。コミックは72・4％で11・5ポイント減った。

こうした点から、文科省は「すべて望

学校における読書ボランティアの活用状況

	小学校	中学校	高等学校
2002	31.5%	11.5%	2.5%
2003	35.2%	12.5%	2.1%
2004	38.9%	12.3%	2.3%
2005	66.3%	15.1%	1.9%
2006	69.6%	16.3%	2.3%
2007	72.4%	18.7%	2.1%
2008	75.5%	20.4%	2.5%
2010	78.7%	24.1%	2.7%
2012	81.2%	27.2%	2.9%
2014	81.1%	28.1%	2.8%
2016	81.4%	30.0%	2.8%

図12　（文部科学省「学校図書館の現状に関する調査」各年を元に作成）

ましい方向へ行っている」と結論づけた。
（「朝日新聞」二〇一〇年一二月八日東京朝刊「経験の活用、日本の宿題　ＯＥＣＤ国際学習到達度調査」）

この結果を受けてであろうが、子どもの読書推進計画は、第二次までとは異なり、二〇一三年の第三次計画では「読解力向上」のような大きな課題は記されていない。二〇一八年四月発表の第四次計画でも、第三次計画の結果をおおむね肯定的に評価している[162]。

ただ、計画を離れて学習指導要領の変遷を眺めていくと、二〇〇〇年代までと二〇一〇年代以降では、子どもの読書や学校図書館をめぐる政策に重要な変化があることに気づく。文科省が子どもに望む「読書」の姿が、自発的に好きな本を選んで読む（いわゆる「自由読書」）では足らないものになっていることである。

そしてこれが児童書市場に少なからぬ影響を及ぼす。

ＰＩＳＡ型学力養成機関を求められる二一世紀の学校図書館

文科省が望む読書像、学校図書館像の変化は、ＰＩＳＡによってのみ引き起こされたわけではない。もともとあった教育改革の流れが、ＰＩＳＡを受けてより強化された結果であり――それは一九五三年一月に廃案になった学校図書館法改正案の亡霊の再来である。したがってここでは、またも迂遠に見えるだろうが、教育政策の変遷について辿らなければならない。

　本章序盤で見てきたように、五三年の当初の学校図書館法改正案が実現しなかったのは、経験主義的な「新教育」が、産業界と政界の求める詰め込み教育（系統学習）路線に敗北したためだった。以降、おおよそ七〇年代までは系統学習が圧倒的に強く、八〇年代頃からは問題解決型・経験主義に親和的なゆとり教育の度合いが徐々に強まっていく。

　根本彰『教育改革のための学校図書館』の整理を借りれば、一九六八年公示、一九七一年実施の学習指導要領では高度経済成長を背景に、国際競争に負けないための「高度な人材」育成が目標に掲げられ、系統色を強めるカリキュラムが完成する。ところがバブル経済の一九八〇年代頃になると教育の目標を国際的な水準に合わせ、詰め込みではなく学習意欲や主体的な学習を重視する「ゆとり教育」への転換が始まる。九〇年代と二〇〇〇年代を通じて教育内容が削減された一方で、児童・生徒が自発的・横断的に調べものをし、課題に取り組む「総合的な学習の時間」が導入される。各教科のなかでも、課題解決的な学習や探究的な学習が含められるようになる。一九九八年に発表され、二〇〇二年度から実施された学習指導要領は「ゆとり」の中で「特色ある教育」を展開し、自ら学び自ら考える力などの「生きる力」をはぐくむ、としている。この改革において、体験的な学習や問題解決的な学習を行う場として、学校図書館は重要な位置づけを与えられた[163]。一九九八年の学習指導要領改訂では――つまり二〇〇〇年のＰＩＳＡ以前かつ、司書教諭設置を促進した九七年の学校図書館法改正以降の時点で――学校図書館に関し、総則の中で一項目を設けて記述している。図書館は「読書センター」「学習情報センター」としての役割が期待され、各教科において「資料を活用したりして調べる」ことが強調されている。九七年の学校図書館法改正までは司書教諭の配置義務すらなく、九〇年代前半までは放置状態の学校図書館が無数にあったとは到底思えないような、期待のされ方である。

　文科省は二〇〇八年の学習指導要領では「ゆとり教育」批判、学力低下批判にこたえるべく、授業時間数を増やしつつ、習得型、活用型、探究型の三つの教育課程のバランスを考慮して創造性も重視。二〇〇八年改訂では言語活動の充実を重視し、学習活動に探究型学習を取り入れ、子どもが主体的に学習し、成果を上げる学習習慣を築くように示唆している（「調べ学習」が誰かが考えた答えを見つけ出すものであるのに対し、「探究」は答えの見つかっていない課題について熟考し、少しでも良い答えを導き出すことを指すとされる）。調べ学習を行うためには、当然、学校図書館は多様で豊富な図書館資料（蔵書）の構成を図らなければならない[164]。

　そして学習指導要領が目指すこのような方向性は、ＰＩＳＡが求める学力観と合致している（したがって以下では「ＰＩＳＡ型学力」と呼ぶ）。ＰＩＳＡでトップクラスに位置していたフィンランドの学校では、探究型学習が多用されている。このことも、日本における学校図書館活用政策の推進材料となった。

　しかし、なぜ図書館活用、調べ学習が必要だと文科省は考えているのか？　ＰＩＳＡにおいて「読解力」とは、単に文章を読んで意味を理解する能力のことを指していない。「自らの目標を達成し、自らの知識と可能性を発達させ、効果的に社会に参加するために、テキストを理解し、利用し、熟考し、これに取り組む能力」と定義されている。ＰＩＳＡ調査では当初から一覧表、書式、グラフ、図を使ったテキストを用い、物語、解説、論証などの様々な形式の文章をテストに用いている。さらにＰＩＳＡ二〇〇九年調査では、印刷したテキストだけでなく電子テキストも扱わせている。これは、テストを受けた子どもたちが、将来、生活および労働で様々な資料（たとえば各種書類、広告、ウェブサイトやＳＮＳなど）に遭遇することを想定しているからだ[165]。

つまり、ＰＩＳＡ型学力が求める「読解力」とは、従来の日本の国語教育で言う「読解力」とは異なり、生活や仕事で知識が活用され、目的に沿った探究活動に役立てられることが前提の能力である。このことは二〇〇〇年代から、教育関係者の間では知られたことだった。たとえば「毎日新聞」二〇〇五年四月二三日東京朝刊「学力テスト：小中学生・結果　小学国語、期待値の半分　記述式の正答率、低迷」では、加藤幸次・上智大名誉教授（学校教育学）は「ＰＩＳＡは生活という概念を中心に、数学や読解力をみるテストであり、欧州では学力といえば、ＰＩＳＡ型が主流だ。しかし、日本でいう読解力は、文章の意味を正確に読み取ることであり、読み取ったうえで自分の意見を記述させるＰＩＳＡ型とは、とらえ方が異なる」と語っている。そしてこのＰＩＳＡ型学力を追求すべきという立場からすると「朝の読書活動でも、ただ好きな本を読ませるのではなく、あらかじめ決めたテーマに沿って本を読ませ、子ども同士で感想を話し合わせるなどの工夫が必要だろう」ということになる[166]。

学校教育と結びついた読書推進活動は、本離れの深刻化さが認識されていた二〇〇〇年代前半までは、とにかく不読率を下げ、読書冊数を増やすことに目が向いていた。ところがＰＩＳＡを受け、徐々に「ただ読むだけでは足りない。書く・話すといったアウトプットを重視せよ。これは国際的な潮流であり、さもなくば、これからの社会で必要なＰＩＳＡ型学力が身につかない」という風に文科省の力点は変わったのだ。

二〇一八年四月に発表された第四次「子どもの読書活動の推進に関する基本的な計画」を見てみよう。読書推進施策の中には、読書会、ペア読書、ブックトーク、アニマシオン、ビブリオバトルなど〝子ども同士で〟行う活動が列挙されている。これは「読まない人を巻き込む」（不読率を下げる）だけでなく、「読んだ（読んでいる）人間のアウトプットの機会を増やす」ことが目的だろう。二〇一三年の第三次計画では、ブックトークは〝読書ボランティア〟が行うことが前提とされていた。子どもが相互に発信しあうことで読書活動を推進することは、第四次計画と比べるとほとんど強調されていなかったのである。

そして知識の「活用」「探究」重視の学力観の変化に伴い、文科省が子どもに求める本との触れ合い方、学校図書館の活用法も変わる。「学校図書館は、読書の場から学びの場へと大きく変貌しています。豊富な資料や新聞、教材などを備えて、探究型学習のために活用することが求められているのです[167]」。

だからこそ、一九九七年に司書教諭が原則必置になったことに続いて二〇一四年には再び学校図書館法が改正され、「学校司書」の配置に法的根拠が与えられた。それまで学校司書は、司書教諭（教師と兼任の司書）とは異なり、法的な定めも業務内容にも決まりがなく、「学校司書」という名称自体が法的に認められていなかった（「学校図書館担当職員」などと呼ばれていた）。それが一四年改正では、学校司書は学校図書館の仕事をする〝専任職員〟だと明記され、それぞれの学校に学校司書を配置することが国や地方自治体の努力義務となった。

さらには一九九三年から始まった学校図書館整備に関して、二〇一七年度から第五次計画が進行し、財政規模は五カ年で学校図書館図書の整備に約一一〇〇億円、学校図書館への新聞配備に一五〇億円、学校司書の配置に一一〇〇億円の地方交付税交付金の交付の措置が執られているのも、司書および図書館に求めるものが大きくなったからである。

こうした政策により、一九九二年には司書がいる学校はわずか五五五だったが、二〇一六年度には小中高特別支援学校、中等教育学校の総数約三万八〇〇〇校中、司書教諭を発令した学校総数は二万六〇二二校（全体の六八・五％）。司書教諭の義務配置対象となる一二学級以上の学校数に限れば、九八％に配置されるようになった。学校司書に関しては、二万一三七〇校と全体の五六・三％が配置されている。[168] 世代によっては「本当に授業でもそんなに学校図書館が使われているのか？」と疑問に思うかもしれない。しかし多くの小学校では週に一回、国語の時間を読書にあてており、その時間は学校図書館が使われることが大半だ。また、全国ＳＬＡ研究調査部による「２０１８年度学校図書館調査報告」から「教科等の学習に学校の図書館の設備や資料が利用されているか」というアンケートの回答を引いておこう。小学校では「よく利用されている」が三八・四％、「ときどき利用されている」が六〇・一％、合わせると九八・五％が教科学習のために学校図書館を利用している。中学校では「よく利用されている」が七・九％、「ときどき利用されている」が七六・三％。高校では「よく利用されている」一五・〇％、「ときどき利用されている」七八・〇％（図13）――これで「学校図書館が授業で使われていない」と考えるのは無理である。

ここまできてようやく、本書冒頭で見たように、二〇一四年までと比べて二〇一五年以降は児童書販売額が上昇し、一四歳人口ひとりあたりの金額も上昇している（図14）という謎に対して、答え（仮説）を立てることができる。

二〇一〇年代後半の児童書市場に働く力

二〇一四年までと二〇一五年以降で何が変わったか？　学校司書の配置が進んだことである。この影響で、子どもが本に親しむ機会がさらに増えた。

児童書関係者は「朝読需要が強い」と言うが、繰り返し見てきたとおり、朝読の実施校は二〇〇〇年代後半からほとんど増えていない。『ハリー・ポッター』ブームが終わった二〇一〇年代初頭には、児童書市場を危ぶむ声もあった。

教科等の学習に学校の図書館の設備や資料が利用されているか

	小学校	中学校	高校
よく利用されている	38.4%	7.9%	15.0%
ときどき利用されている	60.1%	76.3%	78.0%
ほとんど利用されない	0.4%	13.8%	6.0%
全く利用されない	0.0%	0.7%	1.0%
無回答・無効	1.1%	1.3%	0.0%

図13　（「学校図書館」2018年11月号、66頁より）

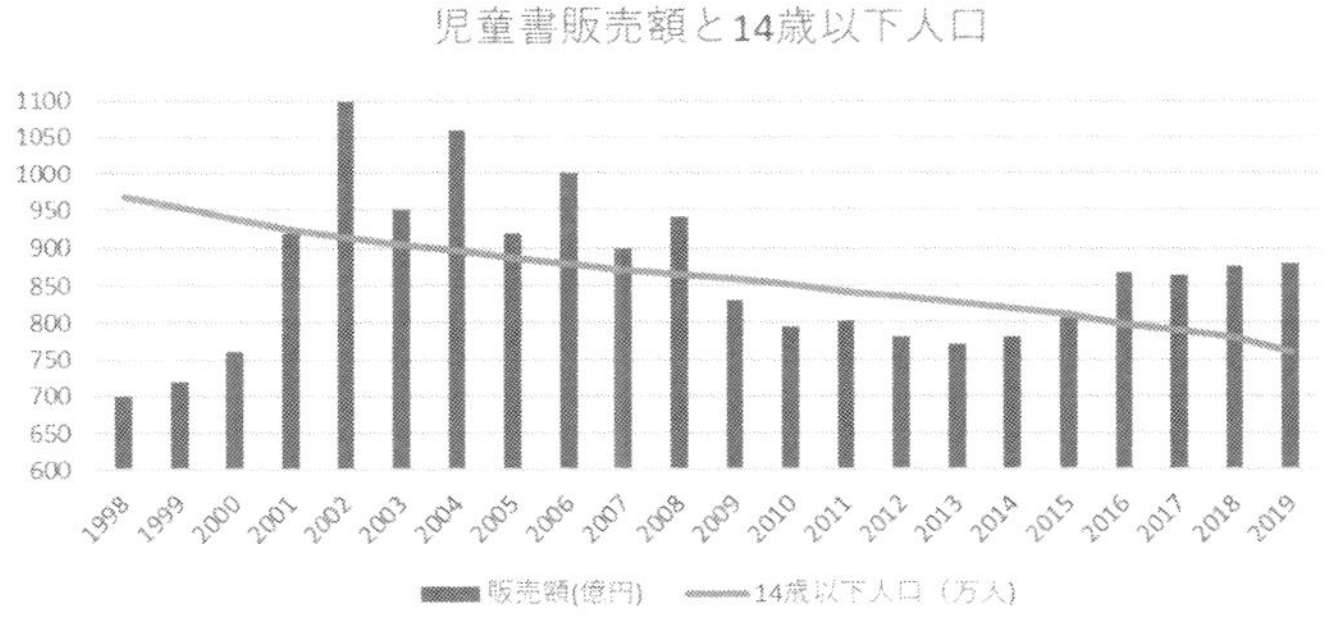

図14

児童書の販売額は、不況に突入した98年で700億円規模だったがハリポタによってファンタジーブームが起き、02年には1100億円まで拡大。出版不況になってからこれほど市場を拡大させたのは児童書以外にない（中略）。

しかし、その〝朝の読書〟も学力向上強化という流れの中で、実施校数の伸びが止まった。また、実施回数を減らす、あるいはやめてしまうという状況になっており、児童書販売にとっても環境は厳しくなった。

加えて、ファンタジーブームが去り、好調だった児童文庫も頭打ちとなり、絵本をはじめとするロングセラー商品もかつての勢いがない、といったマイナス要因が目立ち始めた。

（『出版指標年報2011年版』一三二〜一三三ページ）

「脱ゆとり」を叫ぶ保護者や学校関係者に「子どもに好きな本を自由に読書させるより、受験対策に時間を割くべきだ」という声が大きくなり、二〇一一年の学習指導要領改訂で授業時間数が増えて物理的に朝読をねじ込みにくくなり、さらには文科省的にもＰＩＳＡ型学力を重視。結果「好きな本を読むだけ」「感想文は求めない」とする——つまり、アウトプットを重視しない——朝読だけでは不十分と判断するに至った。それが朝読の伸び悩みの要因だろう。

ただ、実施校は伸びていないが、朝読用の本代の出所は変わっていることが、影響している。どういうことか？　司書は増えたが、二〇一〇年代を通じて、図書館の図書購入費は横ばいない

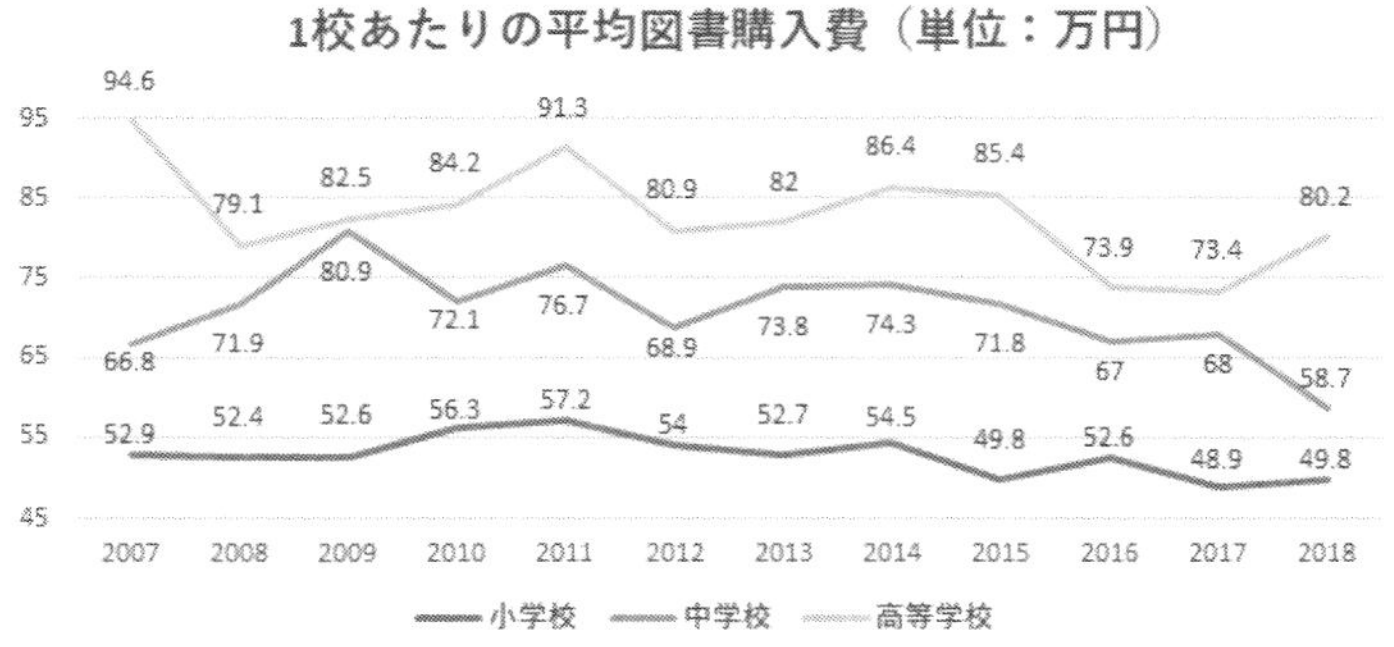

図15　（全国学校図書館協議会「2019年度学校図書館調査」（https://www.j-sla.or.jp/material/research/gakutotyousa.html）を元に作成）

し減少傾向にある。学校図書館の図書購入費を見てみよう。

全国学校図書館協議会による学校図書館調査を見ると、図書購入費は増減を繰り返しながらも二〇〇〇年代後半から二〇一〇年代後半まで微減傾向ながらほぼ横ばい（図15）。つまり、二〇一〇年代前半よりも二〇一〇年代半ば以降、児童書販売額が伸びた理由は学校図書館の予算には求められない。公共図書館はどうか？　二〇一八年には全国で三二九二館、児童室は市区立で六六・三％、町村立で六〇・三％に設置されている[169]。図書館数は増え続けているが、資料費総額は減っている。一九九九年度には三六七億六三四四万円だったものが毎年数％減額されていき、二〇一八年度では資料費総額は二八二億八九四四万円。最盛期の七七％しかない[170]。これに伴い、児童の貸出冊数は二〇一〇年度には七億一六〇〇万冊だったが二〇一八年度には六億四一〇三万冊に減っている。竹内さとる『生きるための図書館』は、これは購入費減少および司書異動による選書能力の低下によって魅力ある本が図書館に入らないからだとしている[171]。とすると、公立図書館の児童コーナーが購買額を増やしたからでもない。

であれば、一般家庭で買う金額が増えているから、販売額が伸びたと考えるしかない。

絵本市場は推定販売金額の推移が発表されているので、まずはそれを見てみよう。

絵本市場は児童書全体のトレンドとおおよそ軌を一にしていることがわかる（図16）。重要なのは金額だ。二〇一四年までと二〇一五年以降を比較すると、絵本市場は一〇億〜二六億円の差だが、児童書販売額全体で見るともっと大きな開きがある。つまり絵本市場の伸びだけではなく、他の児童書ジャンルも伸びていると推察される（ただし絵本以外の各カテゴリーごとの個別の市場規模およびその推移は不明）。

一四歳以下人口ひとりあたりの児童書販売額は二〇一四年までと二〇一六年以降では一〇〇〇円前後違う。絵本は一〇〇〇円台前半、児童文庫なら八〇〇円前後、読みものは八〇〇円から一三〇〇円前後、図鑑は二〇〇〇円台、学習マンガは一〇〇〇円〜一三〇〇円前後が近年のおおよその相場だから、平均して年間で一冊購入が増えたと考えればいいだろう。

学校読書調査を見ると、小学生は二〇一〇年代前半には月に約一〇冊読んでいたが、二〇一〇年代後半は約一一冊になっている。月に一冊なら年間では一二冊読む本が増えることになる。それがそのまますべて購入費に回ればひとりあたりの児童書販売額は年間一二〇〇〇円増えるはず

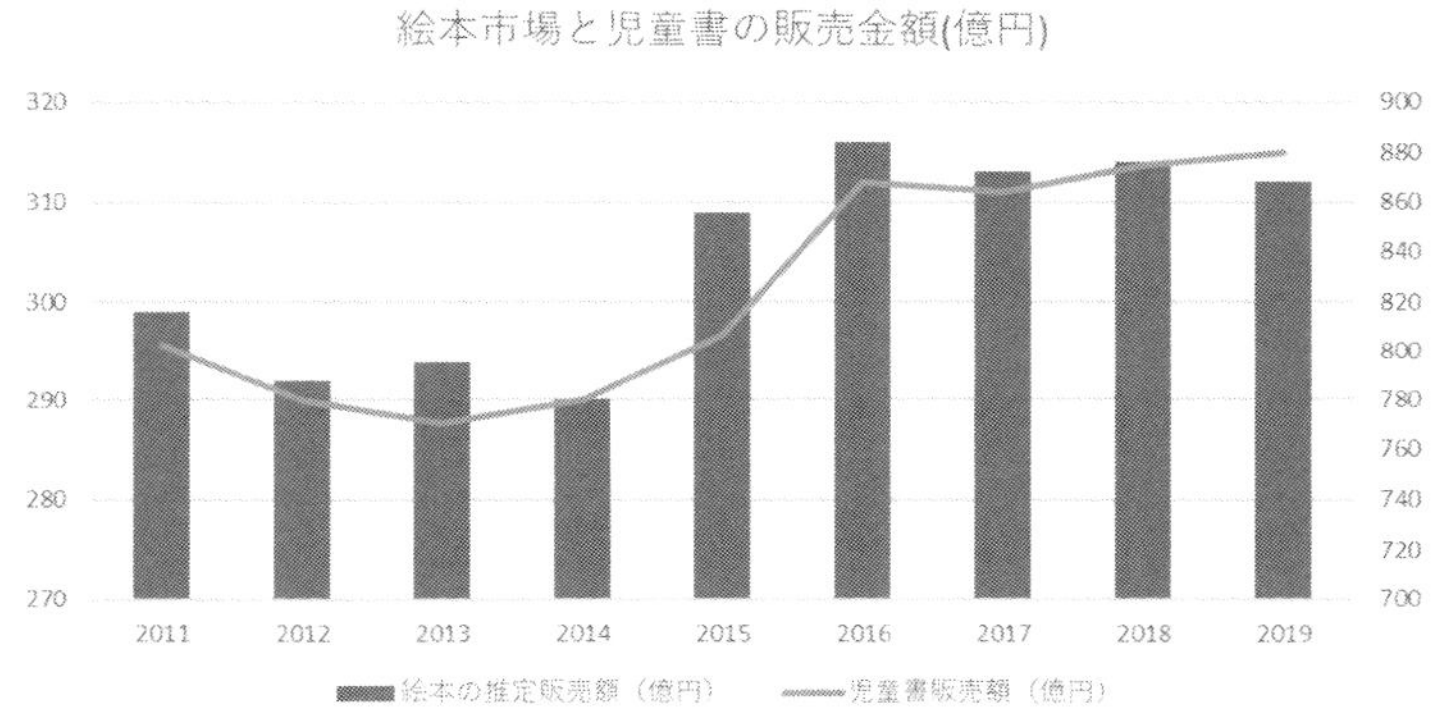

図16　（『出版指標年報2020』129－130頁を参考に作成）

学校図書館と公共図書館との連携状況（割合）

	小学校	中学校	高等学校
2002	46.4%	29.2%	25.4%
2003	53.6%	34.1%	28.3%
2004	56.9%	35.5%	30.5%
2005	60.5%	34.8%	30.6%
2006	62.6%	37.6%	34.6%
2007	64.9%	40.6%	36.0%
2008	68.6%	36.4%	33.8%
2010	73.8%	45.4%	44.5%
2012	76.5%	49.8%	46.5%
2014	79.9%	52.4%	47.7%
2016	82.2%	57.5%	51.1%

図17　文部科学省「学校図書館の現状に関する調査」各年を元に作成

だ。しかし多くの家庭では年間一二〇〇〇円も書籍代の支出は増やせず、しかし、年に一〇〇〇円程度子どもに買う本を増やし、あとは図書館で借りているのだろう。

文科省の「学校図書館の現状に関する調査」を見ると、調べ学習、総合的学習が導入されて以降、公立図書館と学校図書館の連携が徐々に増加している（図17）。そして公共図書館との連携が増えるにつれて、学校図書館の貸出冊数が増えていると予想される。学校図書館の貸出冊数に関する全国的な統計は存在しないと思われるが、次のような記事が例証のひとつになる。

豊小の学校図書館は運営にあたる学校司書がおらず、蔵書も約7270冊と全国平均より2割少ない。「担任が多忙なときは本を探す時間もない。蔵書を大量に授業で使うと他の児童が借りられなくなる。市図書館の支援はとても助かり、読み聞かせもうまい」と福岡教諭は感謝する。

鯖江市は2011年度、市図書館内に「学校図書館支援センター」を設置し、谷崎さんら4人の職員が市内の小中学校を訪問している。授業での読み聞かせや、学校にない図書の貸し出しのほか、傷んだ本の修理、貸し出し業務なども手伝っている。（中略）

同市の小学校図書館の蔵書は1校7000～1万4000冊程度だが、このネットワークを生かせば約40万冊以上が活用できることになる。週2回程度、学校間を巡る定期便があり、本を届けたり回収したりしている。小中13校の図書館の貸出数は、15年度が約26万冊と5年間で約4万冊増えた。

学校図書館の支援を担当する今村厚子さん（55）は、「最近は調べ学習が多く、1クラスの子ども全員に同じテーマの本が必要とされることもある。一度に大量の本が手配できるネットワークが頼りにされている」と手応えを語る。

（「読売新聞」二〇一六年一〇月二六日東京朝刊「［教育ルネサンス］学校図書館の今（4）人・蔵書　公立図書館が協力」）


さらに興味深い記事もある。


公立図書館から学校図書館へ大量の図書を一定期間貸し出す「団体貸し出し」は、市によって詳細は異なりますが、学校図書館の蔵書内容を補う意味でいずれの市においても重要視されています。学校図書館の立場から樋口［引用者註：千葉県浦安市立南小学校の司書・樋口右子］さんは、「わが校の蔵書は6割が調べ学習用資料で、年間購入分でも7割を超える。補充が十分に行えない絵本や読み物には、市立図書館の団体貸し出しを役立てている」。

（「公明新聞」二〇〇二年九月三日「Ｗｉｔｈ　Ｙｏｕ／子どもの読書推進に必要な図書館間、市民の連携／「読書コミュニティネットワーク」の全国大会（分科会）から」）

どこが興味深いか。「学校図書館で図書購入費の七割以上を調べ学習用に使っている」という記述である。福岡淳子『司書と先生がつくる学校図書館』（玉川大学出版部）の指摘によれば、調べ学習用のセット資料の単価は二五〇〇～三五〇〇円と高価であり（これ以上のものも少なくない）、こういう本の割合を増やそうとすると、購入できる冊数は減る。[172] すると、学校図書館は絵本や読み物はあまり入れられない。つまりここに来て一九五三年の学校図書館法制定後の長い間「読みもの中心」で動いてきた学校図書館は、大きく転換したのである。

公共図書館と連携をするにしても、公共図書館も予算削減のあおりを食っている。結果、朝読などで読みたい本を家庭（児童・生徒および親）が自前で買うことになり、児童ひとりあたりの児童書販売額が増えた――ということではないか。朝読実施校がほとんど増えていないにもかかわらず児童書関係者が「昨今の好調は朝読需要が強いおかげ」と話す理由も、こう考えれば腑に落ちる。学校図書館や公立図書館が予算の関係で手が回らないために子どもが読めない、借りられない本を家庭が買っているから、と。

ただ、その増えた書籍代はどこから持ってきたのか？　これを探るには子持ち世帯の家庭支出に関する詳細な分析が必要になる。ところが総務省統計局の家計調査では「二人以上の世帯のうち勤労者世帯」に関する項目はあっても「子持ち世帯」に限定したものはない。また、あくまで「世帯」の調査であって、「親が自分のために使った支出」と「子どものために使った支出」を分けて把握することはできない。

ただ、「二人以上の世帯のうち勤労者世帯」の「書籍・他の印刷物」の支出は、二〇〇三年には平均で月に四六六八円だったものが年々減少して二〇一八年には月三〇四一円になっている。つまり一八年には年間三万六四九二円。対して一四歳以下人口ひとりあたりの児童書販売額は年間五六一二円。「二人以上世帯」だから子どものいない家庭もあるが、仮にすべてが子持ち家庭とすれば、書籍代のうち全体の一五％を児童書に費やしていることになる。グラフ（図18）を見れば明らかなように、全体では書籍等に関する支出は減っているわけだから、家計の中での児童書に対する支出割合は増加している。とすれば、過去の時代であれば大人が自分たちのために使っていたであろう本代を、今では子どものほうに回している、というのが素直な仮説のひとつだ（そしてこの金銭的な余裕のなさが近年の「親子で楽しめる」「大人も読める」児童書の流行をもたらしている）。

こんな記事もある。

親世代の教育熱に加え、団塊世代が孫を持つ祖父母の年代になったことも大きい。出版取次大手の日販によると、児童書購入者に占める50代以上の割合は、２０１０年の17・5％から16年は36・３％と倍増している。特に図鑑は祖父母から孫へのプレゼント需要が高く、小学館「図鑑ＮＥＯ」の北川吉隆編集長は「全23巻セットなど、祖父母世代からのまとめ買い需要が大きく伸びている」と話す。

（「朝日新聞」二〇一八年一二月二〇日東京朝刊「絵本好調、祖父母が支える　デジタル時代、読み聞かせ再評価」）

むろん、児童書売上における五〇代以上の「割合」が増えたからといって「全体」が増えたことと一足飛びに結びつけることはできない。ただ、祖父母世代からの買い与えの割合が増えていることは事実だ。

もうひとつすぐに思いつく仮説のひとつに、児童誌に対する支出を減らして児童書に回した、というものがある。本書冒頭（図7、一六頁）でも見たように、小中高生の雑誌の読書冊数は七〇年代後半からずっと減少傾向が続いている。二〇一〇年代前半と後半だけで比べても、小学生は一冊以上減っている。二〇一〇年に四・二冊だったのが二〇一九年には三・〇冊になった。本と雑誌では多くの人にとって心理的にはかなり近いカテゴリーに入るだろうから、雑誌を減らして書籍を増やすだけなら抵抗も少なく、家計のやりくり的にも工夫は必要ない。

全国ＳＬＡによる「２０１８年度学校図書館調査報告」によれば、小学校の図書館で雑誌を購読している割合はわずか一五・八％、購読している学校での平均を見てもたった二種類である（図19）。これだけ学校図書館が充実してきたにもかかわらず、小学校では雑誌の存在はほとんど無視されている。

また、朝の読書でも原則としてマンガと雑誌は不可、とされている学校がほとんどだ。読書推

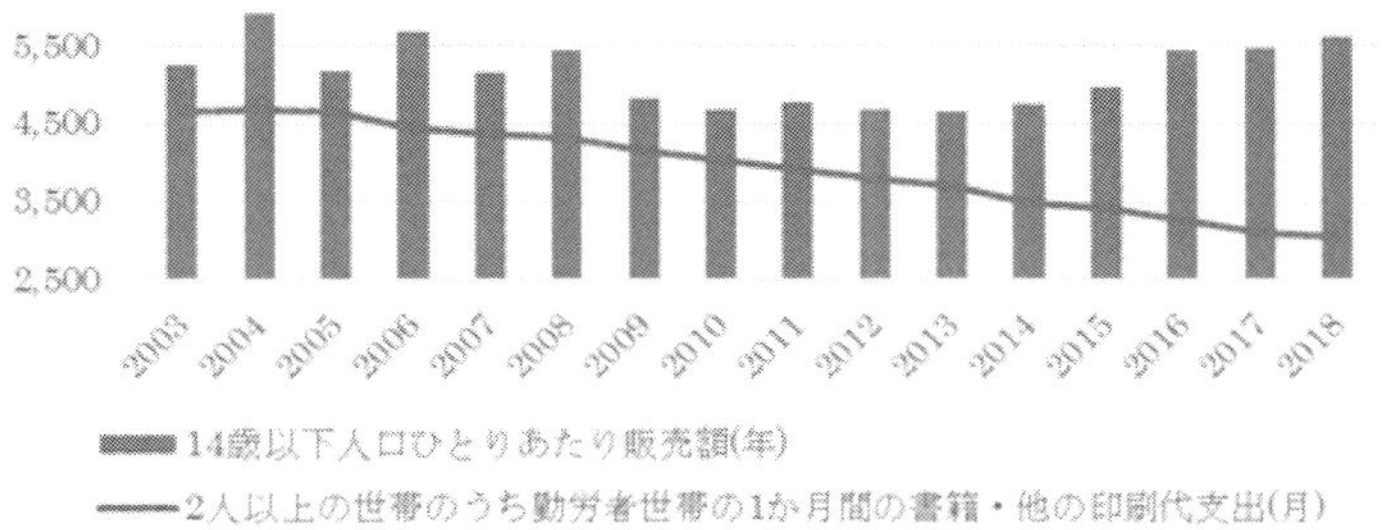

図18　（『出版指標年報2011年』133頁、『出版指標年報2020年』129頁、総務省統計局人口推計、総務省統計局家計調査を元に作成）

進活動において「雑誌を読もう」という声はほぼなかった。

二〇一〇年代の子どもの本市場に働く力をまとめよう。

九〇年代までは家庭において子どもの生活サイクルに食い込み、結果、本から遠ざけさせるような、視覚刺激が強く、自ら企画に参加ができたり画面を動かすことができる能動的な娯楽メディア（マンガ、テレビ、ゲーム）が次々台頭し、狭義の児童書はそれらを採り入れる／それらと組むことを選択しなかったため、「子どもの本離れ」を招いた。ところが二〇〇〇年代以降、政界・官界が読解力向上を目的に学校図書館を整備し、さらには民間（発）のブックスタートや朝読、読書ボランティアによる図書館や学校での読み聞かせを後押ししたことにより、読書は一転して生活サイクルに組み込まれるようになった。二〇一五年以降の学校司書配置に伴い、さらに子どもの読書意欲は増した。

ところが、教育改革からくる調べ学習（総合的学習、探究学習）の度合いが増したことで学校図書館の活用が増え、図書館はそのための資料購入に予算を割かねばならなくなった。連携してなお学校図書館と公立図書館（の予算）だけでは子どもの読書需要が吸収しきれず、家庭で絵本や読みものを中心に二〇一〇年代前半までよりも購入するようになった。一方、読書推進活動や教育改革の流れから雑誌は一貫して排除され続けた結果、これまで家計において消費されていた雑誌代が書籍代に回された。また、親や祖父母が自分のために使う書籍代を減らし、子どものために本を買う金額を増やした。

これが、九〇年代にはどん底に落ちていた児童書市場が、『ハリー・ポッター』ブームがあった二〇〇〇年代と並ぶほどに二〇一五年以降堅調であり、しかし児童誌市場の凋落が止まらない理由についての、私の見立てである。

本章では

一、一九四〇年代〜七〇年代　戦後児童文学と学年誌が黄金時代を迎えるまで
二、一九八〇年代〜九〇年代　サブカルチャーの隆盛と児童書冬の時代
三、二〇〇〇年代〜二〇一〇年代　教育観の変化と国ぐるみの読書推進

の三つの節に分けて子どもの本市場の変遷を見てきたが、第三節では議論の煩雑さを避けるため

に個別のジャンルや作品・作家の動向には深入りせず、主に政治と教育からの影響に絞って論じてきた。しかしもちろん、作家・作品と出版社、読者の相互作用によるヒット作の誕生とそれに触発されて市場が活性化した面もある。

第二章以降で「ヒット作の背景がわからない」という謎を解き明かすべく、出版界の動き、ヒット作の紹介・分析に入っていく。

学校図書館の雑誌購読数

	購読校の割合	1校あたり（購読校での平均）
小学校	15.8%	2.0種
中学校	37.0%	5.4種
高校	92.0%	13種

図19 （「学校図書館」2018年11月号、59頁を参考に作成）

(121)『日本児童図書出版協会の六十年』一二三ページ
(122) 文部科学省児童生徒課「平成28年度「学校図書館の現状に関する調査」結果について（概要）」
(123)『出版指標年報１９９９年版』公益社団法人全国出版協会・出版科学研究所、一九九九年、一一六ページ
(124) 出版年鑑編集部『出版年鑑２０００』出版ニュース社、二〇〇〇年、七一ページ
(125)『学校図書館五〇年史』一〇五ページ
(126)『出版年鑑２００１』六八ページ
(127)「産経新聞」大阪朝刊二〇〇一年四月二九日「児童書〝冬の時代〟明日を考えるフォーラム開催「知る楽しさ」知って」
(128)「ブックスタートニュースレター」No.43、NPOブックスタート、二〇一四年一月刊
(129) 川上博幸「児童サービスの年間計画の変化から見える最近のサービス傾向」、

「図書館雑誌」日本図書館協会、二〇一三年六月号、三四八—三四九ページ

(130)「出版ニュース」二〇〇〇年三月中旬号、出版ニュース社、二八—二九ページ

(131)「出版ニュース」二〇〇一年一月下旬号、出版ニュース社、一六ページ

(132)「絵本学」Ｎｏ．13、二〇一一年、絵本学会、四九—五六ページ

(133)「仁愛大学研究紀要　人間学部篇」(10)、仁愛大学、二〇一一年、六一—六七ページ

(134)「学校図書館」二〇一八年一一月号、全国学校図書館協議会、三九ページ

(135)ジム・トレリース『読み聞かせ　この素晴らしい世界』高文研、一九八七年、二六一ページ

(136)大塚笑子「読書は人生を変え、生き抜く力を与えてくれる」、「致知」二〇一八年一〇月号、致知出版社、四八—四九ページ

(137)岩岡千景『生きる力を育む「朝の読書」静寂と集中』高文研、二〇一九年、三四—三五ページ

(138)船橋学園読書教育研究会『朝の読書が奇跡を生んだ』高文研、一九九三年、四五ページ

(139)林公「全校一斉「朝の読書」運動が夢を広げた」、「婦人公論」一九九七年三月号、中央公論社、二二九ページ

(140)柳田邦男「危機の子どもを救う読書」、「Ｖｏｉｃｅ」二〇〇二年一二月号、ＰＨＰ研究所、一五八—一六〇ページ

(141)『朝の読書が奇跡を生んだ』二一ページ

(142)「Ｖｏｉｃｅ」二〇〇二年一月号、一五九ページ

(143)「潮」二〇〇二年五月号、潮出版社、一五二ページ

(144)「婦人公論」一九九七年三月号、二三一—二三二ページ

(145)佐川二亮「『朝の読書』と読書環境の整備」、「出版ニュース」二〇〇二年一〇月上旬号、出版ニュース社、八ページ

(146)「朝の読書推進協議会　「朝の読書」運動の浸透で生まれた子どもと本の深いつながり」、「編集会議」二〇〇六年二月号、宣伝会議、四七ページ

(147)出版年鑑編集部『出版年鑑２００３』出版ニュース社、二〇〇三年、四八ページ

(148)『出版指標年報２００４年版』公益社団法人全国出版協会・出版科学研究所、二〇〇四年、一二二ページ

(149)『出版指標年報2005年版』公益社団法人全国出版協会・出版科学研究所、二〇〇五年、一三〇―一三一ページ

(150) NPO図書館の学校『子どもの本 この1年を振り返って2006年』リブリオ出版、二〇〇七年、二四―二五ページ

(151)『ず・ぼん⑫』二四ページ

(152)「学校図書館」二〇〇二年一一月号、全国学校図書館協議会、一三―一四ページ

(153)『出版指標年報2006年版』公益社団法人全国出版協会・出版科学研究所、二〇〇六年、一二四ページ

(154)「出版月報」二〇一二年六月号、公益社団法人全国出版協会・出版科学研究所、一二ページ

(155) NPOブックスタート編著『赤ちゃんと絵本をひらいたら』岩波書店、二〇一〇年、一一四ページ

(156) 志水宏吉/鈴木勇編著『学力政策の比較社会学【国際編】PISAは各国に何をもたらしたか』明石書店、二〇一二年、九、一二ページ

(157) 山下直「読書推進政策と体制の歴史の展開」、日本読書学会編『読書教育の未来』ひつじ書房、二〇一九年、二九二ページ

(158) 吉田法子『先生、いっしょに本を読もうよ 「朝の読書」が教えてくれた言葉の力、本の力、子どもの力』メディアパル、二〇〇四年、四六―四七ページ

(159) 肥田美代子「言語力で日本の未来を拓く」、「出版ニュース」二〇〇七年一一月下旬号、出版ニュース社、七ページ

(160) 大串夏身監修、小川三和子『読書の指導と学校図書館』青弓社、二〇一五年、一二〇ページ

(161) 石井宗雄「「言語力の涵養」に資する学校図書館」、「学校図書館」二〇〇六年三月号、全国学校図書館協議会、二五ページ

(162)『読書教育の未来』二九二―二九四ページ

(163)『教育改革のための学校図書館』一四四―一四七、一八三ページ

(164) 立田慶裕編著『読書教育の方法 学校図書館の活用に向けて』学文社、二〇一五年、四九―五〇ページ。『教育改革のための学校図書館』一二ページ

(165) 経済協力開発機構(OECD)編著、国立教育政策研究所(監訳)『PISA2009年調査評価の枠組み　OECD生徒の学習到達度調査』明石書店、二〇一〇年、二四ページ

(166) 宮川俊彦・国語作文教育研究所長の発言。「読売新聞」二〇〇七年一二月五日東京朝刊「OECD国際学習到達度調査　日本の高1、目立つ無解答」より

(167) 新宿区立津久戸小学校司書教諭・小川三和子の発言。「読売新聞」二〇一二年一二月二四日東京朝刊「学校図書館げんきフォーラム・東京学芸大　科学の成果　発信する「場」に」より

(168) 文部科学省「平成28年度「学校図書館の現状に関する調査」結果について(概要)」

(169) 文部科学省「日本の公共図書館」

(170) 日本図書館協会「日本の図書館統計 2018集計」

(171) 『生きるための図書館』一〇六ページ

(172) 福岡淳子『司書と先生がつくる学校図書館』玉川大学出版部、二〇一五年、一八五ページ

第二章　あの雑誌はなぜ売れているのか

第一章で、子ども向けの「書籍」に対しては、教育改革に基づく学校図書館利用の促進、司書の充実、ブックスタートや朝読の実施、読書ボランティアの学校での活用等々がなされた結果として、今日の児童書市場の堅調さが生じたことを見た。

一方、雑誌に対しては何ら公的な後押しが働くことはなく、教育業界からはその存在が黙殺されてきた。民間の読書推進活動でも「雑誌を読もう」という動きはほとんど見られなかった。結果、子ども向けの本に使われる時間とお金は雑誌よりも書籍に費やされることが増え、少子化の勢いを超える速さでシュリンクが進行してきたのであろうことも確認した（図20、図21）。

しかし、かつてほど売れなくなったと言っても、カテゴリーチャンピオンは今も存在する。小学生男子向けマンガ誌としては「コロコロコミック」、小学生女子向けマンガ誌では「ちゃお」、中高生男女向けマンガ誌では「週刊少年ジャンプ」（学校読書調査で見るかぎり、中高生女子が

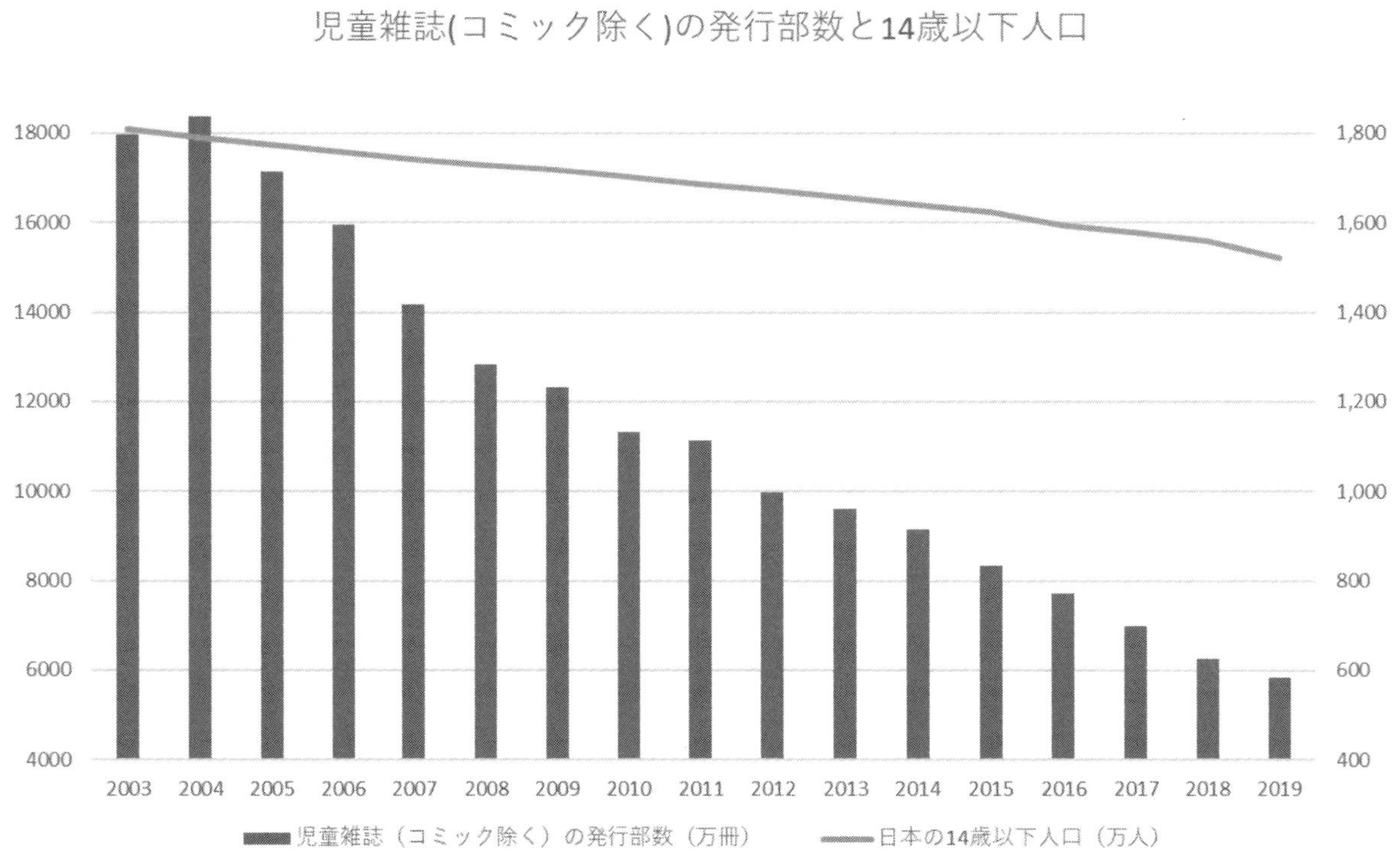

図20　（『出版指標年報』（出版科学研究所）各年と総務省統計局人口推計を元に作成）

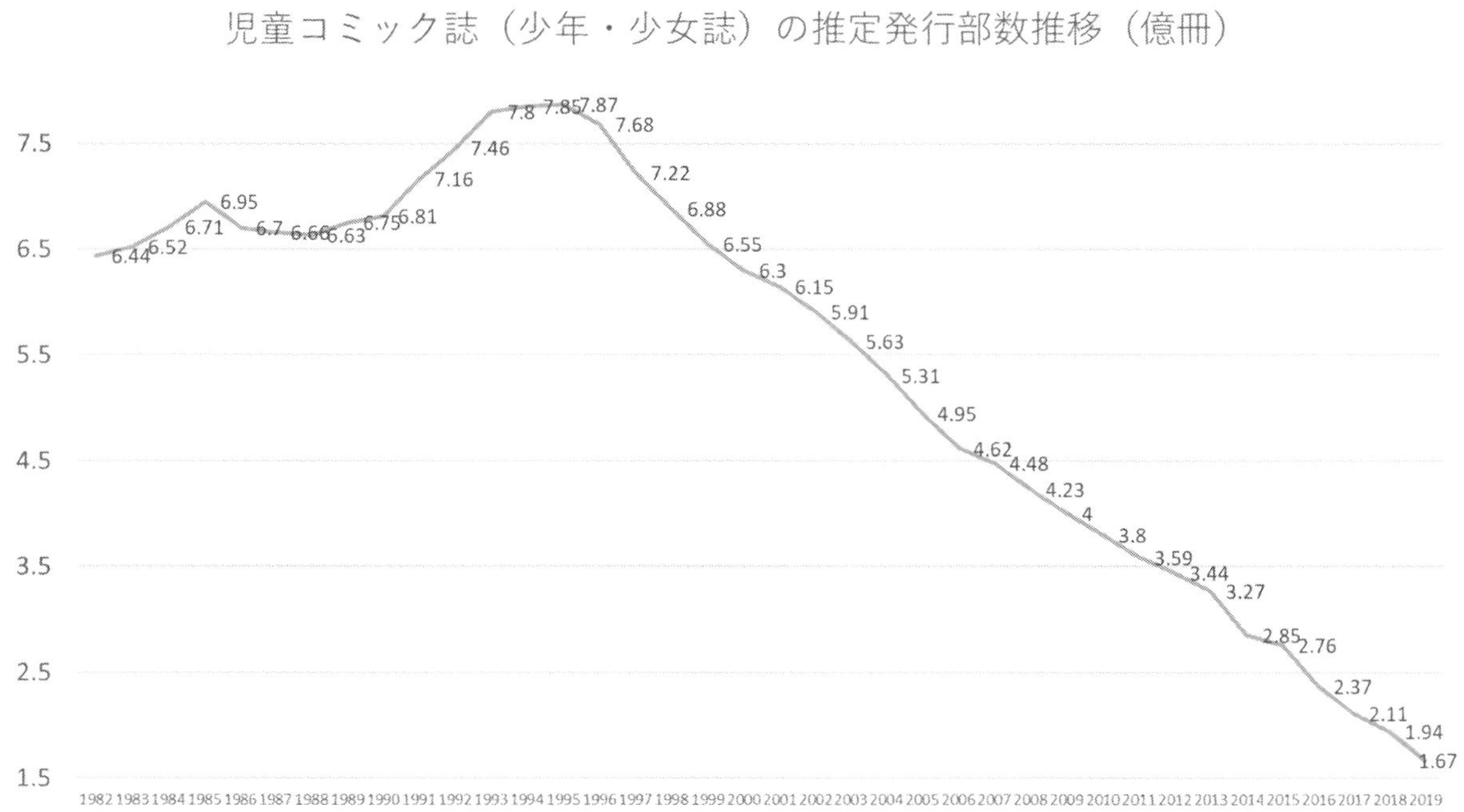
児童コミック誌（少年・少女誌）の推定発行部数推移（億冊）
7.5
6.5
5.5
4.5
3.5
2.5
1.5
1982 1983 1984 1985 1986 1987 1988 1989 1990 1991 1992 1993 1994 1995 1996 1997 1998 1999 2000 2001 2002 2003 2004 2005 2006 2007 2008 2009 2010 2011 2012 2013 2014 2015 2016 2017 2018 2019
6.44 6.52 6.71 6.95 6.7 6.66 6.63 6.75 6.81 7.16 7.46 7.8 7.85 7.87 7.68 7.22 6.88 6.55 6.3 6.15 5.91 5.63 5.31 4.95 4.62 4.48 4.23 4 3.8 3.59 3.44 3.27 2.85 2.76 2.37 2.11 1.94 1.67

図21　（『出版指標年報』（出版科学研究所）各年を元に作成）

もっとも読むマンガ雑誌は「ジャンプ」である）、小中女子学生向けファッション誌としては「ニコ☆プチ」「ｎｉｃｏｌａ」、中高生女子向けファッション誌としては「Ｓｅｖｅｎｔｅｅｎ」が長年にわたってトップに君臨している。

そして売れているものには、子どもに支持されるだけの理由がある。

この章では、そのうちのいくつかについて掘り下げていこう。

「コロコロコミック」と「少年ジャンプ」――相互影響と棲み分けまでの歴史

学校読書調査で毎年行われる「五月の一ヶ月間に読んだ雑誌」ランキングの小学校四年〜六年男子部門では、一九九〇年代後半以降、ずっと「コロコロコミック」がトップである。

しかし、九〇年代半ばまでは違っていた。一九七〇年代には「週刊少年マガジン」、「週刊少年チャンピオン」、小学館の学年誌と「週刊少年ジャンプ」がトップ争いを繰り広げ、一九八〇年以降はしばらく「ジャンプ」がトップとなる。一九九六年調査で「ジャンプ」は初めて小四のトップを「コロコロ」に奪取され、以降、徐々に「コロコロ」が優勢となり現在に至る。

今では「ジャンプ」は中学生以上が読む雑誌になり、小学生向けの「コロコロ」と棲み分けている。だが八〇年代から九〇年代にかけてこの二誌は争い、相互に影響を与え合ってきた。現在では、表紙の雰囲気や掲載されているマンガの内容は似ていない。だが「週刊少年サンデー」と「ジャンプ」よりも「コロコロ」と「ジャンプ」のほうが、やっていることは似ている。両誌が八〇年代から九〇年代にかけて完成させたメディアミックスモデルこそが、「コロコロ」と「ジャンプ」が小学生男子向けと中高生男女向けマンガ誌として、現在もトップに君臨している大きな理由のひとつである。「コロコロ」と「ジャンプ」の交差の歴史を辿ってみよう。

小学生の取り合いをしていたジャンプとコロコロ

「ジャンプ」は一九六八年創刊、「コロコロコミック」は一九七七年創刊。約一〇歳差である。一九六七年から七〇年にかけては「少年マガジン」「少年サンデー」が『巨人の星』『あしたのジョー』をはじめ、内容を青年マンガ化させて支持を得ていた一方、「少年」「少年ブック」「ぼくら」といった月刊マンガ誌は休刊していき、子ども、小学生のためのマンガ誌が消えかかっていた。「少年ジャンプ」はそのとき「子ども、小学生のためのマンガ誌」として登場した。[173]

一方、のむらしんぼ『コロコロ創刊伝説1』では、「コロコロ」創刊前夜、「少年サンデー」や「少年マガジン」は対象年齢層が上がる一方、児童マンガ誌は編集者からもマンガ家からも軽く見られて風前の灯火であり、ところが学年誌は売れ行き好調だったことから、『ドラえもん』を中心にした小学生が夢中になる新しいマンガ誌を作ろうという志から「コロコロ」が誕生したと描かれている。[174] 一〇歳違いだが、両誌の創刊意図は似ている。

「コロコロ」が最初に大きく注目されたのは一九七九年に『ドラえもん』が二度目のTVアニメ化を果たし、一躍大ブームを巻き起こしたときである。『出版指標年報1980年版』によれば、一九七九年には『ドラえもん』の連載誌である「よいこ」「幼稚園」「てれびくん」、学年誌、そして「コロコロコミック」が人気になった。[175]

同時期、週刊少年誌のトップを「ジャンプ」と争い、水島新司『ドカベン』、山上たつひこ

『がきデカ』、手塚治虫『ブラック・ジャック』などを擁して一九七七年には二〇〇万部を突破してトップとなった「チャンピオン」は、わずか二年後の七九年には「不振」「長期連載を主力としてきたため、飽きられたと考えられる」と『年報』に書かれる事態となる。[176]

「ジャンプ」の勢いはすさまじく、一九八四年には当時の雑誌史上未踏の三〇〇万部を超え、どころか年末最終号は四〇三万部に達する。『キン肉マン』が小学生、『キャプテン翼』が中学生、『北斗の拳』が高校・大学生に人気となる一方、児童誌の「コロコロ」や一九八一年に創刊された講談社「コミックボンボン」は「ジャンプ」(特に『キン肉マン』)の異常人気のあおりを食って部数が大幅に減少する。[177]

ところが翌年になると児童マンガ誌の様相は一変。一九八三年に発売された任天堂の家庭用ゲーム機ファミリーコンピュータが、八五年発売の『スーパーマリオブラザーズ』によって一大ブームとなる。「コロコロ」「ボンボン」がいち早くファミコンゲームを題材にしたマンガを掲載すると、ものすごい売れ行きとなり、「コロコロ」は四〇万部から七〇万部に、「ボンボン」は三三万部から四七万部に売り伸ばす。[178]

「ジャンプ」編集部はこの動きを見逃さなかった。『年報』に『キン肉マン』人気のあおりで「コロコロ」の部数が減少したと書かれたように、両誌のターゲットはこのころ重なっていた。「創」八八年四月号に掲載された篠田博之「集英社〝ジャンプ〟快進撃はいつまで続く」には「ジャンプ」の歴代編集長座談会が収録されているが、三代目編集長(一九七八年〜一九八六年）・西村繁男と初代編集長（一九六八年〜一九七四年）の長野規はこう語っている。

西村　まず下の年齢層は絶対に押さえないとならない。そのうえで、上の年齢も何とか獲得していこう、といわば全方向に目を向けていなくちゃなりません。

長野　下の方を押さえながら、上の方へも目配りしなくちゃならない。それが『ジャンプ』の難しさでもあるし、雑誌をつくっていて面白いところでもあるんじゃないかな。

（「創」八八年四月号、創出版、六二ページ）

ここで言う「下の年齢層」とはいったい何歳（何年生）なのか。四代目編集長（一九八六年〜一九九三年）を務めた後藤広喜の著書『「少年ジャンプ」黄金のキセキ』には、長野や西村といった先輩たちから叩き込まれた編集方針として、以下があげられている。

一・毎号雑誌に綴じ込まれた「愛読者アンケートハガキ」により、思い込みでなくデータに基づいた読者調査をすること。

二、メイン読者は、小学二、三年生から中学三年生に設定すること。

三、誌面は、漫画のみの掲載で構成すること。

四、新人漫画家の発掘と育成に努めること。

五、連載漫画家とは、年間執筆契約を結び専属にすること。
六、連載作品は、漫画家と担当編集者一名によるマンツーマン方式によって作ること。
（後藤広喜『「少年ジャンプ」黄金のキセキ』集英社、二〇一八年、一四―一五ページ）

つまり下は「小学二、三年生」。ファミコン出現当時、一番熱心に取り込んでいたマンガ誌は「コロコロ」であり、ゲーム攻略の裏技を特集した袋とじが評判になっているとの情報を「ジャンプ」編集部にもたらしたのは鳥嶋和彦だった。鳥嶋は鳥山明の『Dr．スランプ』の「マシリト博士」のモデルとして有名であり、「ジャンプ」編集部を離れて「Vジャンプ」創刊編集長となるも、九〇年代半ばに「ジャンプ」の部数が急減すると一九九六年に呼び戻されて六代目編集長に就任（一九九六年〜二〇〇一年）。二〇二〇年現在は小学館や集英社が属する一ツ橋グループの一員・白泉社の代表取締役を務める人物である。

マンガ一本の「ジャンプ」がゲーム情報や投稿企画を取り入れる

八〇年代には鳥嶋の発案で「マンガオンリー」が建て前だった「ジャンプ」に、定期的にファミコン情報を掲載した袋とじ企画が導入される。[179] これの何が異例だったのかを見るには、そもそもに遡らなければならない。一九五〇年代までは「少年」「少年画報」「冒険王」といった月刊誌しかなかったところに、一九五九年、「サンデー」「マガジン」が創刊されて初めて週刊少年マンガ誌が誕生したが、「サンデー」「マガジン」は当初マンガだけではなく少年向けの生活情報誌だった。第一章で見てきたように「マガジン」は図解をウリにするなど、マンガ以外の記事ページの充実でも読者を惹きつけていた。そこに対抗し、グラビアも活版もなく――これには「ノウハウがない」という後ろ向きな理由もあったが――すべて読み切りのマンガというかたちで「ジャンプ」が六八年に創刊された。「サンデー」「マガジン」と違って「ジャンプ」はその後もアイドルのグラビアや怪獣の図解を載せることはなく、記事ページも少なかった。だからこそ鳥嶋の企画は「ジャンプ」的には邪道だった。鳥嶋は、当時ライターだった堀井雄二らとファミコンゲームの裏技暴露企画である「ファミコン神拳」という記事ページを作り、堀井が制作していたゲーム『ドラゴンクエスト』のキャラクターデザインに自身が担当していたマンガ家の鳥山明を起用させた。八二年から始まった、さくまあきらによる読者投稿企画「ジャンプ放送局」を主導したのも鳥嶋だ。この流れから「ジャンプ」で『ドラクエ』の外伝的マンガである『DRAGON QUEST―ダイの大冒険―』が一九八九年に生まれ、また、一九九三年にはゲーム情報誌とマンガ誌の組み合わせである「Vジャンプ」の創刊編集長に鳥嶋が就任する。

当時の取材で後藤は、「Vジャンプ」はゲームの攻略法やハード紹介ではなく、ジャンプマンガをTVゲーム化するときにその情報を載せる。あるいはジャンプ作家がキャラクターデザインをし、編集部がゲームの企画・プロデュースを行うという「情報を伝えるだけでなく、情報を生み出し発信する雑誌」と形容。[180]また、鳥嶋は「Vジャンプ」では「ゲーム自体をひとつのメディアとして物語を語る」と言い、ゲームの中の世界はどんな世界なのか、キャラクターはどんな人物なのか、物語はどう展開していくのかといった、ゲームソフトの世界をより深く立体的に見せようと考えている、と語っている。[181] ただこういう発言を読んだだけでは、何をどうやっていくのか、いまいちよくわからない。言ってみれば、これらはある種のきれいごとだった。のちに鳥嶋は「Vジャンプ」は最初の三号は「コロコロ」にサイズも厚さも中身も対抗したものを作ろうとした、と述べている。ところが集英社には各種メーカーと折衝するライツ部門もノウハウも（当時は）なく、マネは不可能と悟って路線転換した、と語っている。[182] では鳥嶋が「模倣不可能」と感じた「コロコロ」モデルとはどんなものか？

マンガ、グラフ、イベントを三位一体とする「コロコロ」

「コロコロコミック」はマンガ、グラフ（カラーのホビー情報ページ）、イベントを三位一体とする路線を八〇年代に確立した。それは鳥嶋がファミコンの裏技情報の記事ページを作るまではほぼマンガのみで占められていた「ジャンプ」とは、まるで異なるメディアだった。

マンガとイベントを2つの柱にしながらキャラクターを作る。その方法論を確立したのが「あらし」［引用者註：『ゲームセンターあらし』］以降、成果を挙げたのがミニ四駆でしたね。「ダッシュ！四駆郎」というミニ四駆で闘い続ける少年の話をマンガで連載して、現実の世界にもタミヤさんが主宰するミニ四駆で闘う大会がある。(中略) そういうマンガの中と現実の両方で読者の楽しむ世界を広げようという狙いがありました。

(「コロコロ」三代目編集長・平山隆の発言、渋谷直角編『定本コロコロ爆伝!! 1977—2009『コロコロコミック』全史』飛鳥新社、二〇〇九年、五二ページ)

ファミコンのゲーム記事をグラフで始めて、総花的に他誌にも載る情報では『コロコロ』らしさがないという思いがあって、(中略) ここ! と思える会社とは積極的に連携していく方針で、連載マンガは他の本に載らないという点で独占掲載しているのと同じように、独占した情報も持ちたいということで、『スターソルジャー』の最新情報を『コロコロ』独占掲載にしてもらった。

(同、五三ページ)

「コロコロ」は単なるマンガ誌ではなく、記事ページとイベントを連動させることを特徴とする。重要なのは、「サンデー」「マガジン」の記事ページとは異なり、記事ページではマンガとリンクした内容が主に展開されること、そしてさらに、読者と現実空間とマンガの内容を結びつけるイベントを開催することだ。

「コロコロ」のイベントは、銀座・松坂屋の担当者から「子どもを呼びたい、ファミリーを呼びたい」と熱心に語られたことで百貨店で原画展を中心とした「コロコロまんがまつり」を一九八二年に開催したことが皮切りだ。以降、マンガ『ラジコンボーイ』と連動する「ラジコングランプリ」、ゲームメーカーのハドソンと組んだ「ファミコンキャラバン」「PCエンジンのキャラバン」などを経て、一九九四年から現在まで続く「次世代ワールドホビーフェア」に結実する。[183] 次世代WHFは東京(千葉)・大阪・名古屋・福岡・札幌で行われ、ゲームやホビー、アニメ会社が出展し、来場者は毎年数十万人にのぼる。

ゲームセンターでプレイするデジタルゲームやミニ四駆のようなホビーをマンガ化する。ゲームやホビーの情報は可能なかぎり「コロコロ」が〝独占〟することで特別さを演出する。そしてマンガで描かれているような大会などのイベントをリアル空間で行うことで、読者は一方的な情報の受容者ではなく、特別なコンテンツを体験できる参加者となる。

「コロコロ」のマンガ、記事、付録/ホビーを連動させる手法は、小学館の学年誌から持ち込まれたものだと、『コロコロ爆伝!!』では関係者から繰り返し語られている。[184] 付録のノウハウ、兵器から怪獣へと移行していった「図解」の技術のホビーやゲーム情報への転換は、たしかに学年誌に由来する。しかし当の学年誌は、親に支持される学習要素と子どもに支持される娯楽要素との間を揺れ動いたこと、また「学年誌」という性質上、好みが大きく異なる男女どちらも相手にしなければいけない難しさがあり、八〇年代以降、求心力を失っていった。一方、「コロコロ」は学習要素は一切排除して娯楽に徹し、男児のみを相手にした。ターゲットと提供価値が明確だったため、ブレることなく今日まで走り続けられている。

また、「ジャンプ」と戦うためには、「ジャンプ」ができないが子どもたちに支持されることをやらなければ勝てない、という考えもあった。

それは千葉さん［引用者註：千葉和治創刊編集長］の編集方針だったんですけど、「オモチャとマンガを結びつけようよ」ということで、『ゾイド』のマンガもそうだし、『マクロス』も企画でやったりしたし、ちょうど『コロコロ』が、学年誌でもない、コミック誌でもない、ひとつの方向性を出そうとしていた頃なんですね。（中略）『ジャンプ』の作家は力もあるから、長くて大きな物語を作れるでしょう。でも、ウチの読者や作家だと、なかなか大きな物語が作れない。だから、ホビー情報とかを中心にすると、大きな波ができるんじゃないか？　と。『コロコロ』の弱みを強みに変えていく。

（武田仁［『ゲームセンターあらし』担当編集者］の発言、同、二九二ページ）

鳥嶋和彦は、「コロコロ」は学年誌で培った記事ページのノウハウと、『オバケのQ太郎』がアニメ化された際に版権関係がこじれた結果、小学館プロダクション（現・小学館集英社プロダクション）を設立して権利ビジネスに対応できる体制を築いていったからああいうやり方が可能なのだ、と語っている。(185)

もっとも、マンガ、グラフ、イベントを連動させたからといって「コロコロ」が順風満帆だったわけではなく、部数は乱高下をくりかえした。「コロコロ」の六代目編集長（九九年〜二〇〇四年）・横田清はこう言っている。

『コロコロ』って「エレベーター雑誌だ」ってよく言われるんです。非常に部数の増減が激しいんですね。なにかのホビーが大ヒットすると、毎月10〜20万という数字が増えて、あっという間に倍になる。でもブームが終わるとストーンと落ちる（笑）。（中略）だから、次のモノをつねに仕込んで、『ベイブレード』が落ちはじめたら次のモノがの伸びていくというのが理想的な形ですよね。『コロコロ』の読者は長くて5年。基本的に4年で入れ替わっていくわけです。小学2年生くらいで読みはじめて、6年になると卒業かな、って雑誌ですから。そのタームで入れ替わることもつねに意識して、次の新2〜3年生に新しいモノをあげるっていうのが大事。

（同、六六ページ）

八〇年代後半から九〇年代の「コロコロ」や「ボンボン」の動きはこうだった。一九八七年年初に「コロコロ」は八五万部だったが「ビックリマン」のマンガを連載したところ一四〇万部になる。[186]「ビックリマン」はロッテが販売していたシール付きのチョコ菓子であり、シールの裏面に謎めいた設定が書かれていたことで子どもたちの想像を刺激していたが、「コロコロ」にたった二ページの記事を掲載しただけで大反響があり、マンガ化するとさらに人気となった。そして

TVアニメが始まり、さらに低年齢層にも浸透していく。[187] 八八年には若干部数を落とすも今度はタミヤが発売した〝手のひらサイズのレーシングホビー〟（小型の動力付き自動車模型）「ミニ四駆」をマンガ化して盛り返す。ところが八九年から九二年まではブームに乗れず、一四〇万部から六〇～七〇万部まで半減。「ボンボン」は八八年には三〇万部を切っていたが八九年にTVアニメ『悪魔くん』や『SDガンダム』人気で五〇万部に、九〇年にはガンダム人気に乗って七〇万部に伸ばすも、九一、二年はこれといったものがなく六〇万部台に戻している。

七代目編集長（二〇〇四年～二〇一一年）の佐上靖之は一九九三年に「コロコロ」に配属されるが、当時はストーリーマンガが厳しく、アンケートのトップは『ストリートファイターⅡ』や『ボンバーマン』などの四コママンガで占められ、『ダッシュ！四駆郎』や『ビックリマン』人気は落ち着き、ドッジボールブームを巻き起こした『炎の闘球児 ドッジ弾平』も連載末期と、谷間の時期だったと回顧している。[188] こののち、佐上が初代担当となって九六年に始まったミニ四駆マンガ『爆走兄弟レッツ&ゴー‼』がヒットして二度目のミニ四駆ブームを引き起こし、九七年にはゲーム『ポケットモンスター』が空前の人気となって「コロコロ」は二〇〇万部を超える史上最高部数に到達する。なお、「コロコロ」が『ポケモン』と組むことができた理由は、クリーチャーズの石原恒和（現・株式会社ポケモン代表取締役）がミニ四駆好きだったためだ。[189]

「学校読書調査」の読んだ雑誌ランキングにおいて、初めて小学校四、五、六年生男子すべてで「コロコロ」が一位となり、「ジャンプ」が二位に転落したのは、この一九九七年のことだった。

ミニ四駆とポケモンの勢いだけではなく、マンガ、グラフ、イベントの三位一体にさらに大きな要素が加わったこともある。

月刊誌のスピードでは週刊誌には絶対勝てないです。ライバルが週刊で、かりに毎週20ページ描かれたら、ひと月に3、4回発行するとして80ページ超になる。『コロコロ』の場合、長いストーリーマンガでも、月40、50ページが編集部として掲載キャパシティいっぱいいっぱいでしょうね。そのスピードの差を埋めて勝負するためには、まったくジャンルの違うもので、異なったメディアを使って、『ジャンプ』とは違う情報の出し方をしなきゃいけないと思ったんです。（中略）僕にとっては、『おはスタ』が『ジャンプ』と勝負するために必要な秘密ウェポンだったんです。要は、週刊誌より早く情報を出す。しかも、放送直前でも変更可能な生番組。ライバルが週刊ならこっちは毎日。『おはスタ』『ポケモン』、それと毎年年明けと初夏に開催する子ども向けイベント「次世代ワールドホビーフェア」。この3点セットじゃなきゃ、『ジャンプ』とは勝負にならない、それほど強いライバルだと思っていました。

（『コロコロ』副編集長を経てアニメ『ポケットモンスター』エグゼクティブプロデューサーを務めた久保雅一の発言。同、三九四―三九五ページ）

一九九七年からはテレビ東京系で平日毎朝放送される「おはスタ」を通じて「コロコロ」「ち

ゃお」関連のホビーやイベント情報を発信し、アニメを放映することで、「月刊」というスパンの遅いメディアの弱点を補い、日々リテンション（読者との関係を維持）することが可能になった。こうして「コロコロ」モデルは〝四位一体〟へとバージョンアップする。

原点回帰と「コロコロ」からの摂取——鳥嶋政権期の「ジャンプ」

九七年に小学生にとってのトップ雑誌の座を追われた「ジャンプ」は、中学生では変わらず全学年で一位だったが、読んだ雑誌に「ジャンプ」を挙げた人数は前年の四〇〇台から三〇〇台に大幅減。[190]「ジャンプ」は一九九五年の新年号で史上最高部数六五三万部を記録したが、『幽遊白書』が九四年に終わり、九五年には『ドラゴンボール』の連載も終わると部数が一〇〇万部近く減ったとされている。一方、「マガジン」が九四年一二月発売の新年号で初の四〇〇万部を突破し、勢いを増していた。部数減に歯止めがかからなかったために、「ジャンプ」の五代目編集長（一九九三年～九六年）堀江信彦は「メンズノンノ」編集長に異動となり——『ドラゴンボール』終了による部数減を補うのは誰がやっても困難だったはずで、酷な人事と言わざるを得ないが——「Vジャンプ」編集長だった鳥嶋が呼び戻される。この人事には、集英社としては鳥山明にもう一度描かせたかったのではないか、という見立てもある。[191]このあと『スラムダンク』も連載が終了し、部数はさらに落ちる。九五年に六〇〇万部を割り込み、九六年末の新年合併号では五〇〇万部台前半、九七年に入ると一一月には四一〇～四二〇万部台の間で、マガジンに逆転された。九七年末の新年合併号ではマガジン四四五万部。九八年二月時点ではマガジン四一八万部、ジャンプ三九〇万部[192]。

鳥嶋は「ジャンプ」の原点に立ち返って新人発掘・編集者養成に注力し、新人・新作による新陳代謝を果たして次のヒットを生み出すことを意図して、毎週読み切りのスペースを作り、新人賞システム改革を行うなど様々な施策を徹底し、結果、『ONE PIECE』『世紀末リーダー伝たけし!』『I"s』『遊戯王』『ROOKIES』『HUNTER×HUNTER』『NARUTO』など新連載が花開いていく。鳥嶋は「マガジンよりコロコロを意識します」「マガジンは少年誌じゃない。風俗をとらえたドラマづくりが昔からうまいけど、キャラクター中心のマンガづくりは苦手。だからマガジンはテレビドラマになりやすいけどアニメになりにくい。ジャンプはアニメにはなりやすいけれどもテレビドラマにはなりにくい。それぞれの根源的な違いを意識して追求した方が並立できる可能性がある」と言っている。読者年齢が高く、ドラマ向きの「マガジン」ではなく読者年齢が低くキャラクタービジネスが得意な「コロコロ」の方を向け、と[193]。実際、鳥嶋編集長時代に「ジャンプ」読者の平均年齢は堀江編集長時代よりも下がったという[194]。

「コロコロ」への接近は、対象年齢の問題だけではなかった。鳥嶋政権は二〇〇一年まで続くが、『遊戯王』が一九九八年からTCG(トレーディングカードゲーム)を展開して爆発的なヒットとなったことは「コロコロ」的なマンガとホビーの連動を想起させる(なお「コロコロ」とタカラトミーが組んだTCG『デュエルマスターズ』は二〇〇二年に始動)。また、一九九九年一二月からスタートした「ジャンプ」関連の総合巨大イベント「ジャンプフェスタ」はアニメやゲーム、グッズなどの各メーカーも参加し、「ジャンプ」作品の世界観を体験できる催しがなされるなど、次世代ワールドホビーフェアを思わせる。ジャンプフェスタをやることで各編集部間の横の連携ができ、アンケートだけではわからない読者の生の声を聞くことができ、会場に行けばどの作品にどのくらい集客力があるかがわかるようになったと鳥嶋は語る[195]。

これは「コロコロ」スタッフがイベントから得られる情報として常々語っていたものにほかならない。たとえば『コロコロ創刊伝説』二巻では、おもちゃ屋にあるデジタルゲームの筐体に群がる子どもたちを見て「家でもやれるゲーム機があれば」と考えたり、ラジコン大会を取材に行って子どもたちが「ラジコンは欲しいけど高い」と言っている子どもを見て「遊ぶなら安くて手軽なクルマがいいのか」と考える「コロコロ」編集者の姿が描かれ、これらが「コロコロ」でファミコンやミニ四駆が取り上げられるきっかけであったように描かれている[196]。

このようにして、鳥嶋は八〇年代初頭から二〇年かけて「マンガ一本槍」だった「ジャンプ」を、「マンガを軸にしつつも『コロコロ』的な多面的メディアミックスで稼ぐ」モデルに転換した。「僕が現場にいる時に考えていたのは、トータル収益をどうするか、という点でした。単行本、アニメーション、ゲームなどで合わせて収益が前年より1円でも上がっていればいいという考え方です。そうしないと今後のビジネスとしては厳しい」あるいは「いい作品を人気があるから単に映像化を許諾するという受け身のやり方はもう限界。他のメディアとどう連動させてヒットをつくり、それをまた雑誌出版物にどう還元するかということまで考えていかないと、もはや意味がないのです」という発言が、その証左である。[197]

これもまた、小学生のお小遣いが限られているがゆえに雑誌は買ってもらえてもコミックスを売り伸ばすのが難しいことから、ホビー会社やゲーム会社と「共同原作」というかたちでマンガを開発することでロイヤリティ収入を得る、または記事広告を作ることでも収益を上げることを早くに確立していた「コロコロ」を思わせるマンガビジネスの捉え方である（津田浩司「キャラクタービジネスとアニメの新展開」、「創」一九八年一二月号、四三ページによれば、「コロコロ」の広告収入は一号あたり一億円を超えていたという）。

なぜ「ジャンプ」と「コロコロ」は棲み分けるようになったのか？

こうして「コロコロ」と「ジャンプ」のビジネスモデルは接近していったが、まったく同じわけではない。「ジャンプ」は読者が卒業しなくてもいい。だから超長期連載の大河マンガが成立する。対して「コロコロ」は読者が数年で卒業していくから、長期連載マンガがあっても、それは毎回どこからでも入れるギャグマンガがほとんどである。

「ジャンプ」連載のマンガを軸に、そのアニメ、ゲーム、外伝マンガ、ノベライズ、舞台、実写映画等々と「この作品をずっと好きでいてくれるなら、ずっとお金を払ってください」というかたちで稼ぐのが「ジャンプ」のビジネスモデルである。

対して「コロコロ」は――今ではかつての「コロコロ」読者に向けた雑誌「コロコロアニキ」があるとはいえ――基本的には読者が入れ替わっていくことを前提に、短期スパンの流行（世相）に合わせたメディアミックスで売っていくビジネスモデルだ。

　そして、一度ヒットしたら「太く、長く」という鳥嶋以降の「ジャンプ」のビジネスモデルを前提にすると（ノベライズやゲームでのスピンオフ展開を考えると）、キャラクターは増え、物語は複雑化していく。「コロコロ」が「この号から読んだ子どもでもわかるように」「一話ごとに面白く」を今も貫いているのとは対照的な姿になる。

　こうして、作品の設定は込み入り、話の筋がややこしくなった「ジャンプ」作品は、小学生の心を捉えることが再びできなくなっていく。「ジャンプ」が「コロコロ」に学びつつも自身の強みを活かすかたちにアレンジしていった結果、小学生は「コロコロ」、中学生以上は「ジャンプ」と棲み分けるという現在の状況ができあがった。

「ジャンプ」の八代目編集長（二〇〇三年〜二〇〇八年）茨木政彦は「みんなに受ける雑誌を作ろうとすると誌面が中途半端になる。かつてのようにあらゆる層が読むような雑誌を作るのは本当に難しい」と語り[198]、九代目編集長（二〇〇八年〜二〇一一年）佐々木尚は「『ジャンプ』を読むときには、大人も子どももみんな頭の中は13歳になっているんだと考えています。（中略）平均年齢が上がったとか、女性読者が増えたからといって、そこへ向けて作ろうとは思っていません。むしろそれをすると読者は離れてしまうと考えています[199]」と語っている。初代編集長・長野から六代目編集長・鳥嶋までが狙っていた「下は小学二、三年生から」という「ジャンプ」の姿はもはやない。「ジャンプ」は「下」でも「一三歳」の雑誌になった。

だから「下は小二」の時代より「ジャンプ」本誌の部数が伸びることは絶対にない。しかし、収益の多元化を果たしたことによって、集英社の決算を見ても、雑誌(コミックス含む)の売上が減った代わりに版権や物販等からの収益が伸び、トータルでの利益の規模は、当然、波はあるものの、ここ二〇年で大きくは変わっていない。

二〇〇〇年代以降の「コロコロ」——「おはスタ」「YouTube」を加えた五位一体に

その後「コロコロ」はどうなったか?

九七年のポケモンブームのあとは九八年にハイパーヨーヨー、二〇〇一年にベイブレード、二〇〇三年は『ロックマンエグゼ』、二〇〇四、五年は『甲虫王者ムシキング』やデュエルマスターズ、二〇〇六年には再びポケモン、二〇〇七年はオリジナルの『ペンギンの問題』、二〇〇八、九年には『イナズマイレブン』、二〇〇九、一〇年は再びのベイブレード、二〇一四年に『妖怪ウォッチ』、二〇一六年は第三次ベイブレード、二〇一八年は『スプラトゥーン』などと連動し、小学生の間にブームを巻き起こしてきた。

その間、二〇〇四年にポプラ社が『かいけつゾロリ』や『ズッコケ三人組』をコミック化して「プレコミックブンブン」を創刊したが、二〇〇八年に休刊。二〇〇七年には講談社の「コミックボンボン」が休刊。同年、角川書店（現ＫＡＤＯＫＡＷＡ）が『ケロロ軍曹』の名前を冠した「ケロケロＡ（エース）」を創刊するも、二〇一三年休刊。集英社が二〇一一年暮れに創刊した「最強ジャンプ」は今も隔月で継続刊行されているが、「コロコロ」の牙城は崩せていない。ゾロリやケロロ軍曹をもってしても、児童向け雑誌を回すことは難しかった。マンガ、グラフ、イベント、ＴＶ番組を連動させ、アンケートやイベントを通じて子どもの関心を常に追いながら仕掛けていくという「コロコロ」スタイルは、大網を一気にかける作業ではなく、実際には途方もなく地道な作業の積み重ねによって成立しているがゆえに、他社には模倣困難なのだろう。

二〇一〇年代に入ると、小学生がなりたい職業ランキング上位にＹｏｕＴｕｂｅｒが入ることが珍しくなくなったが、「コロコロ」編集部ではそうした時代の流れに対応して二〇一五年からＹｏｕＴｕｂｅに「コロコロチャンネル」を開設してコロコロ連載作品のアニメやホビー動画を配信。また、二〇一九年からはオーディションで選んだ一〇代後半から二〇代後半の専属ＹｏｕＴｕｂｅｒ「おはコロチューバー」六組を「おはスタ！」にも出している——今の「コロコロ」はＹｏｕＴｕｂｅを加えた「五位一体」なのだ。

現在の「コロコロ」の強さを、のむらしんぼの『コロコロ創刊伝説』担当編集であり「コロコロアニキ」を立ち上げた編集者でもある石井宏一に筆者が行ったインタビューを引きながら、改めてまとめてみよう。

出版業界ではゲームやアニメ、動画、イベントなどは人々の時間とお金を奪い合う「ライバル」だとみなされがちだが、「コロコロ」は逆にそれらすべてを取り込み、キッズの生活・遊びのサイクルに入り込む。そして読者は、買うきっかけが付録に付いた『デュエルマスターズ』の限定カードや『ベイブレード』のシリアルコード、「『ポケモン』のマンガが読みたい」といった動機だったとしても、「オリジナルのギャグマンガが面白い」ことを発見する。「実はアンケートでの人気上位は『ケシカスくん』『でんじゃらすじーさん』といったコロコロ発のギャグマンガが不動です。だから子どもが好きな笑えるもの、前向きな気持ちになれるものを、と意識して作っています」（石井）。ギャグでもストーリーものでも「お小遣いが少ない子どもはなかなか単行本を買えない」という前提に立ち（それでも『スプラトゥーン』のマンガは累計一〇〇万部を突破するなどコミックスがヒットする作品もある）、「前の話を知らなくても、この号から読んでも面白い」「毎回が面白くないといけない」というスタンスで、さらには「字があまり読めない子にも、ビジュアルだけでもおもしろさが伝わるように」作る。

ホビーやゲーム関係のマンガや記事も、ただの呼び水ではない。記事ページであれば小さい判型の限られた紙幅にこれでもかと情報と熱量を詰め込む。「コロコロ」には広告も入っているが、ほぼ純広告ではなく、タイアップ記事を編集部が手間をかけて作る。「編集部が子どもにオススメできないと思ったもの、面白くなさそうと感じた案件はお金を積まれても断ります」（石井）。マンガはタカラトミーや任天堂などと作家がイーブンに組んで作る。だから編集部では「コミカライズ」という言い方はしない。どころか『デュエマ』『ベイ』『ゾイドワイルド』などは「コロコロ」連載のマンガが「原作」となってTVアニメが展開されている。「メーカーさんとマンガ家がいっしょになって『この新作ベイ、どんなキャラが使ったらかっこいいかな?』といった具合に揉み合いながらキャラクターやストーリーを決めていくことも多いです」と石井は言う。そのくらい根幹の部分から組めるのは「既にお付き合いのある会社さんとは定期的に開発段階から新作を見せてもらって、編集者も実際遊んでみて面白いと感じれば『何かやろう』と発売前の早い時期から動くこともありますし、逆に『これはちょっと』『こういうのはどうですか?』と意見をさせてもらうこともあります」という長年の信頼関係ゆえだ。

パートナー選びにメーカーの大小や付き合いの長さは関係なく、編集者がおもしろいと思うかどうか――そして最終的には読者の声がすべてだ。「『ビックリマン』はアンケートにあった『コロコロでやってほしい』という声を拾って記事で扱ったところ反響がすごかった。『ポケモン』や『妖怪ウォッチ』だって事前の期待がそれほど高かったわけではないのに、子どもが見つけてブームにしていった。逆に、大がかりに仕掛けても当たるとは限らないのがしんどいですが(笑)」(石井)。

ただ、流行の兆しが見えたときにマンガ、記事、イベントなど手持ちの武器が多様であり、かつ、それらを連動させて大きくさせるノウハウがある点は強い。では「兆し」はどうやってつかむのか? 「Ｎｉｎｔｅｎｄｏ Ｓｗｉｔｃｈが欲しい」といった物欲にドライブされているために、コロコロでは読者アンケートの返りがいまだに毎月四ケタ数ある。また、次世代ワールドホビーフェアなどのイベントで子どもたちを間近で見ることで、編集者は感覚のチューニングができる。

少子化や娯楽の多様化に伴い、ライバル誌は休刊または隔月刊化など減速し、ほぼなくなってしまったにもかかわらず、「コロコロ」は二〇一〇年代に入っても『妖怪ウォッチ』のようなヒット作が出ると一〇〇万部を超え、最盛期の部数に迫った年すらある。児童書業界では「小学校中~高学年男子向けはなかなか売れない」と言われ、実際、『かいけつゾロリ』や『グレッグのダメ日記』、学習マンガの『サバイバル』シリーズなどを除けば、目立ったヒット作はそれほど多くない。なぜ「コロコロ」はその年齢の男子に刺さり続けているのだろう？　『コロコロ』はブレないんです。取り上げるジャンルはファミコン、ビックリマン、ミニ四駆からTCG、パズルゲームまで変わっているし、イベントやＹｏｕＴｕｂｅもという広げ方はしているけれども『小学四、五年男子が面白がることだけをやる』ことは一貫している。『中学生の読者も取りたい』と思ってグラビアをやったり恋愛マンガを始めたりしないし、お母さんウケを狙って学習マンガをやることもない。女の子ウケを狙ってイケメンを出すのではなく、親しみやすいキャラがバカをやるのがコロコロです。男の子同士の話題に夢中になる年代にとっての『マンガの入り口』になり、女の子に興味が出てきたり、部活に夢中になると卒業していく雑誌でいい」

二〇一八年以降、小学館はこのノウハウを「上」ではなく「下」に対して応用している。

二〇一八年から「幼稚園」の付録にバンダイとコラボしたガシャポンやくら寿司とコラボした「かいてんずしつかみゲーム」などを付けるようになると完売号が頻発。SNSなどで話題になった。もちろん、コラボは広告にも結びつく。こうした手法を主導したのは『幼稚園』編集長となった村上孝雄チーフプロデューサーだが、村上は二〇一一年から一五年まで「コロコロ」の八代目編集長を務めた人物である。(200)

子どもの本市場で支持されるには「生活サイクルに組み込まれること」「大人目線ではなく、子どもの目線・感覚に近いこと」「大人からの一方通行なものではなく、子どもが参加できる要素があること」「流行・時事風俗を取り入れること、覇権メディアと連携すること」が必要だ、と書いた。「コロコロ」や「ジャンプ」はこのすべてを満たす。だから逆風吹き荒れる子どもの雑誌市場で、今もトップに君臨し続ける。

(173) 米澤嘉博「「少年ジャンプ」の研究」日本児童文学学編『メディアと児童文学』東京書籍、二〇〇三年、三六二ページ
(174) のむらしんぼ『コロコロ創刊伝説1』小学館、二〇一六年、三七―三八ページ
(175)『出版指標年報1980年版』七五ページ
(176) 同、一〇〇ページ
(177)『出版指標年報1985年版』一八五ページ、二二二―二二三ページ
(178)『出版指標年報1986年版』一八二ページ

(179) 後藤広喜『「少年ジャンプ」黄金のキセキ』集英社、二〇一八年、一六六ページ
(180) 津田浩司「集英社二誌創刊は「攻め」か「守り」か?」、「創」九三年五月号、創出版、四八ページ
(181) 野田正則「大手三社の参入でゲーム誌戦争の異変」、「創」九四年八月号、創出版、四〇ページ
(182) 渋谷直角『定本コロコロ爆伝‼1977―2009 『コロコロコミック』全史』飛鳥新社、二〇〇九年、四二六―四二八ページ
(183) 『定本コロコロ爆伝‼』三〇三―三一〇ページ
(184) たとえば『定本コロコロ爆伝‼』五九ページで四代目編集長・黒川和彦が、二九八―二九九ページで『ゲームセンターあらし』の担当編集者・武田仁が語っている
(185) 『定本コロコロ爆伝‼』四二八ページ
(186) 『出版指標年報1988年版』一六六ページ
(187) 『定本コロコロ爆伝‼』四四ページ
(188) 同、七二ページ
(189) 同、三九〇ページ
(190) 「学校図書館」一九九七年一一月号、二七ページ
(191) 「創」九六年四月号、創出版、五四―五六ページ
(192) 小池正春「集英社、『ジャンプ』再建と『メイプル』創刊」、「創」九八年四月号、創出版、四八ページ
(193) 鳥嶋和彦、聞き手竹熊健太郎「『少年ジャンプ』編集長ロングインタビュー」、「創」九八年一二月号、創出版、二八―二九ページ
(194) 「創」二〇〇四年三月号、創出版、七二ページ
(195) 「創」二〇一〇年二月号、創出版、六三ページ
(196) のむらしんぼ『コロコロ創刊伝説②』小学館、二〇一七年、二五ページ
(197) 「創」二〇〇四年三月号、七三ページ。服部みゆき「マンガ版権事業好調　集英社の今後の課題」、「創」二〇〇七年二月号、創出版、五九ページ
(198) 同、二〇〇六年六月号、創出版、三一ページ

(199) 満田陽一「『ジャンプ』と女性誌群のブランド力生かす集英社」、「創」二〇一一年二月号、創出版、六二ページ

(200)「『コナン』『学習まんが』好調　小学館の新たな取り組み」、「創」二〇一九年二月号、創出版、二八―二九ページ

「ちゃお」が「りぼん」「なかよし」を抜いた理由

二〇〇一年に小学生女子の間でトップに立つ以前、九〇年代まで「ちゃお」は「りぼん」「なかよし」に次ぐ三番手だった。それも九〇年代前半までは、大きな差を付けられていた。今ではすっかり立場が逆転し、「ちゃお」は「りぼん」「なかよし」に圧倒的な差を付けている。この逆転は、いかにして果たされたのか？

異色の後発誌が「ぴょんぴょん」との合併と、TVアニメ連動の継続化で化けるまで

「ちゃお」は一九七七年に創刊されている。後発誌ということもあり、最初は人気作家にはなかなか描いてもらえなかった。付録のノウハウも手探りで獲得。ちゃお公式ファンブック制作チーム編、ちゃお編集部協力『小学生のミカタ　ちゃおのひみつ　公式ファンブック』（小学館、二〇一九年）によると、創刊当時には「幅広い年齢層の作品」「他誌と違う独自路線」「自由な発想・挑戦」という三つの特色があった。女児向けとは思えない（言えない）ような大人っぽい設定の作品、大人の男性が主人公の作品もあったし、少年誌のベテラン作家に描いてもらうこともあり、ゲームの攻略法などまで掲載されていた。「ちゃお」は長らくよく言えば〝異色の雑誌〟、悪く言

えば「どうやったら売れるのか?」を求めて迷走していた。

逆転劇を追うには「りぼん」「なかよし」がどうだったかも見ていかなければならない。

一九九〇年、「りぼん」は『ちびまる子ちゃん』がＴＶアニメ化して大ヒットし、『サザエさん』を抜く高視聴率を達成。九一年まででコミックスが累計一六〇〇万部に及んだ。九一年にはブームが多少落ち着くものの「りぼん」は二〇〇万部前後を維持。「なかよし」は八〇万部前後。「ちゃお」はこのとき二〇万部を割っていた。[201]

一九九二年から九三年にかけて、「りぼん」を追う「なかよし」の部数が急増。それまでは七〇年代後半に『キャンディキャンディ』人気で一八〇万部に達したのが最高部数だったが、武内直子の『美少女戦士セーラームーン』で記録を更新。一九九二年九月号には一〇五万部だったものが、九三年九月号では二〇五万部を記録。「なかよし」は八〇年代にはあさぎり夕が看板作家になり、等身大のラブストーリーを主要連載作品とし、八〇年代末になるとメルヘンちっくなギャグストーリーである猫部ねこ『きんぎょ注意報!』が登場、アニメ化もされて大人気となっていたが、九〇年代初頭に大きく転換。『セーラームーン』以外にも九〇年に秋元奈美『ミラクル☆ガールズ』、九三年にはＣＬＡＭＰ『魔法騎士レイアース』の連載が開始され、変身、魔法、超能力のようなファンタジックな要素を取り入れた作品が多く誕生。この路線によって「なかよし」一九九三年九月号は過去最大部数となる二〇〇万部を超えた。[202]

当時「なかよし」編集長だった入江祥雄は「創」九三年九月号のインタビューで『セーラーム

ーン』のヒットについて、こう語っている。少女マンガの主流は「りぼん」でやっているような学園・恋愛ものだった。しかし小学生の女の子は「どこへでも行きたい」「何にでもなりたい」といった願望もあるはずだ。超能力や夢と冒険、非日常的な設定も受けるだろう。そう考えて『セーラームーン』を仕掛けた。このとき『セーラームーン』に次ぐ人気マンガは『ミラクル☆ガールズ』だったが、こちらも既存の少女マンガと意識的に違う作り方をしたものになっている、と。[203]入江は『セーラームーン』について「最初から意識的にメディアミックスを考えたものだ」とも言っている。連載は九一年暮れ発売の九二年二月号からスタートしたが、九二年三月にTVアニメがスタート。これは『セーラームーン』を連載する前に「なかよし」増刊の「るんるん」に武内の『コードネームはセーラーV』を掲載したところ人気トップとなり、仕掛ければ当たるという確信を持ったからだという。「連載開始時点からアニメ化を準備」という試みは、一九九一年に『きんぎょ注意報！』のメディアミックスを経験していたからこそできた。『セーラームーン』は、雑誌とアニメのストーリーを同時に進行。雑誌が発売されるとそのあとをアニメが追いかけて四回放送、あるいはアニメは少し脇のストーリーに寄り道するようにし、アニメが原作を追い越すことはないようにした。もちろん、マンガ誌では作品の完成ギリギリまで粘れるが、アニメは脚本を放映半年前には終えていなければならず、グッズはもっと早い時期から用意しなければならない。だから原作はどのあたりでどういう展開になるかを早い段階で決定し、「雑誌の何月号ではこういうアイテムが出る」と決めてスタートしていた。[204]これはかなりホビーやゲームと連動した「コロコロ」のマンガに近い作り方である（野上暁は、『仮面ライダー』が講談社の「週刊ぼくらマガジン」で石森章太郎によるマンガが連載開始されてすぐＴＶ放映が始まったことと同じである、と言っていたが）。

それでもなお『ちびまる子ちゃん』『ときめきトゥナイト』『姫ちゃんのリボン』を擁する「りぼん」は二三〇～二五〇万部でトップを維持していた。

一九九二年は、「ちゃお」が台頭した年でもあった。小学館は「ちゃお」「ぴょんぴょん」の二誌を持っていたが、両誌ともに二〇万部程度――合併時に「ちゃお」編集長に就任した辻本良昭によれば「一〇万部を割っていた」とのことだが、それが刷り部数なのか実売なのかは不明である――で低迷していたことを打開するため、「ぴょんぴょん」を休刊して「ちゃお」に吸収し、四〇万部を発行。それまでは雑誌が赤字のためにボリュームを減らしていた付録も「りぼん」「なかよし」並みの強力なものを付け、成功する。(205)

のむらしんぼ『コロコロ創刊伝説』四巻によれば、「ぴょんぴょん」は「コロコロ」の二代目編集長福島征英が企画して創刊された雑誌であり、いわば「コロコロ」の女児版を目指したものだった。(206)「ぴょんぴょん」は成功はしなかったが、合併によって「ちゃお」に「コロコロ」からの流れが加わった。ちゃお公式ファンブック制作チーム編、ちゃお編集部協力『小学生のミカタ　ちゃおのひみつ　公式ファンブック』の「ちゃお歴代表紙Ｃｏｌｌｅｃｔｉｏｎ」を見ると、(207)現在の「ちゃお」の表紙のようにキャラクターの顔アップを打ち出し、キラキラとした雰囲気に舵を切ったのが、この「ぴょんぴょん」との合併タイミングだったことがわかる。

辻本のところにいがらしゆみこが「TVアニメ化が決まってるんだけど、私のマンガ、連載しない？」と連絡してきたことから、恐竜マンガ『ムカムカパラダイス』（原作・芝風美子）が九三年九月号から連載開始、九月からTVアニメが始まる。後番組はやはり「ちゃお」連載の池田多恵子『とんでぶーりん♥』。ほかにも九〇年代中盤からやぶうち優『新水色時代』、さいとうちほ『少女革命ウテナ』（原作・ビーパパス）、飯坂友佳子『キューティーハニーF』（原著作・永井豪）、谷沢直『ウェディング♥ピーチ』（原作・富田祐弘）、あらいきよこ『Dr．リンにきいてみて！』などが次々と「ちゃお」発でTVアニメ化される、またはTVアニメを前提とした企画のマンガ連載が「ちゃお」に持ち込まれるようになっていく。これは「ちゃお」が赤字にもかかわらず、「ちゃお」編集部がTVアニメのスポンサーになる（提供料を負担した）ことを常態化させたことが大きい。いくら払っていたかは不明だが、辻本によれば「ちゃお」が「なかよし」「りぼん」を抜いた頃でもなお累積赤字を抱えていたというから、相当に積んでいたと思われる。

一方、九四年後半から「なかよし」「りぼん」は下降し始め、九六年末には「りぼん」一八〇万部、「なかよし」一一〇万部（『出版指標年報1997年』）――以降も流れは変わらず、二〇〇一年には学校読書調査の小学四、五年女子で「ちゃお」が「りぼん」を抜いてトップになり、翌二〇〇二年には小六女子も「ちゃお」がトップになる。

たとえば「なかよし」は一九九八年に『だぁ！だぁ！だぁ！』、二〇〇〇年に『東京ミュウミユウ』、二〇〇二年に『ぴちぴちピッチ』、二〇〇三年に『シュガシュガルーン』、二〇〇六年に『しゅごキャラ！』の連載が始まり、それぞれ人気を得ているが、それでも雑誌の部数では「ちゃお」の後塵を拝することになったのだ。(208)

他誌に差を付けるほどの「ちゃお」躍進をもたらした理由は、TVアニメ化を途切れさせなかったこと、低学年女子を獲得するために付録を充実させ続けたことだと辻本は語る。(209)

さらに「ちゃお」には一九九七年に始まった「おはスタ」が追い風になった。「おはスタ」は「コロコロ」だけでなく「ちゃお」関連情報も扱う番組である。また、九七年にはポケモンブームに合わせて「ちゃお」でも月梨野ゆみ（現・つきりのゆみ）『ポケットモンスターPiPiPi★アドベンチャー』が始まっている。「学校図書館」二〇〇一年一一月号では、「ちゃお」は人気アイドルのマンガやグラビアページなどを売りにして小学生女子の心をつかんだ、と分析しているが、(210)「おはスタ」と連動したがゆえにこれらの施策は効果を倍増させることができた。

筆者の言葉に言いかえれば「マンガをつくる」「雑誌をつくる」という意識ではなく、子どもの「生活サイクルに組み込まれること」「流行・時事風俗を取り入れること、覇権メディアと連携すること」をもっとも意識した媒体が「ちゃお」だった。「なかよし」は『セーラームーン』を、「りぼん」は『ちびまる子ちゃん』をメガヒットさせたが、「ちゃお」のように意地でもTVアニメ化のサイクルを途絶えさせないこと、「おはスタ」のような情報番組を通じてデイリーで発信することまでは徹底できなかった。そして「ちゃお」における付録の目的を「低学年を獲得するため」と明確にしたことでブレることなく「大人目線ではなく、子どもの目線・感覚に近いこと」を意識する体制ができた。『ちゃおのひみつ』四六ページを見ると、二〇〇〇年〜二〇〇一年前後に表紙で付録を目立つ位置に置き、表紙の情報量がそれまで以上にマッシブになったことがわかる。

「ちゃお」は二〇〇二年には一〇〇万部を突破し、二〇〇五年には「りぼん」と「なかよし」の合計を超えるようになった[211]。九〇年代までは「TVアニメ企画のマンガ版連載」も多かったが、二〇〇〇年代中盤以降は「ちゃお発のTVアニメ」の割合が増える。『ちゃおのひみつ』には「それまでの『ちゃお』では、先行するアニメ作品をまんが化したものや、コラボレーション作品が多かった。『ちゃお』でれんさいがはじまった完全オリジナルのまんがが、人気上昇とともにアニメになり、グッズやおもちゃなど大ブームをつくり出す流れが、この時代から定着したよ」とある[212]。

「n·icola」と「ちゃお」の共通点

二〇〇四年には中原杏『きらりん☆レボリューション』の連載が始まり、二〇〇六年から二〇〇九年まで放映されたTVアニメとともに大ヒット。さらに、おそらく新潮社「nicola」が九〇年代後半からローティーンファッション誌市場を開拓したことを受け、「ちゃお」も二〇〇三年頃からおしゃれ企画に力を入れるようになる。二〇〇六年には「ちゃおスタイル」というオリジナルブランドを立ち上げ、二〇〇九年には「ｎｉｃｏｌａ」誌上でコラボが行われるに至った（二〇一一年に「ちゃおガールセレクト」にリニューアルし、二〇一五年に終了）。

「ｎｉｃｏｌａ」と「ちゃお」はある意味で似ている。同誌は一九九七年に「女子どもは相手にするな」という新潮社の不文律を破って創刊されたローティーン向けファッション誌である。同市場を開拓し、長年にわたり二〇万部前後を保ち続けているトップランナーだ。小中学生のテンションを上げるべく、お得感のある、情報の詰まった誌面と豪華付録。ニコラモデル（ニコモ）は高一の最後に誌面から卒業し、読者を上にも下にも広げず、ターゲットをブレさせない姿勢。メール応募の読者から抽選で一〇〇人ほどが参加する読者イベントを毎月、新潮社の大会議室で開催。モデルとの交流やゲームをするとともに、編集部員はカバンの中を見せてもらったり、私服チェックで流行を把握。個々人との面談や座談会を開いたり、一斉取材として使い、タイアップ企業も企画段階の服を展示してアンケートを採る。毎月二〇〇〇通ほど届くという読者アンケートも活用し、徹底してデータと直接の触れ合いに基づく読者目線を貫く(213)。

「ちゃお」に関して小学館の都築伸一郎・第一コミック局チーフプロデューサー（当時）は「小学生までは、まだマンガが総合娯楽誌としての役割を果たしているのです。その上の年齢になると、ファッション誌などを選択する読者が増え、マンガをコミックスで読む傾向が強くなってきています。かつては大部数を誇った『りぼん』『なかよし』が部数を落としていった一因として、読者年齢の上昇が挙げられるでしょう」と語られている(214)。ターゲットがブレる、あるいは従来の読者層から無理に広げようとすると、誰にも刺さらないものになって売上が急落する。しかし「ちゃお」と「ｎｉｃｏｌａ」はブレない。

「ちゃお」はその後は徐々に部数を減らしてはいるが、アニメなど他の媒体と連動を行い、付録を丁寧に作り、また、まいた菜穂『12歳。』やにしむらともこ『極上‼めちゃモテ委員長』、五十嵐かおる『いじめ』などのオリジナルヒット作品の力によって、二〇一〇年代後半以降も小学生女子向けマンガ誌ではシェア七〇％前後という圧倒的な強さを誇る。二〇一一年からは「ちゃおＴＶ」という付録ＤＶＤを付けるなどの取り組みをし、その中でオリジナルアニメ化をして雑誌の実売数とアニメ化原作の売上を伸ばした。二〇一二年からはバンダイのデータカードダス『アイカツ！』シリーズと連動、二〇一八年からはタカラトミーアーツとシンソフィアのアーケードゲーム『キラッとプリ☆チャン』とも組んでいる。また、ＹｏｕＴｕｂｅに「ちゃおチャンネル」を開設。オーディションで選んだちゃおガールを出演させ、関連動画（人気作のアニメ化）を配信[215]。

「コロコロ」同様に多メディア展開し、小学生女子の関心のハブとして雑誌を機能させることで、「ちゃお」はカテゴリートップに君臨し続けている。

（201）『出版指標年報１９９２年版』公益社団法人全国出版協会・出版科学研究所、一九九二年、一七四ページ

(202)『なかよしＡｒｔＢｏｏｋ　創刊65周年記念「なかよし」展公式図録』講談社、二〇一九年、一九、三七ページ
(203)「創」九三年九月号、創出版、一七ページ
(204)同、三三―三四ページ
(205)『出版指標年報１９９３年版』公益社団法人全国出版協会・出版科学研究所、一九九三年、一六八ページ。辻本良昭『私の少女漫画史』ｅＢｏｏｋＪａｐａｎ、二〇一四年、一六四ページ
(206)のむらしんぼ『コロコロ創刊伝説④』小学館、二〇一九年、一五三ページ
(207)ちゃお公式ファンブック制作チーム編、ちゃお編集部協力『小学生のミカタ　ちゃおのひみつ　公式ファンブック』小学館、二〇一九年、四四―四七ページ
(208)『なかよしＡｒｔＢｏｏｋ　創刊65周年記念「なかよし」展公式図録』一九、三七、六三ページ
(209)『私の少女漫画史』一六七―一八三ページ
(210)「学校図書館」二〇〇一年一一月号、全国学校図書館協議会、二五ページ
(211)篠田博之「日本マンガはどこへ行く」、「創」二〇〇五年六月号、二七ページ
(212)『ちゃおのひみつ』六〇ページ
(213)長岡義幸「追い風が吹き続けた新潮社の２００９年」、「創」二〇一〇年二月号、七二―七三ページ
(214)篠田博之「マンガ市場の変貌」、「創」二〇一一年五・六月号、三〇ページ
(215)「マンガ市場の変貌」、「創」二〇一九年五・六月号、一七ページ

〝JSのバイブル〟まいた菜穂『12歳。』は何を描いてきたのか

「ちゃお」は他メディアとの連動の秀逸さで読者を惹きつけている面が他誌と大きく異なる。とはいえ、肝心のマンガが子どもにとって魅力的でなければ支持は得られない。

ここでは二〇一〇年代の「ちゃお」を代表する作品を取り上げ、論じてみたい。

小学館の小学生女子向けマンガ雑誌「ちゃお」に二〇一二年九月号から二〇一九年一一月号まで足かけ八年にわたって連載された、まいた菜穂『12歳。』は、コミックス一六巻発売時点でシリーズ累計四五〇万部突破。二〇一〇年代に小学生女子にもっとも支持されてきたマンガだ。

『12歳。』では、綾瀬花日と高尾優斗、蒼井結衣と桧山一翔、相原カコと小日向太陽という三組の小六男女を軸に、恋愛模様や友情、学校での出来事が描かれていく。一巻は小六になりたてのタイミングに始まり、ときどき過去編として小五の時の話を挟むものの、基本的には時系列順に、四月から翌年三月の卒業までの一年間を（単行本一九巻分を使って）描いていく。

〝JSのバイブル〟と形容された『12歳。』はいったいどんなことを描き、人気を獲得してきたのか？　フィクションは共感を呼ぶ〝心理的なリアリティ〟と〝理想／願望〟とが、受け手にと

ってちょうどいいバランスで折り重なったときに高い評価を得られる。『12歳。』はいかに「感じているリアルな世界」と「見たい世界」を重ねたのか？

『12歳。』は他の作品と何が違うのか？

他の「ちゃお」の連載マンガと少し比べるだけで『12歳。』の特異さは見えてくる。

たとえば、やぶうち優『ゲキカワデビル』は服飾デザイナーをめざす少女が主人公であり、中原杏『ひかりオンステージ！』はやや低年齢向けのアイドルもの。花星みくり『はつこいデコレーション！』はパティシエを目指す少女りんごが主人公。中嶋ゆか『バケモノ係！』はふだん黒兎のような姿をしているが自由自在に変身できるバケモノの世話（生き物係）をすることになった小五の女の子が主人公だ。また、環方このみ『ねこ、はじめました』は交通事故に遭ったのを機に猫になってしまった少年を飼う一人暮らしの女子高生が主人公であり、能登山けいこ『キセキのローレライ』は歌で動物とコミュニケーションできる女の子が主人公。

いずれも主人公またはパートナーとなる男子が「普通」ではなく、特殊な能力や個性を持った存在だ。ところが『12歳。』の登場人物たちには特別な能力や個性はない。主人公の綾瀬を愛する男子・高尾優斗がクラスで一番かっこいい上にやさしく、スポーツも勉強もできるというくらいだ。もっとも、高尾も普通の小学生を超える能力は与えられていない。

『12歳。』は中学進学を目前にした小学六年生の、子どもから思春期への過渡期に立つ年齢ならではの悩みを描くことにフォーカスする。そのために極力、どこにでもいそうな登場人物たちを用意した。『12歳。』は日常のそこかしこにある切実な悩みを扱うが、こういうことをストレートに、中心的に取り上げた作品は同時代にはそれほど存在しないように思われる。

男子向けになるとなおのこと皆無だ。同じ小学生向けでも、男児向けの「コロコロコミック」には日常ものの恋愛マンガはひとつもない（恋愛マンガ自体がない）。日常もののギャグマンガならあるが、まじめくんやでんじゃらすじーさんのような強烈なキャラクターが出てくる。何の特徴もない、どこにでもいそうな男の子や女の子はなかなか出てこない。このあたりに、小学校高学年男子と女子の発達の違いによる興味関心の差があらわれている。

『12歳。』は女子のハブり文化、プロフ帳を書く・書かない／見せる・見せないなどの「小学生あるある」を描く。「私だけ遅れてる」「気づいてなかった」「胸が大きい」「恥ずかしくてひとりじゃブラや生理用品を買いに行けないし、親とも行けない」といった悩みを描く。

また、中学受験についても扱う。佐藤宗子は、児童文学作品の中の「勉強」「塾」「私立の中学に行った子」のイメージは「悪いもの」という型にはまっていると言ったが[216]、東京都区内では私立への進学率が約二割いることを思えば、時代に合わない（今では講談社青い鳥文庫刊の藤本ひとみ（原作）、住滝良（文）『探偵チームKZ事件ノート』のように中学受験組を肯定的に描く作品もあるが）。『12歳。』では、中学受験に否定的な意味づけはなされない。綾瀬は受験しないが、法曹をめざす高尾を応援する。ただ、中学校が別々になることへの不安、学校とは異なる塾のコミュニティを持つ／持たないことからくる価値観の差異への戸惑い（たとえば、休日にみんなで集まって英語で映画を観ながら勉強するところへ綾瀬が呼ばれて場違いに感じる）は丁寧に描かれる。

『12歳。』はどの程度のコンフリクト（悩み、葛藤）を、どんな立場で扱っているか？

特に作中で描かれるコンフリクト（悩み、葛藤、障害）についてフォーカスしてみよう。その作品でどんなコンフリクトが描かれるのか？　主人公はどんな立場の人間としてそのコンフリクトに向き合うのか？　このことによって読者の興味や共感は左右される。主役を務める綾瀬は、元気で明るいがツインテールであるなど髪型やファッションセンスはやや幼い。結衣は見た目は大人っぽいが恋愛には奥手である。カコは結衣よりもさらに輪をかけて内気で男子に苦手意識のある子だ。主人公は三人とも、どんなふうに恋愛したらいいかがわかっていない。いわば「少し遅れた立場」だ。実際にはクラスの中でつき合っているのはこの三組しか存在しないので「進んだ立場」なのだが、彼女たちの主観としては「好き同士になった経験は初めてであり、どう振舞っていいのかよくわかっていない」のだ。

なかでも「ちょっと遅れている子」ぶりをもっとも体現するのは綾瀬だ。彼女はいつもそうした状況に少しばかり焦るのだが、結論としては「バカにされる理由なんてひとつもない」というところに着地する。『12歳。』は、他の人より発育が遅かったり、ファッション意識が芽生えるのが遅かったり、あるいは進路についてはっきりとした夢を持ったりしていない主人公が、発育がよく美人でお金持ちだが性格は悪い女の子・心愛に恋愛においてだけは勝ち、他人より進んでいる状態を描く。「遅れている（と思わされている）子」の味方なのだ。

こうした傾向は、他の部分でも見られる。綾瀬や結衣の友人・まりんは、姉が恋愛巧者（？）でたくさんの男性とつき合ったことがあるらしく、いつも「お姉からこんなこと聞いた」と耳年増なことを言う。そしてその「男ってこうなのよ」「バレンタインと言ったら〇〇でしょ！」的な情報に惑わされて綾瀬や結衣はアクションを起こすのだが、結果、読者からすれば「まりんがああ言ってたけど、焦る必要なかったね」というオチになる。暗に「真偽不明の『〇〇なんだって』『こういうときはああしちゃダメらしいよ』といった情報に振り回されないで」というメッセージになっており、知識も経験も少ない読者が安心感を得られるようになっている。

リアルで切実で多様な悩み、と言っても『12歳。』では描かないものもある。子ども同士の徹底した意地の張り合い（による絶縁）、陰湿ないじめや無視、感情の暴走、非行、恋愛感情・関係のもつれによる友情の崩壊、クラス内のグループ間のヒエラルキーなど、負の感情が強すぎるトラブルは描かない。また、児童虐待、ネグレクトをするいわゆる毒親、いじめの隠蔽をしたり子どもにセクハラや体罰をする教師は出てこず、基本的に子ども想いの大人ばかりが登場する。

これがたとえば中学生女子向け（と謳っているが実際には小学校高学年の読者も多い）ファッション誌「ｎｉｃｏｌａ」のお悩み相談コーナーであれば、ダイエットの悩み、好きな男性アイドルの話、ファッション、コスメなどが登場したり、あるいは女子なのにひげが生えてきてどうしようとか、ナプキンを替えるときの音が恥ずかしいといった生々しいものまで出てきたりするが、『12歳。』ではこれらのいずれも出てこない。ちなみに「ｎｉｃｏｌａ」の妹分である「ニコ☆プチ」は「女子小学生ナンバーワンおしゃれ雑誌」を謳っており、二〇一九年八月号付録には「ちゃお×ニコ★プチ　ゴーカまるごとコミックＢＯＯＫ!!!」が付いているが、同誌のお悩み相談コーナーを見ても「クセをどうやって直したらいいですか?」とか「友だちが人の悪口を言うので自分も悪口を言っているように勘違いされてしまいます。どうしたらいいですか?」といったものので、「ｎｉｃｏｌａ」ほど本当に人に言いづらいような悩みは出てこない――「小学生の悩み」として描ける／描いて支持される範囲は、そのくらいに収まるのだろう。

『12歳。』では、嫉妬のような醜い感情や他人を陥れる行動は、クラスで一番かわいいが性格は悪い心愛が中心的に（かつ戯画的に）担っている。とはいえ、読者が読んでいてあまりイヤな気持ちにならないように、作中のコンフリクト（葛藤、障害）の程度は抑えられている。いまや日本人の七人にひとりと言われる貧困問題など、子どもたちが直面しているのに描いていないものは他にもある。ただエンターテインメントとしてそれが見たいかといえば話は別だ。

結衣は母親が病死したためにシングルファザーの元で育てられている。それゆえにさびしさを感じ、仕事と家事で疲労している父を心配し、あるいは心ない人から「これだから片親の家庭は」などと言われて傷つくことはあるが、それがこの作品のハードさの「限度」である。

『12歳。』から見える二〇一〇年代らしさ

『12歳。』が過去の時代と異なると感じさせるところはどこだろうか。

まず、暴力が少ない世界になっている。コンフリクトも（心理的にはともかく物理的には）そこまで激しくない。まず、学校が荒れていない。教師は戦う相手ではないし、尊敬すべき存在でもない。この作品では「空気」だ。一九九〇年代後半から二〇〇〇年代にかけては「学級崩壊」が叫ばれていたが、『12歳。』の学校は平和だ。また、子どもたちが親をはじめ、家族と仲がよい。綾瀬の兄は、綾瀬と高尾との交際をよく思わない。だがそれは心配から来るものだ。独占欲や家の掟、個人的なエゴから来るものではない。子どもがすることに（恋愛についても）理解がある。これも八〇年代や九〇年代のマンガとはまるで違う。

性愛関係については、「ちゃお」は小学生向けということもあるが、男女ともにお互い初めてつき合う相手であり、キスまでだ。それ以上のことは描かないし、性行為の存在はにおわせもしない（一切言及されない）。これは「ちゃお」の他のマンガも同様だ。『12歳。』は第一話でいきなり高尾と綾瀬はキスするが、ふたりは肉体的にはそれ以上の関係には進まない。

二〇〇〇年代までは「ちゃお」を卒業した読者が読む（という年齢区分になっている）「Ｓｈｏ—Ｃｏｍｉ」がセックス描写によって週刊誌や新聞で批判対象となる一方で、『快感フレーズ』など初版三〇万部を超える作品も現れていた。同誌も今ではその路線から遠ざかっているよ

うに、性描写の健全化、ライト化は性愛意識の変化に伴って一〇代向けの少女マンガ全体に進行している。男子の設定に関しても、第一話時点（二〇一二年の連載開始時点）では、高尾は綾瀬のことを「子ザル」と呼んでいじっているが、その後の彼の綾瀬、および周囲に対するスタンスを考えると、これは違和感がある。その後の高尾は他人をバカにするようなことは一切言わず、ふだんは口数が少ないが綾瀬のことを全面肯定し、守るというキャラクターになる。この男子像も時代を反映したものだろう。

奇跡のバランスで成立

絶妙のバランスで地味になりすぎず、リアルさは感じつつもイヤな部分は極力排除され、女子の理想や悩みが投影されたキャラクターたちが報われる物語になっているのが『12歳。』だ。「『12歳。』みたいな作品を」と思ってマネしようとしても、さじ加減が難しくてなかなか似たような読み味にはならないだろうし、ヒットはさせることは難しいだろう。

『12歳。』は二〇一〇年代の〝JSのバイブル〟になった。二〇二〇年代に同様のポジションを得る作品は、はたして現れるだろうか。ひょっとしたら出てこないかもしれないと思えるくらいに、綱渡りで成立している作品である。

（216）佐藤宗子、ひこ・田中、さくまゆみこ、司会いずみたかひろ「現代児童文学の終焉とその未来」、「日本児童文学」二〇一六年一一・一二月号、五一ページ

第三章　ヒットの背景――幼児～小学生編

この章では、近年のヒット作品を中心に取り上げ、背景を掘り下げていく。評論もあれば、関係者取材を元に執筆したものもある（文中の部数や肩書きは特に注記ない場合、取材・執筆当時のもの）。ただし、絵本は本書以外にも紹介・評論される媒体やイベントが無数にある一方で、小学生向けの本になると途端に書かれる記事が減るため、本書では絵本以外の出版物（読みものや図鑑など）を中心に取り上げている。

「生活サイクルに組み込まれること」「子どもの目線・感覚に寄り添うこと」「参加できる要素があること」「時事・流行を採り入れ、覇権メディアと連携すること」のうち最低二つは満たすことがヒットの条件だと書いたが、ここで取り上げる作品はまさにこれに合致したものばかりだ。子どものインサイトを巧みに掬ったこれらのヒット作と、第一章で見てきた要因とがあいまって、二〇一〇年代の児童書市場の好調さはつくられた。

なお、日本市場の特徴を海外との比較から照射し、日本の子ども向けコンテンツの海外展開の可能性を示唆するために、本章中盤以降では翻訳作品について、あるいは日本発の作品のアジア圏への輸出事例についても取り上げている。

おしりたんてい論——推理が理解できない未就学児〜低学年も楽しめるミステリーとは?

二〇一二年から絵本のシリーズを、二〇一五年からは読みもののシリーズも展開するトロル作『おしりたんてい』(ポプラ社)は、主に未就学児から小学校低学年までに絶大な支持を受け、二〇一八年からのTVアニメ放映以降は中学年以上にも読まれるようになった。累計部数は七〇〇万部以上。

顔がおしりのかたちをしたジェントルな探偵が事件の謎を追い、最後は犯人に対しておならをかまして解決するという、一度見たら忘れられないインパクトの強い作品である。この作品には探偵が登場するが、読者である未就学児〜小学校低学年にはおそらくミステリーとして受容されていない——というより、能力的にそれは不可能だ。

ではなぜこんなに一〇歳未満の子どもたちに愛されているのか? ここでは一見して自明である強烈な登場キャラクターたちの魅力以外の点から『おしりたんてい』が支持される理由について迫ってみたい。

ミステリーを理解する認知能力は小学校中学年以降に発達する

『おしりたんてい』がメイン読者層にミステリーとして読まれていないとはどういうことか？

渡辺弥生『子どもの「10歳の壁」とは何か？〜乗りこえるための発達心理学〜』（光文社新書）によれば、推理小説を楽しむためには「二次的信念」と呼ばれる能力が必要になるという。

二次的信念とは「Aは『Bが○○と考えている』と思っている」ということを第三者である自分が理解する知的能力のことだ。ミステリーでたとえると「犯人は××というトリックで警察に○○と信じさせているが、これを△△警部は見破っている」といった複数の人物の異なる意図や認識を理解する能力だ。こうした二次的信念課題をクリアする能力が発達するのはおおよそ九、一〇歳頃だという。そしてそれゆえに図書館での推理ものの貸出率も小学校中学年から上がってくるのではないかと渡辺は推論している。逆に言えば、ミステリーをミステリーとして理解するための能力は未就学児や小学校低学年の多くにはほとんど備わっていない。だから『おしりたんてい』がミステリーとして子どもたちに読まれている、とは言えない。

しかしそれは『おしりたんてい』が「ミステリーとして描かれていない」ことを意味しない。

真相を推理していないのに、読者に「謎を解いた」感を与えるしかけ

むしろ『おしりたんてい』はミステリーとして丁寧に作られている。それは著者の発言からも

見てとれる。といっても、『おしりたんてい』の著者トロルはほとんどインタビューを受けない。理由は読者が低年齢であるため、キャラクター以外に作者なるものがいるということをあまり知らしめたくない（がっかりさせたくない、混乱させたくない）からのようだ。

唯一のインタビューは「ミステリマガジン」二〇一八年七月号の『おしりたんてい』特集掲載のものだ。ここでトロルの作話担当・田中陽子は自身のミステリー遍歴や『おしりたんてい』創作秘話について語っている。

同誌によれば、田中は小学校五、六年生のときに学校図書館でシャーロック・ホームズの児童書、江戸川乱歩の少年探偵団シリーズと出会い、その後、アガサ・クリスティのポアロシリーズ、横溝正史の金田一シリーズなども好きになった。

田中は編集部からの「ミステリを作ることに関して気をつけられている点は」という問いに対し「最初から出来る限り手がかりを示すということですね。読者も読みながら推理していくことができ、自分の思った予想の範囲と違ったりして楽しい、でもちゃんと見ていれば真相がわかるというふうにしたいと思っています[217]」、また「推理やトリックであっても、いままで書いていなかったことが急に起こるということは絶対にしないと決めています[218]」と語り、いわゆる本格ミステリー的なフェアプレイ精神の重視が見て取れる。

『おしりたんてい』では、二〇一二年一〇月刊の第一作からほぼ必ず、終盤に読者に読み返しを促すような展開を用意している。読者に、遡って手がかりやヒントを探すよう仕向けているのだ。

たとえば『おしりたんてい　いせきからのＳＯＳ』収録の同名作では、おしりたんていが遺跡の内部まで侵入する道中にいくつか鏡文字が残されていたことが三五ページ目で明かされることで読み返そうという気になるし、同書収録の「あやしいほうもんしゃ」では「フム、どこだとおもいますか？　ここまでよんできたどくしゃのみなさんならわかりますよね」と読者に問いかけ、読み返しを暗に促す描写がある。これが可能なのは、著者自ら語るとおりに「最初から出来る限り手がかりを示す」ことを徹底しているからだ。

ところが、作中で読者に提示される謎は、読み手が頭を働かせて考える、いわゆる推理問題は実は少ない。『おしりたんてい』は本編で読者に対して「それはなんでしょうか」「どこにあったのでしょう」「しょうこをさがしだしましょう」などと問いかけ、考えさせる――のだが、その内実はどうか？　迷路、探し物（ごちゃごちゃとした俯瞰図から人や物を探す、間違い探し、絵合わせ、見比べて違いや共通点を探す、など）、覚えていたり読み返せば答えられるもの、文字を使ったパズルなど、「見て探せば解ける」タイプのものが大半だ。読みものの第一作『おしりたんてい　むらさきふじんのあんごうじけん』では読者が文字が読めることを前提とした問題が目立ったが、以降では読みものでも文字の問題はほとんどない（例外は鏡文字が登場する二〇一六年二月刊の『おしりたんてい　ププッおしりたんていがふたりいる!?』）。絵本では文字問題はまったくなく、絵本・読みものともに、自分ではまだ文字が満足に読めず、読み聞かせてもらっている読者に向けてつくられていると推察される。知識を問うものも少なく、二〇二〇年現在、このシリーズで出題される知識がないと解けない問題は、赤と黄色を混ぜると何色か考えさせるものと、紅茶の煎れ方のおかしさを指摘させるもののふたつしかない。知識を前提とせず、ちゃんと考えないと答えられない推理問題は、一作につきひとつかふたつだけのことが大半だ。

　しかし逆に言えば、これらは二次的信念を理解できない低年齢層の子どもでも解ける（またはチャレンジできる）問題ばかりである。『おしりたんてい』で読者に課されるものはミステリー的な「推理」というより、「ミニゲーム」的な課題なのだ。

「ミステリマガジン」のインタビューによると、絵を担当する深澤将秀は『弟切草』『かまいたちの夜』などのサウンドノベルからミステリーに入り（『弟切草』はホラーだが）、また、ファミコン直撃世代のため、『おしりたんてい』にはゲームでいうアイコンのような描写があり、マンガとゲームと本が混ざった構成になっているという。田中もミニアクションがたくさん続く構成の『さんまの名探偵』が好きだと答えている[219]。

『おしりたんてい』の読者は、本当はたいして頭を使わず、何かを見て探すくらいのことしかしていない。にもかかわらず、おしりたんていから与えられた問いに取り組む作業（迷路を抜ける、人を探す、モノを探す、など）を一作につき平均して六、七個行っているがために、なんとなく「解いた感」「謎を解けた感」が得られる。

　実は肝心の最後の謎解き、種明かしで読者に推理を促し考えさせることはきわめて少なく、ほとんどの場合、おしりたんていがひとりでやってしまう。もちろん、そこまでの流れから大半の作品では誰が犯人かくらいの目星は読者にもついている。ただ、おしりたんていがいったいいつの段階で真相に気づいていたのか、あやしんでいたのかまで推察できるかどうかは、読者によって異なるだろう。つまり、肝心の真相開示パートには読者を参加させないことで「解けなかった」というフラストレーションを与えず、なるべくたくさんの読者に「解けた」という快感を味わわせる。しかしおしりたんていがかなり早い段階で気づいていたことを示すことで読者に驚きも与える。こういう建て付けになっている。レベル感の違う問い（簡単な「犯人は誰か？」、比較的難しい「いつの段階で犯人だと気づいたか？」など）を複数用意し、さらには読者に対して「解け」と説く明示的な問題にしないことで、何も解けなかった読者から高難度なほうの謎まで解けた読者までが不満を抱かないように配慮しているのだ。

田中は「大人であれば愛憎や嫉妬などで殺人を犯すこともあるでしょうが、子どもは嘘を隠すことはわかるかもしれないですけど、人を殺めたりする気持ちを理解するのは難しいので」[220]と語り、犯人の動機を子どもが理解できるよう、なるべくシンプルなものにしようと心がけているという。とはいえたとえば某作（ミステリー批評のマナーに従ってネタバレを避けるため具体名は伏す）では、犯罪集団のリーダーがおしりたんていたちを騙していたと思いきや、実はおしりたんていがすべて見抜いて騙されたふりをしていた、という展開がされる。これは犯人の動機はシンプルだが、物語上のしかけが二次的信念課題の典型となっているため、簡単なレベルの推理はできる読者であっても理解が難しいだろうと思われる。ただそれでも「最後におしりたんていが犯人たちをおならでやっつけた」ことが描かれれば読者は満足感が得られるようにできている。それでは結局、フェアプレイにこだわった丁寧なつくりは読者にとって無意味なのではと思われるかもしれないが、そうではない。この制作上の信念が「探して見つける」愉しみにつながっているからだ。

フェアプレイ精神が再読・発見の愉しみを生む――探索・迷路絵本としての『おしり』

『おしりたんてい』で読者が取り組む課題には、迷路や探し物が多いと書いた。

この点では、小学館から刊行されている文章ジーン・マルゾーロ、写真ウォールター・ウィックによる視覚探索絵本のベストセラー『ミッケ！』（原題〝I SPY〟）や香川元太郎による『迷路絵本』シリーズ（PHP研究所）、あるいは八〇年代後半から九〇年代前半にかけて一世を風靡したマーティン・ハンドフォード『ウォーリーをさがせ！』（フレーベル館）に近いものがある。

これらの探索絵本や迷路絵本では、メインの課題（ウォーリーを探す、など）に加えて、サブの課題（「〇〇も探せ」「〇〇を通らないで××へ行け」など）がいくつか設定されているのが通例だ。難易度の異なる複数の課題があることによって、読者にはすみずみまで読む、繰り返し読むという需要が生まれ、隠し要素を見つける喜びを体感できる。『おしりたんてい』でも本編の謎とは関係なく「5コのおしりをさがせ！」「ストーリーにかくされた金のおしりをさがせ！」と書いてあったり、毎度迷子になるカルガモの親子やパンダちゃんを探す要素が随所にある。また、読者にはっきりと探すことを促していないものの、本編にはめったに関わらないが毎回どこかしらに登場しているキャラクターがいる（選挙活動中のさるちえお、コアラちゃん、新聞記者のゴリかわげんこつ、絵描きのヤガールなど）。彼らがどこにいて、何をしているのか探すのも愉しみのひとつとなっている。これらのしかけは、ミステリーとして手がかりを重視する、作品の細部にまで注意を払って設計するフェアプレイ精神のたまものだ。

比較すると『ミッケ！』『迷路絵本』『ウォーリーをさがせ！』といったベストセラーは、『おしりたんてい』ほどストーリー重視ではなく、また『ウォーリー』を除けばキャラクター性も弱い（『ウォーリー』もウォーリー以外のキャラクター性は弱い）。『おしりたんてい』は、子どもに人気の探索絵本や迷路絵本に読みものとしての魅力と強烈なキャラクター性を加味したものとして捉えられる。

このシリーズはほかにも子ども向け作品で人気の要素をうまく取り入れている。

おならと劇画――『かいけつゾロリ』×『北斗の拳』

おしりたんていでは、解決シーンで口からおならを噴き出し、犯人を懲らしめることがお約束となっている。このシリーズは絵本より前にアプリから始まっているが「ｉＰｈｏｎｅからなんの音が出たらおもしろい？」「おならの音だろう」というところからおしりたんていのキャラクターができた。おしりたんていの放屁シーンは絵本にするときに劇画調にすることが決まったが、これは赤塚不二夫のマンガ『天才バカボン』で劇画調になって時が止まるシーンがおもしろいというところからの発想だという[221]。

子ども向け作品でおならと言えば、真っ先に原ゆたかの『かいけつゾロリ』(同じポプラ社から刊行されている大先輩作品である)におけるイシシやノシシ、そしてゾロリによる数々のおならによる解決が思い浮かぶ。子どもたちが『ゾロリ』のおならが好きなことは有名だ。

くわえて劇画調にしておかしさを増すという手法は、赤塚不二夫という先駆に続き、その赤塚の影響を受けた原哲夫が八〇年代を席巻した『北斗の拳』や九〇年代にヒットした『花の慶次』にて実践していた手法である。『北斗の拳』でケンシロウに秘孔を突かれたザコキャラが「あべし」「ひでぶ」などと叫びながら人体を破裂させていく描写は当時「残酷だ」などと一部で問題視されたが、原が赤塚から受け継いだユーモア感覚があったおかげで大半の読者からはギャグ、ネタを含んだものとして受け取られた。

『おしりたんてい』のクライマックスシーンにおける「ふざけているがキメでもある」という二重性は赤塚的というより『北斗の拳』的なものだ。いわば「失礼こかせていただきます」は『ゾロリ』+『北斗の拳』なわけで、それは子どもにウケるに決まっている。

まとめ――低学年以下でも楽しめるミステリー読み物/絵本とは

二次的信念課題をクリアする認知能力が発達していない未就学児や低学年の子どもたちにとっ

てミステリー、探偵ものは本来、難しいものである。したがって従来、この年齢向けのミステリー、探偵ものでの成功例はまれだった。『名探偵コナン』などは自分たちより少し上のお兄さんお姉さんたちが好きな作品であり、背伸びの対象といっていい。そこに、自分たちの手に届くものとして現れたのが『おしりたんてい』だ。

顔がおしりのかたちをした強烈なキャラクターに導かれて手に取り読み進めていくと、ミニゲームが続いてなんとなく「謎が解けた感」が味わえ、探索絵本や迷路絵本のような発見と再読の楽しさがある。そして『ゾロリ』や『北斗の拳』的なクライマックスのおもしろさもある。実はフェアプレイを徹底し、ミステリーとして丁寧につくられているが、それに気づくのは中高学年に成長してからである(そういう意味での「再読による発見」もあるだろう)。

さまざまな先行する人気作品の要素をうまく採り入れているが、マネした感じがあまりしないのは、キャラクターが圧倒的にオリジナルだからだ。人気の理由についてあれこれ言葉を尽くしてきたが、発明ともいえる「おしりたんてい」という主人公を生んだことが何より大きいのもまた、やはり間違いない。

(217) 「ハヤカワミステリマガジン」二〇一八年七月号、早川書房、一〇ページ
(218) 同、一四ページ
(219) 同、一〇ページ

(220) 同、一四ページ
(221) 同、一一ページ

ヨシタケシンスケの絵本はなぜ絵本なのに小学校高学年にも読まれるのか

二〇一〇年代に登場した新進絵本作家でもっとも成功した人物のひとりに、ヨシタケシンスケがいる。二〇一八年にポプラ社が行った「小学生がえらぶ！〝こどもの本〟総選挙」でヨシタケシンスケは二位に『あるかしら書店』、三位に『りんごかもしれない』、七位に『このあとどうしちゃおう』、一〇位に『りゆうがあります』がランクインしている（図22）。「小学生がえらぶ」と言っても小一から小六までいるわけだが、学校読書調査を見ると、二〇一八年調査では小四男子の九位に『りゆうがあります』、一一位に『このあとどうしちゃおう』と『りんごかもしれない』が、小四女子の一位に『りんごかもしれない』、七位に『りゆうがあります』が、小六女子の一四位に『りゆうがあります』がランクインしている。小学校中学年から高学年までもが絵本を読んでいる、というのは、従来の常識からすればいささか異常事態だろう。

たとえば渡辺暢恵『学校図書館入門』には学年別のおおよその読書傾向が書かれているが、

第1学年：読み聞かせをしてもらい、本の楽しさを知り、自分で読み始める。図鑑が好きだが、写真や絵を中心にみている。

第1回小学生がえらぶ！“こどもの本”総選挙(2018) ベスト10

1位	今泉忠明監修『ざんねんないきもの事典』（高橋書店）
2位	ヨシタケシンスケ『あるかしら書店』（ポプラ社）
3位	ヨシタケシンスケ『りんごかもしれない』（ブロンズ新社）
4位	今泉忠明監修『続ざんねんないきもの事典』（高橋書店）
5位	トロル『おしりたんてい　かいとうVS.たんてい』（ポプラ社）
6位	トロル『おしりたんてい　いせきからのＳＯＳ』（ポプラ社）
7位	ヨシタケシンスケ『このあとどうしちゃおう』（ブロンズ新社）
8位	宗田理『ぼくらの七日間戦争（KADOKAWA）
9位	廣嶋玲子『ふしぎ駄菓子屋銭天堂』（偕成社）
10位	ヨシタケシンスケ『りゆうがあります』（PHP研究所）

図22

第２学年：少し長い物語が読める。図鑑に関心を持って説明の文章をよく読んでいる。
第３学年：怪談シリーズなどの面白い本のシリーズを進んで読む。
第４学年：文字が小さいシリーズが読めるようになる。本をよく読む、読まないがはっきりしてくる時期である。
第５学年：内容のある物語、ミステリーを読む。小学校向き文庫サイズの本を読む。
第６学年：こころの問題を扱った本が読めるようになる。歴史、名作、話題になった本を読む[222]

とあり、四年生から「文字が小さいシリーズ」、五年生から「小学校向き文庫サイズの本」（いわゆる児童文庫）を読む、とある。今日では、子どもにはそれぞれ多様な発達段階があることや、読書に対する能力・関心も多様であることから、読書が苦手な中学生には絵本を薦める司書もいるのが現実だし、いわゆる「大人向け絵本」は一般的になっている。しかし「文字が大きい絵本」は中学年以上では読まないのが、かつては常識だった。そして「大人向け絵本」「中学年向け絵本」はあっても、未就学児から高学年、はたまた大人までもが幅広く支持する絵本となると、非常に限られている。

なぜヨシタケシンスケはそういう存在になれたのか。

また、第一章で見たように、二〇〇〇年代半ばまでは児童書市場は海外ファンタジーを除いてはそれほど好調とは言えない状態にあった。ヨシタケシンスケをはじめとする創作絵本の新刊は、いったいいつから売れるようになったのか。

このふたつの謎は絡み合い、交差している。まずは創作絵本の新刊がいつから売れるようになったのかについて見ていこう。

二〇〇八年頃に創作絵本新刊への注目度が高まりはじめ、二〇一三年にはブレイクする

出版科学研究所が毎年刊行している『出版指標年報』を見ると、二〇〇〇年代後半まで絵本の新作は厳しい状況にあったことがわかる。

たとえば『出版指標年報2007年版』では偕成社の「ノンタン」が二〇〇六年に三〇周年を迎え、六月刊行の『ノンタンでかでかありがとう』で六三タイトル、累計二七〇〇万部を突破したこと、また、なかやみわ「そらまめくん」の新刊『そらまめくんのぼくのいちにち』が刊行さ

れて既刊と共に部数を伸ばしたとする。だが一方で、絵本はこうした定番に人気が集中し、新作が部数を伸ばすのは難しいとも記述する。[223] 翌年の『出版指標年報２００８年版』でも「創作絵本は苦しい状態が続く」「新作は初版で終わってしまう例がほとんど」[224]と書き、『出版指標年報２００９年版』では『そらまめくん』や『うずらちゃん』など近年定着してきた新たな定番商品は売れ行きがよいとしながらも、「この下のランクになると、販売状況は一転、創作絵本の新刊は引き続き非常に苦しい状態にあり、〝まったく売れない〟と称される事もしばしば。（中略）この様な中、08年には『ちいさなあなたへ』『ちょっとだけ』などの新作絵本が大ヒットする現象も見られた」とする。[225] このあたりが「新刊絵本は売れない」と「売れるものは売れる」という期待の高まりとの分水嶺だろう。

雑誌「ＭＯＥ」二〇〇九年二月号（白泉社）で新刊絵本を対象とした「第１回ＭＯＥ絵本屋さん大賞」が特集されるなど、創作絵本の新刊に光を当てる動きが見られるようになっていく。このＭＯＥ絵本屋さん大賞は全国の絵本専門店・書店の児童書売り場担当者が選出するもので、「全国書店員が選んだいちばん！売りたい本」を決める「本屋大賞」の絵本版だと言える。

絵本屋さん大賞実施以前から、優秀な絵本を選出する賞としては日本絵本賞（全国学校図書館協議会と毎日新聞社が主催）などが、新人賞としては講談社絵本新人賞や日産 童話と絵本のグランプリ、童心社の絵本テキスト大賞などがある。しかし従来の賞は、その道の権威、専門家が選んできた。対して絵本屋さん大賞は書店員という市場の最前線にいる人間が選ぶ。権威、専門家は、教育的要素や児童文学の流れを意識して評価する。対して書店員はある程度売れ筋の作品の中で自分の好みを推す傾向にある。どちらが本を選ぶ母親の感覚に近いか？　書店員が選ぶものの方だろう。また「自分たちが選んだ」という自負もあるから、賞が決まったあと書店でフェアが展開される率も高い。こうして絵本屋さん大賞は、市場に強い影響力を持つ賞になった。他に書店関連の絵本の賞としては「リブロ絵本大賞」や「この本よかっ‼」などもあるが、全国の書店にもっとも広く影響があるのはＭＯＥ絵本屋さん大賞だろう。

ヨシタケシンスケは、第6回ＭＯＥ絵本屋さん大賞２０１３で、デビュー作の『りんごかもしれない』が一位になって以降、第7回（２０１４）で『ぼくのニセモノをつくるには』が九位、第8回（２０１５）で『りゆうがあります』が一位、第9回（２０１６）で『もうぬげない』が一位、『このあとどうしちゃおう』が二位、第10回（２０１７）で『なつみはなんにでもなれる』が一位、『つまんないつまんない』が三位、第11回（２０１８）で『おしっこちょっぴりもれたろう』が一位、『みえるとかみえないとか』が二位と、もっとも書店員に推されている絵本作家のひとりである。

『出版指標年報』の絵本に関する記述で、はっきりと「新鋭も注目を集める」と書かれるのは『出版指標年報２０１４年版』、つまりヨシタケがデビューした二〇一三年を回顧してのことだ。同書では『ぐりとぐら』が一三年も一〇万部以上を増刷し、かこさとし『からすのパンやさん』の続編『からすのおかしやさん』が発売されて合計四八・五万部に達し、またかがくいひろし

『だるまさん』シリーズが新たなロングセラーとなって三点累計二三〇万部、また、いわいとしお『100かいだて』シリーズが二点で累計一三一・四万部になったことを綴ったあとでｔｕｐｅｒａｔｕｐｅｒａやヨシタケシンスケ『りんごかもしれない』など新鋭も注目を集める、としている。[226]翌年の『出版指標年報2015年版』になると、ブロンズ新社は新人作家発掘に定評があり、『だるまさんが』、『りんごかもしれない』、ｔｕｐｅｒａｔｕｐｅｒａ『しろくまのパンツ』などヒットが相次いでいる記述され[227]、『出版指標年報2016年版』になると、絵本の売れ行きは「好調」と書かれ、ロングセラーとともにＳＮＳで売上が伸びた絵本、書店員のＰＲによりヒットする作品が増え、ポーランドの大型絵本『ＭＡＰＳ　新・世界図絵』（徳間書店）が定価三四五六円ながら大ヒットしたことと、ヨシタケシンスケ絵本が一五年も大ブレイクしたことを記している。[228]『出版指標年報2017』になるとヨシタケシンスケだけでなく、トロル『おしりたんてい』もブレイクしたと書く。[229]

絵本人気は「大人からの支持」？

このころになると、メディアでも「絵本が売れている」と特集が組まれるようになる。「出版月報」二〇一六年六月号の特集「絵本　好調の背景を探る」の内容はこうだ。絵本は新刊一点あたりの発行部数を見ると、九〇年代後半は約七・七千冊で推移し、二〇〇一年には九千冊まで上がったが、それ以降は減り続け、二〇一〇年代半ばはおよそ五千冊とピーク時の約半数になったとしながら、二〇一五年以降、絵本市場が急増した理由を探っていく。「出版月報」の見立てでは二〇一一年の震災が転機となって絵本に関心が集まり（ここのロジックはよくわからない）、『バムとケロ』の新刊が大ブレイク。一二年は『こびとづかん』『絵本　地獄』、一三年は『からすのおかしやさん』など大物新刊が続出。一四年は『アナと雪の女王』『妖怪ウォッチ』関連絵本、『うみの100かいだてのいえ』が大ヒット。一五年はのぶみ『ママがおばけになっちゃった！』、ヨシタケシンスケの絵本など、猛スピードで売り伸ばす新進作家が続出した、と二〇一〇年代の流れをまとめる。そして「絵本情報サイトやテレビなどでの紹介とSNSでのクチコミが結びついて急速に伸ばす」作品が急増しているが、その背景には「大人の読者の存在」がある、とする。(230)

「日経トレンディ」二〇一七年四月号も「絵本大ブームの理由」と題して小特集を組んでいる。やはり「近年の絵本はSNSの話題をテレビが取り上げることでヒットになる」とし、西野亮廣『えんとつ町のプペル』、カール゠ヨハン・エリーン『おやすみ、ロジャー』、のぶみ『ママがおばけになっちゃった！』などがその例であると書く。同誌は絵本ブームの理由を

「大人の心をつかむ」（若手作家の常識にとらわれない試み）
「ネットで拡大」（テレビやSNSを経て人気が増幅）
「すぐに試せる」（実際の購入に結びつく〝全文試し読み〟）
「売り方も変わった」（展示会やフェアで絵本がより身近に）

の四つにまとめている[231]。

「出版月報」も「日経トレンディ」も、大人の存在ゆえに絵本市場で新進作家がブレイクするケースが増えた、としている（未就学児や小学生はSNSを基本的に使わないので「SNSのおかげ」と「大人のおかげ」はほとんどイコールだ）。MOE絵本屋さん大賞も、書店員という大人が選んだ賞だった。たしかにヨシタケシンスケは「もともとボクは大人向けのイラストレーターとして仕事をしてきましたから、「大人が読んでも楽しめる」と言ってもらえるのが一番嬉しいです」と言っている[232]。

ところが、こんな風に言っているヨシタケシンスケの本は、本稿冒頭で見たように「〝こどもの本〟総選挙」で人気であり、学校読書調査でも読まれている（ちなみに朝読の読んだ本ランキングには入っていない。『りんごかもしれない』などは大判ゆえに不向きなのだろう）。

のぶみや西野亮廣の作品、『おやすみ、ロジャー』、有名小説家が文章を担当したことで話題となった「怪談えほん」シリーズなどの「大人に人気」の絵本は大人にしか支持されていないようで、〝こどもの本〟総選挙にも学校読書調査にも、朝読で読んだ本ランキングにも入っていない。

さいたま市立与野図書館の金子浩は「マスコミ主導で話題となった絵本は数多くあった。しかしその評価に関しては賛否両論で、ブームが沈静化してくると、「それほどの本ではない」という評価の声が挙がるようになる」と断じている。また、「絵本屋さん大賞」は、『まばたき』（穂村弘作、酒井駒子絵、岩崎書店、二〇一四年）のように、図書館員の目から見れば、どうして大人好

みの絵本ばかりが上位を占めているのかと、疑問を感じざるを得ない、とも批判している。(233)

ヨシタケシンスケはどうして「小学生」から支持されるのか？

ヨシタケシンスケは例外的に、大人にも子どもにも支持されている。しかも未就学児から高学年にまで読まれている。まずはヨシタケ自身の発言から、その理由を探ってみよう。

「ボクの絵本は「大人には大人の事情があるんだよ。子どもにも、聞いたふりをしなきゃいけない時があるんだよ」ということを教えるためにあります（笑）」

「小さい頃、大人ってなんか言っていることとやっていることが違うんだよな、と思っていた。それを誰かにちゃんと説明してほしかったんです。今、絵本で描きたいのはコレです」

（麻生香太郎「ヒットメーカーズ・ファイル」ＶＯＬ．43（『日経エンタテインメント！』日経ＢＰ社、二〇一七年五月号、七九ページ）

「僕は息子が二人いるのですが、子育てをしていると、自分も似たような行動で注意されていたことや、大人に言われて納得できなかったことを思い出します。今は言う側になって、納得できない子どもの気持ちも、言わざるを得ない親の立場もわかる」

（「小さい頃の自分を手掛かりに」『新刊展望』日本出版販売、二〇一六年二月号、八ページ）

親とか学校の先生は、立場上大人としての意見を言わなければならない。でも本当はがんばってもできないこともあるし、報われない努力もある。子どもはそれを知らないから「親や先生が言うことと実際の世界はどうも違うような気がする」とモヤモヤするんです。だから「大人には、言いたくても言えないことがある」と大人への信用度をいい感じに下げる、身も蓋もないことを知らせたりするのが絵本の役割のような気がしています。

（ヨシタケシンスケ「読むことのつれづれ４」、「サンデー毎日」毎日新聞社、二〇一七年三月五日号、一〇五ページ）

つまりヨシタケは、大人と子どもの言い分を両方絵本に込めることで、子どもに大人の気持ちをわかってもらおうとしている。たとえば二〇一五年刊の『ふまんがあります』（ＰＨＰ研究所）では、まさに子どもの視点から、大人の身勝手さや、子どもにはダメと言っていることを大人はやっているというダブルスタンダードぶりを徹底して描いている。

〝こどもの本〟総選挙で一〇位にランクインした『りゆうがあります』（ＰＨＰ研究所）も同様だ。母親が息子に鼻ほじり、ツメを嚙む、びんぼうゆすり、ごはんをボロボロこぼす、といったことを「行儀が悪いからやめなさい」と注意すると、息子は「ハナをほじるのはウキウキビームを出すためだ」と屁理屈を語る。そして「おとなだって、「ついやっちゃうこと」ってあるでしょう？」と言い、母の髪の毛をいじるクセにはどんな理由があるの？　と訊く。大人がヨシタケの本を「自分たちの言い分を（も）描いてくれている」と支持するのはよくわかる。

また、小学校中学年から高学年の子どもが「ダメな大人」を描く本を支持するのも珍しくない。たとえばこの年代に人気のあるジェフ・キニー『グレッグのダメ日記』は、ゲーム好きの子どもが「子どもは外で遊びなさい」「ファストフードなんて本当の食べ物じゃない」とうるさい教育ママやダイエット中のはずなのにこっそりガレージでお菓子を食べまくってしまうパパたちとのコミカルな日常を描いている。また、宗田理の「ぼくら」シリーズは現在も小中学生に人気だが、これも悪い大人、勝手な大人を子どもがイタズラで懲らしめるという話が多い。

児童心理学では九歳から一〇歳頃になると、同性メンバーからなる遊び仲間集団（ギャング集団）を形成し、この時期をギャング・エイジと呼んでいる。この集団は凝集性が高く閉鎖的で、役割分担やルールが明確である。そして大人の監視から逃れ、秘密の場所を作る。反社会的行動を伴うこともあるが、社会的知識や技能を身につけていく場にもなる。[234] ヨシタケ絵本も、こういうギャングエイジの反抗的な心性に合うのだろう。

ところが、これだけでは小学生からのヨシタケ人気は説明がつかない。二〇一八年の〝こどもの本〟総選挙トップ10入りしているのは『あるかしら書店』『りんごかもしれない』『このあとどうしちゃおう』『りゆうがあります』であり、学校読書調査では『りんごかもしれない』『このあとどうしちゃおう』『あるかしら書店』だった。このうち、ヨシタケが自分の絵本の特徴だとする「大人には大人の事情がある」的な内容なのは『りゆうがあります』だけである。

探求型学習時代に生きる小学生の想像力を刺激する

『りんごかもしれない』『このあとどうしちゃおう』『あるかしら書店』はどんな内容なのか？

『りんごかもしれない』は、少年がある日学校から帰ってくるとテーブルの上にりんごがあったのだが、それに対して「もしかしたらこれはりんごじゃないのかもしれない」と妄想を膨らませ、さまざまな面から「りんごじゃないかもしれない何か」の可能性をイメージしていく。

『このあとどうしちゃおう』は、死んだおじいちゃんの部屋から見つかった「このあとどうしちゃおう」と書かれたノートにあった、「自分が将来死んだらどうなりたいか、どうしてほしいか」についての祖父の想像がこれまたいくつも描かれていく。地獄や天国はどんなところなのか、どんな神様にいてほしいのかといったことがユーモアたっぷりに絵と文字で書かれている。

『あるかしら書店』は「本にまつわる本」の専門店を訪れた人たちが「ちょっと珍しい本あるかしら?」「本にまつわる道具ってあるかしら?」「本にまつわるイベントの本ってあるかしら?」などと店員に尋ね、店員が『「作家の木」の育て方』絵本、『読書サポートロボ』『読書履歴捜査官』といったユニークなものを持って返答する、という内容である。

この三冊に共通するのは、問いに対して自由に発想する楽しさが描かれていることだ。

昨今、大人は子どもに対して「君たちは答え（正解）のない時代を生きている」などと言うが、これらの本の登場人物は、まさに答えのない問いに対し、ああでもないこうでもないと考えをめぐらせる。今の子どもたちは与えられた問いに対して自分なりに調べ、考え、答えを出す訓練をされている。しかし調べ学習といっても、小学生の知識や能力で「ユニークな知見」にたどり着くことは容易ではなく、教える側の都合や限界もあって「答えがある調べ学習」をやらされることが多い（小学校では特にそうだ）。まさに、ヨシタケ作品で描かれる「大人って、言ってることとやってることが違うよね」というやつだ。子どもが自分の頭で目一杯考え、思うがままに想像してみる機会を、意外と大人は与えていない。だから、大人に理解されない（されなくてもいい）くらい自らの溢れる想像を思う存分に広げられる場所、「自分はこう思う」「こうだったら面白い」と、自らのクリエイティビティを発揮できる場所を求めている。

ヨシタケ絵本には、問いがあり、それに対する想像が提示されてゆくが、オープンエンドだ。その点が多くの図鑑や推理もの、科学系読みものとは異なる。そしてすぐれた問いかけに対する想像は、年齢、個々人の発達の度合い、個性によって違う。だから幅広い年齢の人間が参加し、楽しめる。三歳児でも、小学校の中高学年でも「りんごじゃないかもしれない〝これ〟は一体なんだろう？」「死んだら人はどうなっちゃうの？」といった問いを、自分なりに掘り下げていける。そこには正解も間違いもない。だから、安心して想像の翼を広げられる。おそらくここにこそ、ヨシタケ絵本が未就学児から小学校高学年にも強く支持される理由がある。

(222) 渡辺暢恵『学校図書館入門』ミネルヴァ書房、二〇〇九年、二二〇ページ

(223) 『出版指標年報２００７年版』公益社団法人全国出版協会・出版科学研究所、二〇〇七年、一三〇—一三一ページ

(224) 『出版指標年報２００８年版』公益社団法人全国出版協会・出版科学研究所、二〇〇八年、一三五ページ

(225) 『出版指標年報２００９年版』公益社団法人全国出版協会・出版科学研究所、二〇〇九年、一三四ページ

(226) 『出版指標年報２０１４年版』公益社団法人全国出版協会・出版科学研究所、二〇一四年、一二六—一二七ページ

(227) 『出版指標年報２０１５年版』公益社団法人全国出版協会・出版科学研究所、二〇一五年、一三一ページ

(228) 『出版指標年報２０１６年版』公益社団法人全国出版協会・出版科学研究所、二〇一六年、一三六—一三九ページ

(229) 『出版指標年報２０１７年版』公益社団法人全国出版協会・出版科学研究所、二〇一七年、一二九ページ

(230) 「出版月報」二〇一六年六月号、公益社団法人全国出版協会・出版科学研究所、六ページ

(231) 「日経トレンディ」二〇一七年四月号、日経ＢＰ社、七三—七六ページ

(232) 「週刊文春」二〇一六年八月一一日・一八日号、文藝春秋、一四〇ページ

(233) 金子浩「絵本」、児童図書館研究会編『年報こどもの図書館２０１２〜２０１６：２０１７年版』日本図書館協会、二〇一八年、二九二—二九三ページ

(234) 野口武悟・鎌田和宏編著『学校司書のための学校教育概論』樹村房、二〇一九年、一六ページ

お菓子づくりと本の楽しさを親子そろって味わえる『ルルとララ』

児童文学作家・画家あんびるやすこが岩崎書店で二〇〇三年にスタートした『なんでも魔女商会』は、中学年向けでファッションを題材にした作品としてヒット。そののち「次は低学年向けでお菓子ものを」ということで二〇〇五年に生まれたのが『ルルとララ』だ（現在二五巻、累計二〇〇万部）。いとこ同士のルルとララが森の中で週末に開くお菓子屋さんに、様々な悩みを抱えた動物や妖精などがやってくる。ふたりはお菓子で困りごとを解決しようとがんばり、本当に困ったときには隣でパン屋を営むシュガーおばさんが相談に乗ってくれる。

あんびる作品はあらゆるところに作品世界に入りやすくし、読者を喜ばせるためのこだわりがある。

まず、著者が名作やヒット作の分析を元に作ったプロットシートを用いて物語の骨組を作ることに、制作中、いちばん時間をかける。読者と同年代のルルとララの目線で進むお話は、短いながらもテーマ性があり、読みながら友だちや家族との関係について自然と顧みさせてくれる。そして文章は会話と出来事の羅列ではなく、低学年向けでも天気や食べものの香りなどの「描写」もして空気感や余韻を伝える。

『ルルとララ』では、文章のみならず絵や飾りもすべてのページに入っている。そしてそれらすべてを書く／描くだけでなく、どう組み合わせて配置するのかまで著者自ら決める。これによって本を開いたときの印象は凝っているが読みやすく、楽しい気持ちになるレイアウトになる。
登場するお菓子は本の中にレシピが載っており、実際作ることができる。読者の参加・制作欲求を刺激するのだ。レシピは必ず著者自ら何度も作って検証し「子どもが安全に調理できるよう、火も包丁も使わない」「一個、二杯などわかりやすい分量にし、加減の難しい『二分の一杯』のような表現は避ける」といった配慮がされている。出てくるお菓子は毎巻違うが、ハロウィンやパンケーキの流行を取り入れて題材にしたり、読者からリクエストがあれば本来は作るのが難しいマカロンなどでもチャレンジしてもらえるよう丁寧な伝え方を工夫したりもする。
さらに毎回替わるルルとララの衣装も著者が考案。「先生は専業作家になる以前はおもちゃデザイナーもやっていらしたのですが、玩具には親が与えたがらないものがあったことを気にされて、自分の作品では『親も子も楽しめるものを』と。サイン会にはコスプレしてくるお子さんがたくさんいますし、お母さんから『自分が子どもの頃こんな本があったらよかったのに』と言われることもよくあります」（岩崎書店編集部次長・島岡理恵子）
絵本を卒業したばかりの女の子向けのポップで読みやすく、制作欲求まで刺激される本は、かつても今も、ここまで徹底したものはまれだ。それでも著者はつねに「次はもっと」というスタンスで制作に取り組む。人気はまだまだ続き、そして広がるだろう。

絵物語と児童マンガを受け継ぐ冒険アクション読みもの『ほねほねザウルス』

岩崎書店の編集者が、写真家・山口進の仕事場で偶然出会ったカバヤ食品の担当者が二〇〇二年から手がけていた玩具菓子『ほねほねザウルス』。子どもは恐竜好きだが、博物館で出会うのはその骨だ——ということから恐竜や古代生物の骨の姿をモチーフに生まれた玩具（低年齢向けの簡易なプラモデル）であり、二〇二〇年現在までに四〇〇〇万個を売り上げる。

それを元に、文章とページ構成を担当する大崎悌造、作画担当の今井修司、監修のカバヤ食品ドクター・ヨッシーからなる「ぐるーぷ・アンモナイツ」の手により二〇〇八年に誕生したのが読みもの『ほねほねザウルス』だ（最新二三巻までで累計二〇〇万部）。玩具自体には物語性はなく「ティラノサウルス」「トリケラトプス」といった種族ごとに展開してはいても、読みものに登場するキャラクターのように固有名詞を持つ存在も玩具にはいなかった。

読みものは、主人公であるベビー、トップス、ゴンちゃんが「ほねほねランド」の様々な場所に冒険の旅に出かけるというストーリーで「自分も冒険している気持ちになれる」「いろんな生きものが出てくるのがおもしろい」「初めて本を読み通せた」「本が好きになった」と評判だ。「子どもが恐竜好きになり、博物館通いが始まった」という親からの声もある。月に三〇〇～五

○○枚も来るハガキを見ると一年生が最多。玩具から入り本を読む方が多いが、近年では本からという子も増えている。
マンガのようにページをコマ割りし、吹き出しがあることもあれば、文章を読ませる部分もあるという独特のレイアウトだが、これにはマンガの原作や子ども向け情報誌の記事ページも手がけてきた大崎のノウハウが活かされている。また、作中に迷路やクイズが挿入されることも含め、『少年ケニヤ』や『沙漠の魔王』『冒険ダン吉』などマンガが隆盛する以前にポピュラーだった「絵物語」の手法も参考にしたという。

章ごとの幕間にキャラクターや冒険する場所について絵を交えた解説が挟まるが、これは初登場の要素についてフォローし、本を読み慣れていない子どもや読み聞かせする親の休憩場所にする目的がある。こうした「図解」「図鑑」的な見せ方も子どもが好きなもののひとつだ。

男の子が好きな「戦い」を描きながらも過度な暴力表現がないよう配慮された、安心して読める娯楽性が高い物語だが、背景にメッセージを込めることも常に考えている。

「かつて藤子不二雄先生たちが描いたような児童マンガが今は非常に少ない。でも今も子どもにはそういうものが必要です。『ほねほね』がそのポジションを担ってくれたら。これは作家も同じ気持ちです」（岩崎書店編集部次長・石川雄一）

『ほねほねザウルス』はかつて子どもの心を捉えた絵物語や児童マンガのエッセンスを現代風にリファインして蘇らせ、今の男児を夢中にさせる。

『かいけつゾロリ』はハリウッド脚本術と時事ネタで心をつかむ

質問54　「ゾロリ」ばかりを読んでほかの読物を読んでくれません。どうすればいいでしょうか？

（一般財団法人大阪国際児童文学振興財団編『子どもの本100問100答』創元社、二〇一三年、一二〇ページ）

　学校図書館は毎年各学年の年間貸出ベストテンを出していたが、４年目になり「こんなに頑張って働きかけても上位は『かいけつゾロリ』シリーズなのか」という嘆きが４年生の教師たちから出た。

（田揚江里「子どもたちに読書の力と探求の力を―狛江市立緑野小学校図書館の12年」、児童図書館研究会編『年報こどもの図書館２０１２〜２０１６：２０１７年版』日本図書館協会、二〇一八年、二七四ページ）

岩瀬　「好きな本を読んでいいよ」と言うと、多くの子はたとえば「かいけつゾロリ」のような読みやすい本を読みますからね。いわゆる名作と言われる本には、ほとんど手を伸ばしません。読みにくいですからね。

（岩瀬直樹×井庭崇「自ら学ぶ学級をつくる」、井庭崇編著『クリエイティブ・ラーニング』慶應義塾大学出版会、二〇一九年、三六〇ページ）

一九八七年から始まる原ゆたかの人気読みものシリーズ『かいけつゾロリ』は、子どもたちに圧倒的に支持され、三二〇〇万部以上を売り上げる一方で、大人たちから標的にされてきた。しかし、「なぜこんなにも『ゾロリ』が子どもたちに好まれているのか？」に関しては、ほとんどまともに論じられていない。数少ない例外として、新田安季子（神奈川県小学校司書）が書いた「かいけつゾロリ　ママとおならで子どもの心をギュ」（「子どもの文化」二〇一八年七＋八月号）と藤本英二『人気のひみつ、魅力のありか　21世紀こども文学論』所収の「『かいけつゾロリ』徹底分析」がある。新田のエッセイでは図書室に来る子どもたちに「どんなところがおもしろいの？」と聞き、「おならが出てくるところ。おならで飛んでっちゃうところ」が一番多く、次いで「いろいろなところへ行ける冒険できる」「がらくたで武器やいろいろな装置を作ってしまうところ」「あり得ないことがおこる」などと続くことを記している。子どもの率直な感想として興味深いが、これだけでは人気の理由は説明がつかない。藤本は「小学生にとっての情報性の高さ」「大衆的娯楽作品の文化的遺伝子」などを挙げ（たとえば『男はつらいよ』との共通点）、隠し絵などの徹底した「遊び心」を挙げており、個別の要素に関してはおおむね賛同するが、藤本の指摘には抜け落ちている点もある。本稿では批評としてのまとまりあるものとして以降を提示したい。

「本を読まない子」をとにかく「楽しませる」

そもそも『ゾロリ』はどんな子どもを対象にした本なのか？　原は「僕は本を読まない子しか対象にしていない」と言う[235]。本を読む子どもに「次は何を読ませようか」「『ゾロリ』ばかりでなく他のものをどう読ませよう」と考えるのでなく、本に興味のない子をどう惹きつければいいのか？　と考えている。『ゾロリ』の批判者たちとは「入り口」からして違うのだ。

『ゾロリ』が始まったのは一九八七年。つまり一九九七年の学校図書館法改正以前である。小学校の図書室には司書がおらず、鍵のかかった書庫状態だった学校が少なくない時期だ。また、朝の読書すら始まっていない（八八年にスタート）。学校で子どもたちが本に親しんでくれるよう様々な施策がなされている現在とは異なり、『ゾロリ』開始時点では学校にそうした機能は期待できない状況にあった。子どもたちの不読率は上がり、平均読書冊数は下がる傾向にあった時期である。一方でファミコン人気がすさまじく、『出版指標年報１９８７年版』には「ファミコンに読書が対抗できなかった」と書かれ、児童書もＴＶや映画の力を借りてヒットする事例が増えていった――そうでなければ新規のヒットは望みにくかった――時期でもある。

原は「本がテレビ、ビデオ、アニメ、テレビゲーム、漫画などと同じ土俵に乗れないかと思っている」と語る。(236)『かいけつゾロリ』の第一作が『ドラゴンたいじ』なのは、一九八六年に発売されたゲーム『ドラゴンクエスト』のブームを反映したものだろう。

題材選びだけでなく、原は、自分の作品が子どもたちにとってゲームやアニメ、マンガと並ぶ存在になるため「面白ければいい」「とにかくページをめくらせるという本の楽しさを体験させるしかない」という方向性を選んだ。世の中で「良い」と言われている本を押しつけられて本を読まなくなるより、面白いだけでも手に取って読んでもらえる方がずっといい、と。

大人の評価するいい絵本というのは、芸術的で渋くてシャレていたりして、僕も好きなんですが、それは大人のボクが好きなのであって、子どものときに本当に好きだったかな、と考えるんです。子どもは、とにかく原色でワーッと目に入ってくるものを受け止められるエネルギーがあります。僕の本は、ちょっと下品だとかよく言われるんですが、それは子どもの自分として、赤は赤と言える色で塗りたいからなんです。

(「子どもを面白がらせるコツ」『児童心理』一九九九年一二月号七〇ページ)

なぜ『ゾロリ』が子どもを惹きつけるのかを考えるヒントになる発言だ。原の思想は今言った時勢の影響もあっただろうが、もともとの嗜好でもある。「テーマ性は好きじゃない」「チャップリンよりバスター・キートンのほうが好き。とにかく岩に追いかけられてただ逃げ回るほうがおもしろい」「教育的なことやテーマを入れると評価は高くなるけど思い切り笑えなくなる」と言い[237]、子どものころは怪獣映画が好きだったし、『ゾロリ』で目指しているのはスピルバーグ監督の『インディ・ジョーンズ』だと語る[238]。怪獣映画と『インディ・ジョーンズ』の共通点は「ハラハラドキドキ」の連続で息つく暇もないところだ。「次のページをめくりたい！」「ふと気が付いたら、最後まで読んでいた！」という児童書を作りたい、と原は言う。

ではどのようにしてハラハラドキドキのお話を作るのか？　物語には「構成（構造）」と「要素」がある。「三幕構成」とか「起承転結」といった話の組み立て方が「構成」であり、「要素」とは「恋愛もの」「主人公が金持ちのイケメン」といったものだ。骨組みと肉付けと言ってもいい。『ゾロリ』はこの両方に気を払って作られている。

映画の脚本術を参考に綿密な構成を作り上げる

「ハラハラドキドキ」にするにはゾロリたちをピンチに追い込まなければならない。ゾロリたちに迫り来る危機と心理的な葛藤を効果的にするためには、物語の構成をきっちりしなければならない。作者が行き当たりばったりで登場人物たちを困難な状況に放り込んでも、何の話なのかわからなくなってしまう。連載ものなら困難に次ぐ困難を延々続けて読者を惹きつけることもできるが、『ゾロリ』は「一〇〇ページ前後で、絵と文字で一冊を作る」というフォーマットが決まっている。前後編になることも少なくないが、それでも尺は決まっている。その長さに収まるようにしつつ、最大限、読者をハラハラドキドキさせるピンチをひねり出さなければならない。だから一冊分のペース配分をどうするか、どこでどう盛り上げたらいいかという構成が重要になる。

おおよそ『ゾロリ』の四〇巻目以降くらいから、原は構成を固めるために、三つのツールを使っている。(239)

ひとつは「チャート」。これは大まかな物語の構想ができたあとで、頭の中に浮かんできた話を書き込んでいくものだ。シナリオ・アナリストの沼田やすひろの本（雑誌の中では具体的に著書名が言及されていないが、おそらく『「おもしろい」映画と「つまらない」映画の見分け方』か『超簡単!売れるストーリー&キャラクターの作り方』だと思われる）を参考に、三幕構成一三フェイズに落とし込んでいく。三幕構成一三フェイズとは何ぞや？　と思う方も多いだろう。

三幕構成という考え方自体は古くからあるが、ここでは、おおよそ九〇分から一二〇分程度と尺の決まった作品を制作する映画産業（特にアメリカ映画）において、脚本の時間配分を調整し、物語の密度を高め、観客の感情をより効果的・効率的に揺り動かすために確立されていったメソッドを指す。このような考えに基づく映画シナリオの教本としては、たとえばシド・フィールドの著作などが日本でもよく知られている。三幕とは第一幕が「設定（Set-up）」、第二幕が「対立（Confrontation）」、第三幕が「解決（Resolution）」とされることもあるが、原は一幕を「対立」、二幕を「葛藤」、三幕を「変化」としたシートを用いている。簡単に言えば、序盤で主人公が何ものかと「対立」し、中盤で「葛藤」が深まり、最後に「変化」を起こすように物語をつくる、ということだ。
一三フェイズは一幕を四つに、二幕を七つに、三幕を三つに分割し、それぞれのフェイズで何を描くべきかを整理したものである。

一幕　対立
0　背景　1　日常　2　事件　3　決意　フェイズポイント1
二幕　葛藤
成長葛藤（助けと成長）
4　苦境　5　助け　6　成長　工夫　7　転換　ターンポイント
破滅葛藤（試練）
8　試練　9　破滅　10　契機　フェイズポイント2
三幕　変化
11　対決　12　排除　13　満足

と整理したシートを原は使っている。それぞれのフェイズ、あるいは「フェイズポイント」「ターンポイント」がどういう意味なのかは沼田の本を当たってほしい。原はこうした構成に自分が考えたアイデアやシーンの断片を当てはめていき、ゾロリたちの感情の起伏もにらみながら、物語のかたちを整えていく。これが三つのツールのうちひとつめの「チャート」である。

ふたつめは「カード&ホルダー」。チャートで整理した内容を元に、見開き単位で無印良品で販売しているカードに絵と文字のラフを書き、ホルダーに入れていく。これによって実際に本のページをめくったときにどうかをシミュレーションし、読み進めやすいかなどを確認する。

このカード&ホルダー制作時にいっしょに使うのが、三つめのツール「映画批評表」である。これは参考にしている映画を分刻みでシーンごとに何が起きたかを細かく書き込み、原が分析したタイムシートだ。この表と自分で書いたカード&ホルダーを対照し、映画と比べて自作の物語のスピード感が遅くはないかなどを確認し、必要に応じてカードを入れ替えたり、新たにページを追加したりする。

たとえば『かいけつゾロリの大かいじゅう』(一九九二年作)では、怪獣が近づいてくる↓メカを踏み潰す。「げげっ!」ゾロリ大ショック↓「怪獣がお昼寝でもしてくれたら、まだお城を守る方法考えられるのになあ」「それだ‼」……といった具合に、『ゾロリ』では落ち込みと立ち直りがテンポよく交互にやってくる。全体の構成を意識するだけでなく、見開き単位で「落ち込む↓次のアイデアをひらめく」という感情のアップダウンが描かれる。見開き単位でのクリフハンガー(続きを期待させるような終わり方、「引き」)が意識されているのだ。『ゾロリ』では、マンガでよく用いられる「左ページでピンチに追い込み、次の右ページへとめくりたくさせる」という技法が駆使されている。

『ゾロリ』は筆の勢いで一気呵成に書いているとか、気の向くまま進めているシリーズではない。構成を強く意識し、読み手の気持ちを誘導するべく、綿密に毎巻組み立てているのだ。

子どもが好きな要素を詰め込む

ただし、いくら構成が優れていても、それは「読みながらの楽しさ」を提供するものだ。人は自分が観たい、読みたい作品を選ぶときに「構成が優れているから」選ぶわけではない。ストーリーを最後まで体験しなければ、構成が優れていたかどうかはわからないからだ。

では人はどうやって自分が読む／観る作品を選ぶのか？　本であればタイトルと表紙、帯、パラパラとめくってみたときの印象でほとんどが決まる。パッと見で「おもしろそう」と思わせることが重要だ。読む前に「おもしろそう」と思わせるためには、キャッチーな「要素」を入れなければならない。たとえば二〇〇八年作『かいけつゾロリ　カレーVS.ちょうのうりょく』などはその最たる例だ。タイトルだけで「子どもの好きなカレーと超能力が対決？　どういうこと？」と興味を惹く。無論、読む前にわかる要素以外に、読みながら読者が出会っていく要素も重要だ。自分に興味のないことばかりが描かれていたら、どんなに構成が優れていても読む気をなくす。子ども向けの本なのに小難しいこと、堅苦しいことばかりでは敬遠される。

『かいけつゾロリ』はどんな要素を入れているか？

ひとつは「時事ネタ」だ。たとえば一九九〇年作『かいけつゾロリの大きょうりゅう』では恐竜がモジャラドームという場所に行き着く。このころドーム球場は珍しいものだった（東京ドームは一九八八年に完成）。また、一九九二年作『かいけつゾロリのなぞのうちゅうじん』では、野宿していたゾロリたちが丘の下のサツマイモ畑でミステリーサークルに遭遇する。これも当時、雑誌やTV番組でさかんにミステリーサークルが取り上げられていたころの話である。九三年作『かいけつゾロリのきょうふのサッカー』ではゾロリがサッカーに夢中になり、イシシはミサンガを大量に付ける。加えてトイレの花子さんネタが登場する。Jリーグ開幕と「トイレの花子さん」ブームを取り込んだ内容になっている。原は、流行っているタレントや時事ネタを描き込むのは、子どもたちが後から読み返したときにこの年にはこれが流行っていたよねと盛り上がってくれたら嬉しいから、と語っている(240)。そのためには子どもたちのあいだで何が流行っているのかについて敏感にならなければならない。今の子どもが何を面白がっているのかを探って、早めにそういうものを手に入れておくと語っている(241)。具体的には生活をほとんど小学生と一緒にすることを意識し、ＤＳやＷｉｉで遊ぶし（当時）、おもちゃ屋に通うし、「コロコロコミック」を読んでいる、とのことだ(242)。感覚を限りなく子どもに近づける努力をしているから、自然と子どもが好きな要素を入れられるのだ。

原が『ゾロリ』に入れている要素の二つ目は、「（擬似）インタラクティブなしかけ」だ。『ゾロリ』では、ナレーションが読者の存在を前提にしたような言い回しをしたり、ゾロリが読者に向かって語りかけてきたりする。たとえば八八年作『かいけつゾロリのまほうつかいのでし』では「このままゾロリたちは、みなさんとおわかれなのでしょうか?」と地の文が入る[243]。九〇年作『かいけつゾロリのチョコレートじょう』ではゾロリが「おい、どくしゃのしょくん、チョコレートがとけるって、しってるなら、はやいとこ、おれさまにおしえろよ」と読者に呼びかける[244]。受け手に対して呼びかけ、アクションを求めるのは『しまじろう』の映画など、子ども向けの作品でしばしば見られる試みだ。これは能動的になってもらうことで退屈させず、「自分が関与して変化を起こした」という気持ちにさせるためだろう。TVゲームはなぜ人を惹きつけるか?自分の行動が画面の中に反映され、事物を動かせる快楽があるからだ。無論『ゾロリ』は実際にはインタラクティブなしかけがあるわけではなく、擬似的なものだ。ただ『ゾロリ』をゲームと同じ土俵に乗せるために、こうしたしかけを用意したのだろう。

原はほかにも、子どもが好きなものをこれでもかと『ゾロリ』に詰め込んでいる。「かいけつゾロリ　ママとおならで子どもの心をギュ」(「子どもの文化」二〇一八年七+八月号)で子どもたち自身が言う「おなら」「いろいろなところへの冒険」「がらくたで武器やいろいろな装置(メカ)を作ってしまうところ」に加え、図解(俯瞰図、解剖図、地図)、迷路、ママへの切実な想いなどが挙げられる。なかでも重要な要素として「時事ネタ」「(擬似)インタラクティブなしかけ」と並べたいのが「いたずら」だ。

ゾロリは、サンタから何年もクリスマスプレゼントをもらえていないので、サンタの家に忍び込んでプレゼントを作るマシーンを奪おうと試みたりする（九二年作『かいけつゾロリのきょうふのプレゼント』）。「いたずらの天才、あくのおうじゃ」をめざしている。

九四年作『かいけつゾロリつかまる‼』の本の見返し部分では、いたずらの天才・悪の王者かいけつゾロリの本で被害者が続出したとされ、「ゾロリの本ってなんかやくにたつの？」「わるものなのにこどもの本のしゅやくになってるなんてことがゆるされていいわけプンプン」「げひんなことばかりでてきて」「チョコレートなんかたべるときいやしんぼなたべかたするでしょ」などという批判が描かれる（これは実際に『ゾロリ』に対して寄せられた声を元にしていると思われる）。そして警察に捕まったゾロリは、子どものお手本になる立派な本を出してほしいと言われ、たとえば「しゅくだいはやめにやろうよね」「大べんきょう（さんすうへん）」「おてつだいだーいすき」「せいぎのみかたゾロリーマン」「ファミコンしないこすてきなこ」などというタイトルが挙げられ、「ウヘーッ、あんな本の主役にされちゃたまらんぜ」と思って牢屋から抜け出そうと画策する。(245) この話には、『ゾロリ』人気の理由が詰まっている。子どもがうんざり「宿題を早めに」「お手伝い大好き」といったことは言わず、読んでも役に立たず、悪者が主役を張り、下品な言葉が出てきて、欲望の赴くままチョコを食べる姿が描かれるから、『ゾロリ』はおもしろい（犯罪や悪癖を助長しないよう配慮はされている）。いたずら心に溢れ、ズルをするためにがんばるという本末転倒ぶりを発揮するから、おもしろい。品行方正な『せいぎのみかたゾロリーマン』ならヒットはしなかった。

好き放題遊びたいし、お菓子ばっかり食べたいし、怠け心だってある。「良い子であれ」「まじめに勉強する子であれ」という抑圧を日々感じている子どもは、物語の主人公に聖人君子など求めていない。これは今泉忠明監修『ざんねんないきもの事典』や大野正人『失敗図鑑 すごい人ほどダメだった！』が売れ、「コロコロ」の主人公に抜けたところの多い熱血バカが多いことに通じている。『ゾロリ』は「ざんねん」で「ダメ」なキャラクターだ。けれどもそんなキャラクターたちが、学校の教科書には出てこないような笑える姿を披露し、大人に「やっちゃだめ」と言われていることに欲望の赴くまま首を突っ込もうとする自由な姿が見たいのだ。

キヨノサチコ『ノンタン』に出てくるノンタンも、わがまま放題で、いたずら大好きな奔放な子だ。宗田理の『ぼくら』シリーズでは、子どもたちが悪い大人に対していたずらで対抗し、大人の欺瞞や身勝手さが標的にされる。『ゾロリ』は、『ノンタン』と『ぼくら』の間の年齢の子どもが好む本だが「大人に対する反発心」と「自分のやりたいこと、気持ちに忠実な姿」「おもしろいことを追求する姿勢」が共通し、それが「いたずら」のかたちを取る。

だからこそ『ゾロリ』を読んでいる子どもに「もっと『良い本』を読ませよう」という試みはうまくいかない。子どもは〝教育的〟な「良い」ものから離れるために、悪知恵を働かせてニヒヒと笑うゾロリやおならでなんでも解決してしまうイシシやノシシが出てくる『ゾロリ』を読んでいる。それなのに「芸術的で渋くてシャレて」いるものだとか「その後の文学へと続く良質な作品」「読みにくい名作」を読まされそうになったら、うんざりするからだ。

『ゾロリ』は「時事ネタ」「(擬似)インタラクティブなしかけ」「いたずら」などの子どもが好む要素を、三幕一三フェイズに配置し、見開き単位で感情のアップダウンを作りながら物語を構成している、考え抜かれたシリーズである。だから『ゾロリ』は子どもに愛される。

(235)「子どもを面白がらせるコツ」、「児童心理」一九九九年一二月号、金子書房、六六ページ
(236)同、六七ページ
(237)同、七一ページ
(238)永峰英太郎「「かいけつゾロリ」作者原ゆたか　僕は子どもの本の世界で認めてもらうしかないと思った」、「AERA with Kids」二〇〇八年秋号、朝日新聞出版、七九—八〇ページ
(239)「1カ月で3つのツールを駆使し子供に〝最高に楽しい時間〟を」、「日経ビジネスアソシエ」二〇一三年四月号、日経BP、四九—五〇ページ
(240)同、五〇ページ
(241)「児童心理」一九九九年一二月号、七〇ページ
(242)「AERA with Kids」二〇〇八年秋号、八〇ページ
(243)原ゆたか『かいけつゾロリのまほうつかいのでし』ポプラ社、一九八八年、二七ページ
(244)原ゆたか『かいけつゾロリのチョコレートじょう』ポプラ社、一九九〇年、八二ページ
(245)原ゆたか『かいけつゾロリつかまる‼』ポプラ社、一九九四年、一四—一五ページ

本嫌いの男子を惹きつける「毒」を含んだポプラ社らしい翻訳もの『グレッグのダメ日記』

勉強も運動も嫌いだがゲームは大好き、親や先生から言われたことをサボるためには知恵を絞って一生懸命になる少年グレッグの日記帳という体で書かれたジェフ・キニー『グレッグのダメ日記』は、全世界で累計二億四〇〇〇万部。日本では小学校中学年男子を中心に二〇〇〇年代後半から現在に至るまで支持され続けている。この年代の男子向け読みものも、子ども向けの翻訳ものも、なかなか売れないと言われるなか、例外的な作品のひとつだ。

『スポンジボブ』など、アニメの世界にはカラッとしたブラックユーモア、アメリカンジョークに満ちた作品があるが、児童書では『グレッグ』が画期的だったかもしれない」（ポプラ社児童書事業局副局長高林淳一）。たとえばグレッグの家族は「新年の決意」を決めたあと、ママは「今日からジムに行く」と言うがずっとテレビを観ており、パパは「ダイエットする」と決めてすぐ夕食後に隠れてチョコを食べ、弟は「おしゃぶりを吸わない」と言った一分後にゴミ箱から探し出し、兄は決意自体しない。家族みんなダメダメである。こんな風にきれいごとではなく〝ありそう〟な、煩悩と虚栄心に満ちた（傍目からは笑える）人間関係にグレッグは振り回されながら、自らさらに引っかき回していく。「グレッグはダメな子ではあるものの、失敗してもめげずに個性的なアイデアを出し、現実にやったら怒られるようなことを読者の代わりにやってくれます。そこが子どもに愛されているのかなと」（児童書事業局　児童編集第一部・林利紗）

『グレッグ』には毎巻、読者が自分で日記を書いて送れるようにハガキが挟み込まれているが『からっぽのランドセルを背負って学校に行った』なんて日記を嬉々として書いてきてくれます。男の子がファンレターを送るなんて他の本では滅多にない」（高林）。

実際に起きたら冗談としてはきつい出来事も描いているが、イヤな気持ちにさせない配慮がされている。それはシンプルさとインパクトを両立したデザイン性の高い絵柄のおかげであり、絵と文章をひとりで手がけるからこその「文章では書くが、あえて絵では見せない」といった加減のおかげである。

宣伝手法としては、子どもが好むＹｏｕＴｕｂｅｒの動画に六秒広告を出しているほか、毎年ボローニャで行われるワールドミーティングで各国の担当者から共有される販促の成功例などを参考に施策を展開。日本では二〇〇八年から刊行され、シリーズ累計一二〇万部と十分すぎるヒットに思えるが、「他国に比べると実はまだまだ」とのことで、今後もさまざまな企画が考えられているという。

ポプラ社のメガヒット作品といえば『ズッコケ三人組』『かいけつゾロリ』『おしりたんてい』と、ふだん本を読んでいない子どもまでもが熱狂する一方、刊行当初には一部の大人が眉をひそめたものが並ぶ。『グレッグ』も実にポプラ社らしいシリーズだ。

低中学年向け四六判並製本が児童書で普及するきっかけとなった『マジック・ツリーハウス』

ジャックとアニーがツリーハウスで出会った司書モーガンの導きで世界各地のさまざまな時代へと旅立ち、歴史的な場所・事件・人物に遭遇しながら、依頼されたものを手に入れて帰ってくる。メアリー・ポープ・オズボーン『マジック・ツリーハウス』（KADOKAWA）は全世界一・五億部、日本では五五〇〇万部超の人気シリーズだ。当時、リクルートから子会社のメディアファクトリーに出向していた担当編集者の豊田たみが小一の息子から「朝読で読む本がない」と言われたことがきっかけで、低中学年向けに、パンパンのランドセルにも入るコンパクトな四六判並製で二〇〇二年に刊行を開始（原著は一九九二年から。メディアファクトリーは二〇一一年に角川グループホールディングスに買収され、二〇一三年にKADOKAWAが吸収合併。『マジック・ツリーハウス』は豊田はじめ主要スタッフはほぼそのままにKADOKAWAで刊行を継続中）。

四六判ソフトカバーの児童書は当時、類書がなかった。そのころ学校図書の選定基準は「上製本であること」と定められていたからだ（のちにその一文は削除）。書店からは「このサイズの本を入れる棚がない」。松居直が始めた当初の創作絵本を思わせる（三三二頁参照）厳しいスタートだったが必死の書店営業により、三巻目から徐々に売上が上向き、五巻目から売上が急増。その後『デルトラ・クエスト』が同様の四六判並製でヒットし、同時期に講談社青い鳥文庫も伸長したため、児童書棚には四六判や新書サイズの並製本がずらりと並ぶようになった。

　マンガのようなポップなイラストゆえに同シリーズに当初懐疑的な教師や司書もいないではなかったが、子どもが楽しんで読むうち歴史や地理の知識が身につく学習的な要素に徐々に気づき、総合学習や研究授業の教材に採り入れる学校も現れた。「プレジデントFamily」二〇一九年一〇月号で発表された「東大生が小学生時代に読んでいた本」ランキングでは『ハリー・ポッター』に次ぐ二位。成績向上だけでなく、人命に関わる知識ももたらしている。東日本大震災のあと著者が東北の学校を回ると、子どもたちから「潮が引いたらすぐ高台に逃げなきゃ！『マジック・ツリーハウス』のハワイの話（第14巻『ハワイ、伝説の大津波』）に書いてあったよ！」とまわりの大人に伝えた、と言われたという。著者は被災地の子どもたちからの「サッカー選手出して！」といった無数のリクエストに触発され、ペレが登場する第三八巻『サッカーの神様』などを執筆。声に応えた。実は日本版は著者と相談の上、日本の子どもになじみの薄い歴史的事実の補足説明やエピソードの加筆がなされ、解説ページが設けられている。アイルランドの口承文芸を専門とする著者は、語り部が相手に合わせて言葉を補い、「より面白く」ローカライズすることは歓迎なのだという。シリーズが続けば、欧米圏のように日本でも親子二世代で愛される作品になっていくだろう。

『ふしぎ駄菓子屋　銭天堂』――セオリー破りの設定と毒、自分で考えたくなる駄菓子

二〇一八年の「小学生がえらぶ！〝子どもの本〟総選挙」で第九位となり、朝の読書でも人気の高いのが廣嶋玲子『ふしぎ駄菓子屋　銭天堂』（偕成社）シリーズだ。読者のなかには「それまで本を読まなかったけれど読み切れて好きになった」という子どもも少なくない。

『銭天堂』はこんな物語だ。着物姿の年齢不詳の女主人・紅子が営む駄菓子屋には「人の気持ちを知りたい」「成り代わりたい」「速く走りたい」といった様々な悩みをもつ人が迷い込む。客は自分の虫歯を誰かに移すことのできる「虫歯あられ」や、食欲をコントロールできるようになる「コントロールケーキ」といった不思議なお菓子を硬貨一枚と引換えに買っていくが、使用法を守らなければ、恐るべき副作用に苦しむことにもなる。

子どもばかりが主役を張るのではなく、巨体のおばちゃん・紅子の元へ老若男女――子どもだけでなくおじいさんもいればサラリーマンもいる――がやってくる連作短編集スタイルは、児童向け読みものとしては異色だろう。では、どこが読者にとくに好まれているのか。まずカバーイラストからして伝わってくる紅子の強烈な存在感と、登場キャラクターたちのインパクトだ。そして「お客がこの後、幸せになるのか不幸になるのか、読者に予想がつきにくい。必ずしも善人

がハッピーエンドで終わるわけではない」（偕成社編集部・早坂寛）という、ストーリーの意外性だ。きれいに落ちる良い話や、ハラハラドキドキさせるが最後は元通りに戻れる話もあるが、紅子のライバル・よどみが絡む話などでは、登場人物がひどい目に遭い、なかなかどぎついバッドエンドになることもある。

主な読者層は小学校中学年〜高学年の男女だが、作者の廣嶋は、「ちょっと大人っぽすぎるかなと思った恋バナや、悪い主人公が容赦なく罰を受けるようなエピソードが人気ですね」と話す。さらに、「登場人物が手厳しい報いを受けるときには、担当の早坂さんから『子ども向けなので、これはちょっと』と言われ、直すことがよくあります（笑）」。そのくらい手加減は控えめだ。それまでまったく本を読まなかった子が、本書で初めて完読したという声が多数届くほど読みやすく書かれてはいる。けれども物語は予定調和でなく、時には毒もある。それがかえって、子どもの好奇心や怖いもの見たさを刺激するのだろう。

このシリーズでは、カバーに描かれた紅子の姿を覆い隠すほどの高さの帯が巻かれている。これは書店店頭で「めくってみたい」という気持ちを喚起するためだ。そして不可思議な駄菓子の数々を見ると、自分でも考えてみたくなる。一一巻の発売時に、読者からオリジナル駄菓子のアイデアを募って作者が優秀作を選出し、ストーリーをウェブに登場させるというキャンペーンを行ったところ、一六〇〇通以上が集まった。ほかにも、著者がオリジナル駄菓子を考えるワークショップを行うといつも盛況であり、また、著者がいないところでも、総合的学習の時間を使って子どもたちがオリジナル駄菓子を考えた学校もあるという。絵が得意な子は絵にこだわり、効能を細かく書く子もいれば、食感を細かく子もいる。ためしに考案しやすく、お互いに発表しあうとそれぞれの個性が活きているところに気づけて楽しいのだろう。

また、自分オリジナルで考える以外にも、作中ではメインストーリー以外でもふしぎ駄菓子が名前だけ出てくることなどがあり、読んでいて「これが出てくるのはどんなお話なんだろう」「効果はどんなのだろう」と考えられる楽しみもある。

作者にとって、幼少期に通った駄菓子屋は、様々なお菓子がひしめき合い、奥の座敷からおばばがじろりと視線を放つ、別世界のような場所だったという。今の子どもたちにはなじみが薄いだろうが、逆に言えば駄菓子屋は「非日常の場」である。小銭で買えるお菓子を売っているという親近感と、別世界感が共存する絶妙な空間であり、読者が想像力を膨らませるのに格好の場所だ。

シリーズは一三巻までで一一五万部。二〇一九年一〇月発売の第一二巻から第二シーズンが始まり、紅子の新たなライバルが登場した。学校の教師からは低学年に読み聞かせをするためのものがほしい、という要望もあるという。まだまだふしぎ駄菓子屋の世界は広がっていく。

レトロとポエムとおまじない――カジュアルな恋愛読みものロングセラー『一期一会』

学研プラス刊行の小学生女子向け小説シリーズ『一期一会』は二〇〇七年から二〇一四年まで刊行され、全三〇巻で累計三五一万部（二〇二〇年六月現在）。「学校読書調査」を見ると最新二〇一九年まで長年にわたって小五、小六女子の「読んだ本」ランキング上位に複数タイトルが食い込んでいる。同様に「朝の読書」で読まれた本ランキングでも二〇一七年の小学生部門で七位、二〇一八年で一八位とシリーズ終了後にも続く人気が確認できる。

この作品が異例な点はふたつある。ひとつめは文具メーカーのマインドウェイブが展開する同名の「文具から生まれた小説」であること。ふたつめは二〇一四年以来、新刊が出ていないにもかかわらずいまだ読まれ続けていることだ。

ストーリーのない文具から、ストーリーのある読みものが生まれた経緯

マインドウェイブが二〇〇四年からメモ帳や便せん、ペンケースなどで展開している文具シリーズ「一期一会」はまず中高生を中心にヒットし、流行が進むにつれて小学生にも下りてきた。そのタイミングで小説版『一期一会』はスタートしている。

マインドウェイブと学研は『一期一会』以前から他のキャラクターものでも絵本を作るなどの付き合いがあった。それが『一期一会』小説版が生まれたきっかけだ。

と言っても、文具の時点で細かなキャラクター設定やストーリーがあったわけではない。小説の元になる材料は、文具に描かれた女の子たちのイラストやポエムだけだった。「ポエム」というのは、たとえばこういうものだ。

どうしてだろう。みんなといた時はいっぱい話してたのに2人になると急にコトバがでなくなっちゃうんだ。

二人同じ場所でうまれたこと。二人同じ気持ちになれたこと。二人同じ道を歩けること。それが二人の幸せ。

こういった言葉と、女子の友だち同士や男女の恋人同士のイラスト——その数少ない素材から、編集部は物語を想像して作っていった。

物語内容、文章と挿絵の演出、合間に入るコラムのすべてにこだわる

『一期一会』以前は小学生の女の子向けの恋のお話は、実際の女子にとっては身近に感じにくいものが比較的多かったという（一九九〇年代初頭には講談社X文庫が小学生女子も獲得していたが、少女小説ブーム終焉後は衰退していたのだろう）。しかし企画を立ち上げた担当編集者が中学生の頃、集英社コバルト文庫を読んでいた世代だったこともあり、「小学生向けでもカジュアルで本音に近い感覚を採り入れられないか？」という切り口で『一期一会』の小説版を作ろう、と決める。

マインドウェイブの文具の段階から「恋」と「友」が二大テーマだったため、小説の内容もこれを踏襲。ただ小説で断然人気なのは「恋」の方だ。

執筆を担当したのは学研の編集者や、同社と仕事をしている編集者やライターだ。一話一話が短い作品を集めて編んだオムニバス形式になっており、分担して書いたものをさらにリライト・合作していった。

児童書では「文章が続いて、ときどき挿絵がある」くらいのものが普通で、文字をただ追っていく感覚に近いものが多い。しかし『一期一会』では見開きごとに次のシーンが気になるようなところで文章が終わり、読者の気持ちの流れに合わせてページをめくったら聞きたいと思っていたセリフが出てくる、見たかった絵が出てくる――といった見せ方にこだわった。原ゆたかやあんびるやすこなどが実践してきた、絵と文章の組み合わせ、レイアウトにこだわってきた日本の「読みもの」ジャンルの成功例によく見られる特徴を『一期一会』も備えていた。

『一期一会』シリーズの本文には、ページをまたいで続く文章がない。そしてたとえば、左ペー

ジの最後の文章が、

なんだよ、びっくりさせる作戦かよと、ニヤけながら顔をあげると……。

で終わり、ページをめくると

ケーキをかかえてたのはユリカ。きのう、転校してきたばかりのおじょうさまだ。

と始まる。[246] こうした手の込んだ演出がされている。

『一期一会』は小説と挿絵のページだけで構成された本ではない。他にも読んでいて飽きさせない要素がちりばめられている。たとえば作中に出てきた「四つ葉のクローバーの言い伝え」などに関するジンクスや、やはり作中に登場する雑誌「ピピオレンジ」で人気のネイルの塗り方の紹介、キャラクターがおうちデートの際に作ったからあげの作り方などのハウツーが挿入される。

これは本をパラパラめくったときに文章と挿絵だけだと『読む気になれない』という子たちにも「興味がある情報が載ってるよ」と伝えるための演出だ。ストーリーの中で『テレビをつけたらやっていた占い』『雑誌に載っていたおまじない』などの形式を採ることで、読者はフィクションの中に出てきたおまじないなどを実際に試せる。すると物語と自分との接点ができて親近感が湧く。結果、読者の感想に出てくるのはストーリーのことよりそういった記事ページについての方が多いくらいだという。

カジュアルな恋の話という題材、ページの「めくり」や挿絵の配置にこだわった編集、自分でやってみたくなる占いなどの実用情報などが相まって「今まで自分から進んで本を読んだことがなかったけど、初めて最後まで読めた」という声がたくさん寄せられた。本ぎらいの子さえも惹きつける工夫の数々を施したことが、ヒットの理由だろう。文具のブームの後半期に小説の刊行が始まったこともあり、元の文具を知らずに友だちに教えてもらって読んだ子も少なくない。

なぜロングセラーになったのか?

三〇巻を刊行し、小学生が読む作品としては十分な量に達したと判断して、二〇一四年にシリーズを終了。全盛期と比べれば動きは落ちたものの、今も売れ続けている。また、学校図書館や公立図書館に全国各地の子どもたちが熱心にリクエストしたため、あっという間に充実。そのため、シリーズ終了以降は図書館で借りて読まれることも大きい。

小学校高学年以上では人気の本の移り変わりが激しいが、長く愛され続けているのはなぜか?多くの書籍は、ひとりの著者とひとりの編集者で作ることが多い。それに対して『一期一会』は世代も趣味も性格もバラバラのひとたちが「チーム」として集まり、それぞれが「良い」と思うものをミックスさせて制作した。だからいろいろなタイプの子たちにフィットした。さらに、子どもが親に話したときに「あ、それ流行ってたよね」と大人が懐かしく思える要素も入れていたため、大人とも話せるものになった。

また、もともと『一期一会』は文具の時点からポエムの文字のつたなさや良い意味での田舎っぽさなど、レトロでノスタルジックな印象を与えるものだった。いつ見ても「少し前のもの」に感じるもの、言いかえると少しだけ別世界、別時代のお話であり、しかし当の子どもにとっては初めて出会うときめき（恋占い、おまじない等々）が詰まっているがゆえに、タイムレスな作品になりえたのかもしれない。

小学生女子の「茶髪」への憧れ？

ところで、イラストで描かれる女の子たちは髪の毛の色が明るく、茶髪が多い。

近年では女子中高生は黒髪の方が主流だが、当然ながら小学生の間では『一期一会』の小説が始まった二〇〇〇年代後半でも茶髪が流行っていたわけではない。実は文具では黒髪の女の子もいたが、明るい髪色の子の方が圧倒的に人気だったために、小説版ではあえて数を増やしている。『一期一会』編集部の編集長・北川美映は「『一期一会』の読者のお母さんは二〇代前半で子どもを産んだ方が比較的多かったようで、母子でいっしょに映ったプリ（プリントシール）を編集者が見せてもらうと、お母さんは若くてストレートロングの茶髪なこともあり、憧れだったのではないか」と語る。小学生女子が見るポイントは髪なら色以外にも、ツヤや流れも大事であり、目の色、大きさ、まつげも気にするという。

読者には親の影響か「早く好きな人と結婚したい」と思っている子どもが多いことから、シリーズを終了したときに「かつての読者の子どもたちが本を読む世代になったころにリバイバルができれば」と考え、データを整理して保存しているという。初期の読者はすでに二〇代前半となり、結婚・出産が始まっている。早ければ二〇三〇年頃には再び『一期一会』ブームが来るかもしれない。

(246) チーム151E☆、マインドウェイブ『一期一会 ありがとうフィナーレ。』学研、二〇一四年、六五―六六ページ

日本の女児は完璧美人より三番手が好き――『王女さまのお手紙つき』

学研プラスから刊行されている翻訳児童書『王女さまのお手紙つき』シリーズは二〇一五年に刊行をスタートし、プリンセス好きの小学三〜五年生女子から圧倒的な支持を得て、一四巻までで四〇万部（二〇二〇年六月現在）に達した。もともとはイギリスで刊行されたもので、外見から性格まで多種多様なタイプの王女さまが登場し、助け合って自分たちで困難を打破していく物語だが、日本と欧米圏では好まれる王女さま像が大きく異なる。欧米圏では子どもたちは自分に近い姿の王女に憧れる。赤い髪の子なら赤い髪のプリンセス、瞳が緑色の子ならそういうプリンセスが好きなことがほとんどだ。ところが日本では、自分に外見が似ているプリンセスは人気がない。しかも、やや気弱そう、または知的なタイプのプリンセス、言いかえると三番手タイプの子に人気が集中し、アイドルでいえばセンターにいるような明るく華やかな女の子は人気を集めにくいという。

海外では「自立した女性像」で人気に

原書のThe Rescue Princessesはイギリスでは「五歳から」とレイティングされ、大人が読み聞かせをしたり、小学校入学前後の子どもが自分で読む本とされている。ところが英語から日本語に翻訳すると文字の分量が約一・五倍になることもあり、未就学児から低学年向けの本としては分厚くなりすぎる。そのためしばしば行われているように、本書も「欧米圏では低学年向けの本を日本では小学三～五年生向けに作り直す」ことをしている。ちなみに欧米圏で小学三～五年生向けとされているものとなると分厚く、内容的にも難しく、性や大人の諸事情についての描写も（日本の感覚で言えば）遠慮がないこともあるため、日本で出すにはハードルが高いことが多い。

本作は、大手出版社勤務を経て独立した夫婦が中心となって設立されたNosy Crowという新興出版社から刊行されている。学研の編集者、北川美映はボローニャ・ブックフェアで、見やすさや入りやすさを重視した（保守的で時に閉鎖的に見えがちなイギリスの出版社らしくない）Nosy Crowのブースデザインや、そこに並んだ本がかもしだすオーラのようなものに興味を持ち、コンタクトを取った。

「読みものに関しては、イギリスはどこか『リーダーの国』のような印象があり、各国がこぞってイギリス出版社の作品を翻訳出版します。反面、イギリスは他国の本の翻訳出版をあまり積極的にはしないといった保守性も感じます。一般の原稿の持ち込みを受け付けない出版社も多いなか、この作品はデビュー前の作家の持ち込み発。作家のこどもを観察する目が物語のすみずみまでいかされ、さらに『王女さまが一二人登場』というインパクトのあるシリーズもの。背表紙のデザインなども、棚に並べたときに目にとまりやすいよう工夫されていて、店頭での見映えや買う側の気持ちがよく考えられている作品だな、と思ったんです」（北川）

『王女さまのお手紙つき』の著者ポーラ・ハリソンは、教師をしながら作家を目指していたが、本作でデビュー。強く、賢く、男性に頼らず自立している王女たちが活躍する点が女の子たちとその母親に支持され、欧米ですぐにミリオンセラーに。

「プリキュアやセーラームーンのように『戦士』というわけではなく、ふだんは王室メンバーとして親の公務に同行するような王女さまなんだけれど、行った先で好奇心旺盛に冒険に出かけたり、正義感をもって行動するところが人気です。ポーラさんはこの年ごろの子が興味を抱くような、子ども同士の内緒の行動や、大人の持つ弱い部分を描くのがうまい。それから動物の赤ちゃんが登場する点、どの巻からでも読み始められる点も人気の理由になっています。女の子だけでなく母親にも人気なのは、医者、獣医、ヘリのパイロットなど作中で活躍する人物も多くが女性であること、各巻とも親が子どもに伝えたいと思うような、人として大切にしたいことがわかりやすくテーマになっており、王女さまが友情を大事にしていることが理由ではないかと思います」

欧米出版社の児童書は、まず本の見本を作り、各国と翻訳出版の契約や製作を開始し、すべての国の部数をまとめてから一気に印刷することも多い。内容が固まってから発売までに時間をかける作り方や、ある程度の巻数をまとめて契約するやり方の影響か、デザインや内容が無難になりやすく、シリーズの最初の一、二巻目は力を入れるものの、巻を重ねるごとにトーンダウンしていくケースもある。北川は一二人の王女全員の巻ができあがるのを待って慎重に判断した。

その間に、日本で出版する場合にローカライズしたい点をリストアップしておき、その条件を呑んでくれたら契約したい、と持ちかけた。Nosy Crow は国・地域に合わせたアレンジを柔軟に受け入れる姿勢だったため、独自要素を多数含む日本版刊行が実現した。

日本の女の子向けの「ローカライズ」

では、日本市場に合わせてどのようなローカライズが行われたのか。

まずはタイトルだ。原書は The Rescue Princesses、日本では『王女さまのお手紙つき』で、だいぶ印象が異なる。「日本のプリンセス好きな女の子は海外のなかでもとくにヨーロッパに対する憧れが強いように思い、ロマンチックなプリンセスラインのドレス、お城、王女さま同士の集まりという点を、タイトルでも中身でもフィーチャーしようと決めました。『レスキュー』という言葉を使うとレスキュー隊の男性を想起しがちだと思ったので、作中の一二人の王女さまの集まりのネーミングも〝The Rescue Princesses〟から『ティアラ会』に変更しています」

また、イラストも日本版のオリジナルとし、日本人イラストレーターを起用して描き下ろした（これは翻訳児童書ではよくある）。原書では王女たちは一〇歳だが、女児は年上の女の子に憧れる傾向が強いため、一二歳前後をイメージしたイラストにした。

原書は販売価格を六ポンド弱に抑えるためにペーパーバックで刊行されているが、日本ではハードカバーでロイヤル風のテキスタイルを施し、本を開くとレースのハンカチを広げたような雰囲気を演出。原書にはないカラーページ、各王女の紹介ページ、手紙（後述）などを付け加えた。

さらに、日本の読者からは「王子さまとの恋のお話が読みたい」というリクエストがあったため、独自に王女と王子ふたりのカバーにし、原書にほのかにあった恋心や恋のエピソードを思いきりフィーチャーする、といった試みもしている。「シリーズのほぼ全巻に王女さまたちの『お着替え』タイムがあります。原書に『○○姫はこんなドレス！』という紹介のくだりがあって、まるで日本の女児向けアニメの『変身シーン』のようだと感じました。そこで日本版ではドレスの特徴をキャプション付きで紹介するページも作りました」

「リア充」「モデル系」は不人気？

イギリスでは、人種その他のダイバーシティを採り入れた表現にしないと児童書といえども批判対象となることもあって、本シリーズにはさまざまなタイプの王女が登場する。

だが日本の女児には「王女と言えば色白」といった願望があり、黒髪女子はあまり人気がない。一二人の王女の中では金髪碧眼のクララベル姫、フレイア姫が人気だ。欧米ではどのプリンセスが突出して人気ということはないが、日本では圧倒的にクララベル姫が支持されている。日本では全体に、はかなげでか弱いタイプ、憂いがあって自信のなさそうなタイプ、少し大人びたタイプ、知的タイプの人気が高い。逆に元気で積極的なタイプ、明るく華やかなタイプ、なんでも器用にこなせるリア充タイプ、凛としたモデル系の美人、幼い感じの甘えん坊タイプは人気がない。「クラベル姫が尻餅をついてしまったとき、明るく華やかでなんでも器用にこなせるタイプのユリア姫が駆け寄って声をかけるシーンがあるのですが、読者からは大不評でした。ドジをした友だちに駆け寄ることによって周囲に『思いやりのある自分』をアピールしている嫌な女、放っておいてくれれば注目されなかったのに騒いで目立たせるなんて、と。ユリア姫の振る舞いは大人からすると打算のない思いやりに感じますが、昔とは人間関係の受け止め方が違うようです」

Nosy Crow の編集者が以前、「イギリスの子どもは、自分に近い王女さまを好きになることが多い」といって、赤いカーリーヘアの女の子がうれしそうに赤いカーリーヘアの王女さまの巻を持っている写真を北川に見せてくれたという。その様子から北川は、イギリスでは「自分に似ている主人公が好きに決まっているじゃない！」という前提があるのではないかと感じた。

対して、日本の読者からの手紙や編集ハガキの集計データ、聞き取り調査などからは「日本の子どもは自分に自信がないのか、自分とはちがった姿の王女さまに憧れる」「弱さや悩みを持った主人公を好むのは、自分の弱さや悩みを投影して共感したり、上の立場から応援してあげるような、心の余裕を持てるから。逆に、外見も性格も地位もパーフェクトな主人公だと、自分と比較して劣等感やあせり、嫉妬に結びつきやすいのかもしれない」といった分析が導けるという。

ローカライズに際して、当初の読みが外れた部分もあった。原書のイラストでは王女たちはふわっと膨らんだフリフリのドレスを着ておらず、現代のイギリス王室のようにスリムでシンプルなドレス姿で、読者も冒険ものを好んで読むような子どもたちだ。そもそも欧米ではフリフリしたドレスは幼稚と受け取られることもあり、五、六歳向けでも大人っぽくてエレガントな方が好まれるようだ。しかし、日本の子どもはボリュームのあるプリンセスラインのドレスが好き——かと思いきや、意外にも細身のマーメイドラインが好評だったうえ、ピンクや黄色のような暖色よりもラベンダーやブルーのような寒色の方が好まれたという。つまり、日本の女児も「ブリブリ、フリフリは幼稚」と考えているようだ。

「アンケートで『ドレスを何着くらい着たことがありますか?』と訊くと『一〇枚くらい』という子が多いんです。七五三やハロウィン、園の行事などで小さい頃から定番の膨らんだドレスは着てきたこともあって小学三~五年生の今ではそれが子どもっぽく見え、スリムラインやオフショルダー(肩見せ)、ヘソ出しなどに憧れるのかもしれません」

元気な女の子や甘えん坊タイプの王女の人気が低いのも「子どもっぽく見える」からかもしれない。王女は多少大人びている憧れの存在であってほしいが、芯があって強そうだと、距離の遠い存在に感じてしまう——日本の女児の願望は、その微妙なところにあるのではないか。

もともとなかった「お手紙」の要素が加わった理由

邦題には、原題に含まれていない「手紙」という要素が入っているが、日本版では各巻の最後のページに封筒が付いており、中には登場した王女たちからの寄せ書き便せんやおまけのカードなどが入っている。また、本文ページの間には、王女に返事が書ける特製はがきもはさまっている（編集部宛に送ることができる）。この発想は、日本版で企画・構成を担当する「チーム15 1E☆」が本作以前に手がけた『一期一会』に遡る。『一期一会』シリーズのラスト二冊に編集部宛に送れる手紙を付けたところ、切手を貼って出す必要があるにもかかわらず、たくさんの返信が届いた。ここで北川は手紙に目を付けた。

なんのガイドもなく物語を読むと、心に残った点を消化しきれず、また、何日もかけて読むと最初のほうのストーリーを覚えていないという子も少なくない。そこで『王女さまのお手紙つき』では、本の冒頭にプロローグ的なポエムを入れてその巻のテーマをほのめかし、お話が終わったあとも同様にポエムを入れて締めるなど、要所要所で「何の話なのか」を示し、読者が読みながらストーリーやテーマを見失わないように配慮した。さらに読者に「読んだあと考えてほしいこと」を王女からの手紙のなかに記し、質問を投げかけた。読者が王女にあてて手紙を書きながら物語を反芻し、自分なりに感じたことを言葉に表してみることを狙い、子どもが本を読んで理解を深める、咀嚼する手段として手紙というギミックを用意したのだ。これについては、Nosy Crow からも「イギリスではプライバシーポリシーが厳しいため、読者アンケートを実施したり、感想を手紙で送ってもらったりすること自体が難しい。でも女の子はお手紙ごっこが好きだから、こんな仕掛けがあったらどんなにときめくでしょうね」と好意的な反応があった。

日本のプリンセス好き女子は気候変動に関心があるか

日本版は一一人目の王女が登場する巻まで刊行が進み、残るはあと一巻となった。最終一二巻が好評となり、著者がシリーズ全一二巻の完結後に書き下ろした続編三巻も出してほしいという声が多ければ、そちらも刊行したいという。これまで見てきたように、プリンセス要素に関しては強調する一方で、日本版では削った要素もある。前述の通り、本作には動物の赤ちゃんが登場するが、この背景には環境問題、野生動物保護などのテーマがある。海外ではその点も人気があり、続編三巻で扱われている内容はまさに環境系の話だった。しかし日本版では、社会派のテーマを打ち出すことは控えめにしてきた。キラキラした王女さまの世界を知りたい、浸りたいと思っている女の子にとっては「テーマが広がりすぎて吸収しきれないのでは」との判断からだ。もっとも、環境テーマを掘り下げた児童向け読みものでは、たとえば同じく学研プラスから刊行されている『動物と話せる少女リリアーネ』は日本でもシリーズ累計二〇〇万部と人気だから、日本の読みもの市場で環境問題を扱った作品に需要がないとは言えない。しかし本シリーズ刊行後のデータを見ると、日本の女子には根強いプリンセス需要がある一方、類書があまりないこともあってか、併読率の高い本には同じ『王女さまのお手紙つき』シリーズの別の巻が並び、『リリアーネ』の読者層とは明らかに異なっている。ただ『王女さまのお手紙つき』の読者にはこれまで本をあまり読んでこなかった子も多い一方、『リリアーネ』読者は本をある程度読みなれている読者が多いという違いもある。本に慣れれば、プリンセス好き女子も複雑なテーマや要素を受けとめられるようになっていくのかもしれない。はたして「プリンセス好きの女の子」に、環境問題にフォーカスしたストーリーは受け入れられるのか？　受容のされ方に注目したい。

グレタ・トゥンベリの警鐘とシンクロする『動物と話せる少女リリアーネ』

タニヤ・シュテーブナー『動物と話せる少女リリアーネ』（学研プラス刊）は二〇一〇年から日本で刊行され、シリーズ累計二〇〇万部超。

二〇〇〇年代には『ハリー・ポッター』に始まる海外ファンタジーブームがあり、その流れで版元が海外読みものに手を出しやすい土壌があった。ところが、英語で書かれたベストセラーなら手を出せる出版社は多いものの、ドイツ語で書かれたものとなるとぐっと数が減る。絵本はドイツものは比較的あるものの、読みものでは『大どろぼうホッツェンプロッツ』で知られるプロイスラーの作品を除けばそれほどない。当然ながら担当編集者も原著を読めなければならないが、学研にはドイツ語のできる編集者がいたことが版権獲得のきっかけとなった。

近年では海外で出されるものは子ども向けでも「分厚ければ分厚いほどいい」と言われているが、日本では「薄ければ薄いほどいい」と言われるなど、トレンドが乖離している部分が大きく、二〇〇〇年代と比べると、二〇一〇年代には欧米の市場と日本市場とでマッチしている（つまり、日本で売れる翻訳ものの）作品はたくさんあるとは言えない。

そうした中で成功を収めているのが『動物と話せる少女リリアーネ』だ。

かわいらしく、読みやすく

このシリーズでまず目に付くのは、イラストレーター・駒形によるカバーイラストだろう。このように人物をかわいらしく描けるだけでなく、動物を骨格から描ける画力があり、かつ、なじみやすく表現できる描き手は稀有である。『リリアーネ』は人気作だけあって欧米圏や東南アジア圏など各国で翻訳されているが、原書と異なるオリジナルイラストで刊行しているのは日本版だけだ。初代担当者によると、原著のイラストレーターはドイツでは大変人気があるため、オリジナルのままでいきたいと言われたが、日本の女の子はもっとかわいらしいものの方が好みだろうと判断し、ローカライズした。初代担当者が五名のイラストレーター候補者を立て、知人の司書経由で小学校で児童に対してシール投票を募り、もっとも得票数が多かった駒形に打診した。

ローカライズのポイントは他にもある。書店で平積みになったときにパッと目に付くように「きらびき」というキラキラした紙をカバーに使い、原書よりも日本版ではイラストを大幅に増やし、本文では動物が話しているところが視覚的にわかるように書体を変えるなど、読者が入りやすいよう工夫を随所に施した。また、ドイツ語では人間も動物たちも一人称はみなichだが、中村智子による翻訳では「おいら」「わたくし」などと訳し分け、誰が話しているのか読者が混乱しないようにといった配慮もしている。

少女マンガのような絵柄ではあるものの、主人公リリアーネと、彼女とともに行動する天才少年イザヤの恋愛は（現時点では）描かれていない。高学年の読者からは「リリとイザヤはどうなっちゃうの?」という声はあるというが、書かれていない——これは中学年向けの作品では珍しくない。性差は関係なく「リリとイザヤは友だち」という設定だ。このことは保護者や司書が安心して子どもに推薦できる理由のひとつになっているようだ。

実は意識が高く、社会派

ただ、ライオンとトラの種族を超えた愛や、ペンギンのオスの同性愛は描かれる。リリの父親は主夫としてバリバリのキャリアウーマンである妻やリリを支え、祖母は機械や工作に強い。『リリアーネ』はこのように反レイシズムやLGBTQ、ジェンダー平等に対する意識が高く、多様なかたちでの愛や家族のありかた、価値観を描き、「自分自身にとってよい生き方、幸せな生き方とは?」ということを伝えてくれる。のみならず、多様な家族が存在するがゆえの悩み、苦しみも描く。リリのママは、夢がかなって政治番組の司会者になる。母親が「最高の番組にするためなら、なんでもやる」と言ったのを聞いたリリアーネは、「ママは今よりもずっと家にいなくなるのか」と思い、悲しくなる。そんなリリが「親がいるのってすごくつらいことね」と漏らすと、イザヤは「いないのはもっとつらいよ」と言う。ほかにも、リリアーネをいじめるトリクシィとその姉は、実は親から虐待されていたことが判明し、徐々にリリと打ち解けていくトリクシィとは対照的に、姉の方は悪事から抜け出せずに施設送りになる。家族ごとにある親子関係の難しさをここまで正面から描く作品は、この年代向けでは他にはなかなかない。

また、本作では動物が「どうして人間はそんなことをするの？」と問いかける。人間のエゴのあらわれであったり、人間同士なら「普通でしょ？」「当たり前じゃん」で片付けられがちな問題を突きつけてくる。読者は作品から投げかけられる「普通って何だろう？」という問いに自分なりに考え、反芻する。もっとも動物の種を超えた愛や同性愛を描いても子どもたち（特に年齢が低い層）はあまり意識していない。若いがゆえに先入観がないので「そうなんだ」と柔軟に受けとめてくれているという。

ここまでで明らかなように、「もし動物と話せたら？」という誰もが憧れるキャッチーな入り口を用意しているが、本作が扱う内容はシリアスである。

たとえばリリアーネの持つ「動物と話せる」「植物の発育を促進できる」といった能力は「魔女」と揶揄され、いじめられ、彼女が何度も転校する理由になっている。天才少年イザヤにとっても、賢すぎることは「ガリ勉」などとバカにされる部分であり、隠したいものになっている。他人にはない優れた能力は、主観的には弱点であり、人に見せたくないものである。これは子ども時代には多くのひとに心当たりがあるものだと思う。勉強ができるとか、何かに詳しいといった「他人との差異」は、からかいの対象になりがちである。けれども、それこそが誰かを救うことができる、自分らしい個性だったとリリたちは気づいていく。

また、作中では密漁や動物虐待などが描かれ、動物愛護、絶滅危惧、環境破壊、気候変動に対する警鐘がメインテーマになっている。たとえば一二巻ではアフリカのナミビアを舞台に、観光資源となっている欧米人のトロフィーハンティング（野生動物を狩猟してその皮を剝ぎ取ったり剝製にしたりするスポーツ）を拒否すれば現地の人の生活は立ちゆかなくなるが、それでも動物を守るか？　それとも……とリリたちに、そして読者に問いかける。さらにトロフィーハンターは「みなさんが今夜めしあがったステーキだって、動物がぎせいになっているじゃないですか」「あなたは自然を守るためになにをなさったんです？」と突きつけてもくる。

年の近い子が冒険する物語が、ニュースの話題と接続される

もちろん、子どもだけで解決できる問題は決して多くはない。地球環境レベルのことになれば大人であっても少人数で解決はできない。ただそれでも、『リリアーネ』は「子どもたちの冒険」であることを大切にする。時折「おいおい、イザヤとふたりで夜中に抜け出しちゃうの？」だとか「え、猛獣のいる檻のカギを開けちゃうの？」と感じるところがある。最終的には家族や動物園のビネガー園長といった大人が出てきたりするが、子どもが主役の冒険物語であり、だからこそ子どもが自らを重ね合わせて読むことができる。「小学校中学年から高学年が主な読者ですが、小三、小四の子どもたちからは『初めて小説をひとりで全部読めた！』『リリ楽しい！』という感想が多いです。ただ、高学年になると物語と国際的なニュースとがリンクしていることに気づき始め、『将来は環境を守る仕事に就きたい』といった感想もいただくようになります」

（学研プラス　幼児・児童事業部 読み物チーム・担当編集）

二〇一九年には地球温暖化に警鐘を鳴らす少女グレタ・トゥンベリが話題になったが、自分の幼少期を顧みてみても、子どもの方が地球の未来を真剣に危ぶみ、「自分たちの問題なのだ」と受けとめるものだと思う。手に取りやすく、読みやすくという工夫と、内容の現代性とがあいまって、本書に込められたメッセージは日本の子どもの心にしっかりと届いている。

子どもはシリーズ買い、キャラクター買いはあっても、大人がするような「この作家が好きだから新刊が出たら買う」といった「作家買い」があまりないと言われている。ところがタニヤ・シュテーブナーの本は日本でも子どもが別シリーズを「タニヤさんだから」で買っていくという。それほどまでに、この作家の世界観は子どもに受け入れられている。

飛翔する児童文庫——講談社青い鳥文庫と角川つばさ文庫

児童文庫の歴史は、一九五〇年創刊の「岩波少年文庫」に始まる。と言っても当初の岩波少年文庫はハードカバーであり、実質的には世界名作全集、それも再話や抄訳ではなく完訳をめざしたものだった。ソフトカバー軽装版になったのはオイルショックの影響を被った一九七四年のことである。

したがって、一九七五年に偕成社文庫が創刊、そして一九七九年に岩崎書店、金の星社、童心社、理論社協同によるフォア文庫が、翌一九八〇年に講談社青い鳥文庫が創刊されたことをもって、七〇年代後半から児童文庫史は本格的に始まったとすることが多い。

ここではおおよそ二〇〇〇年代以降の児童文庫史を概観し、角川つばさ文庫がシェアトップに君臨する現在までの流れを整理し、つばさ文庫を代表する小説である宗田理『ぼくら』シリーズと科学読みものである柳田理科雄『ジュニア空想科学読本』シリーズについて解説する。

児童文庫小史

講談者青い鳥文庫の『若おかみは小学生!』シリーズなどで知られる令丈ヒロ子によるエッセ

イ「児童文庫といっしょに[247]」が、コンパクトに九〇年代以降の児童文庫史を個人の視点とはいえまとめているので、まずは見取り図としてこれを紹介しよう。

同エッセイによれば、令丈が児童文庫を書き始めた一九九四年前後は、まだ児童文庫で書き下ろしシリーズはそれほど出ておらず、名作を子ども向けにリライトしたものの方が多かった。そこから徐々にオリジナル書き下ろし作品が増えていき、令丈の感覚では二〇〇〇年あたりから読者が増えてきたという。『若おかみは小学生！』は二〇〇三年にシリーズが始まり、二〇一三年刊行の第二〇巻をもって完結している。近年では長すぎるシリーズは読者が追いにくくなってしまうためにかつてのように二〇巻を超えるものは減少し、お話は一冊完結もので読者の要望があれば続きを出すスタイルが主流となり、シリーズを継続するかどうかの判断は早くなったため、長寿シリーズを生み出すのは難しい状況にある、と令丈は言う。

九〇年代と比べると、作家が読者から求められることは増えた、とも語る。ジャンルで言えば、ファンタジー要素のある話やミステリーの人気は健在であり、名作・古典は抄訳やリライトで需要が多く、童話やヤングアダルトも、ノンフィクションや偉人伝の人気もある。ただし目立つのは恋メインの話、ホラー、ギャグなどであり、従来は少年・少女マンガが多くを担ってきた部分を児童文庫に求められているのではないか、と。

講談社青い鳥文庫が書き下ろしで躍進

田中洋『大逆転のブランディング』によれば、講談社は『ちいさいモモちゃん』『クレヨン王国の十二ヶ月』『霧のむこうのふしぎな町』『だれも知らない小さな国』など児童書の名作を多数抱えており、青い鳥文庫はこれらを廉価に販売しロングセラーにするねらいで創刊された。創刊から二年後の福永令三『クレヨン王国の花ウサギ』が初めて文庫書き下ろしとして刊行され、これが好評を博したことで、編集部は書き下ろしの可能性に気づく。といっても書き下ろし最初の大ヒット作はその一二年後である一九九四年に始まったはやみねかおる『名探偵夢水清志郎』シリーズである（累計二八〇万部）。続いて一九九五年の松原秀行『パスワード』シリーズも大ヒットした（累計三四五万部）。一九九〇年代はじめに一〇〇〇億円あった児童書の市場規模は九八年までに七〇〇億円に縮小した一方で、講談社青い鳥文庫は二〇〇三年度から二〇〇八年度の六年間に一六二万部から二四〇万部へと実売部数を伸ばしている。[248]

ちなみに、児童文庫の書き手には八〇年代から九〇年代にかけて講談社X文庫や集英社コバルト文庫で活躍してきた作家も多くいる。たとえば名木田恵子や倉橋耀子、小林深雪らは児童文庫でも大きな人気を得た。二〇〇六年に始まる小林の『泣いちゃいそうだよ』シリーズ（青い鳥文庫）はキャラクター人気投票やファンミーティングが行われるほどの人気作になった。[249] 藤本ひとみの『探偵チームKZ《カッズ》事件ノート』シリーズも、コバルト文庫から青い鳥文庫に移ってリメイクされた作品だ。

講談社青い鳥文庫は二〇〇〇年代に入ると、読者参加型企画を積極的に行うようになる。たとえば『黒魔女さんが通る‼』シリーズ（累計一九〇万部）では短編集の一編を発表した上でウェブサイトで黒魔女さんのクラスメイトや魔法の名前などについてアイデアを募ると、多数の応募があり、読者の提案を受けて著者が執筆。巻末に提案者がクレジットされ、読者が同シリーズに深い親しみを抱くものになった。二〇〇六年新設の「ジュニア編集者」（読者モニター）制度では希望者から一〇〇人が選ばれ、半年の任期中に一度、発売前のゲラを読み、作品の感想やわからない点、印象に残った登場人物、その理由、自分が考えた本の帯のコピーなどを記入する。作家や編集者はこうした意見を参考にして本を制作する。二〇一〇年、一〇周年を迎えた「青い鳥文庫ファンクラブ」は会員数四、五〇〇〇人(250)。

角川つばさ文庫へのトップ交代

九〇年代から二〇〇〇年代までシェアトップを揺るぎないものにしてきた青い鳥文庫は、二〇〇九年に創刊された角川つばさ文庫に、創刊からわずか三年でトップの座を奪われる。その間の流れを新聞記事や『出版指標年報』の児童書欄の記述を追っていこう。児童文庫の記事が新聞でよく書かれるようになるのは、二〇〇四、五年からだ。

児童向けの文庫本が多彩になってきた。名作の復刊や、書き下ろしファンタジーなど、出版各社それぞれが工夫を凝らした本が売り場に並ぶ。学校での朝の読書運動の広がりも追い風に。元気な児童文庫の世界をのぞいた。（中略）児童文庫の活況を支えるのが、全国の小中学校、高校に広がる朝の読書運動だ。始業前の十分間、子どもたちは自由に本を読む。感想文などの課題もない。こうした取り組みは朝の読書推進協議会によると、昨年末には一万五千校を超え、運動の輪がさらに広がっているという。

（「中国新聞」二〇〇四年一月二七日朝刊「児童文庫　多彩な工夫　じわり浸透　学校の読書運動　追い風」）

小中学生を対象とした文庫の創刊やリニューアルなど、児童書をめぐる動きが活発になっている。学校の朝読書や地域の絵本読み聞かせ運動が広がり、子どもたちの読書量が増えていることが背景にある。出版社は同ジャンルに力を入れ、大人になっても本を読む人を育てようという作戦だ。

（「河北新報」二〇〇五年一一月一二日「未来の読者、育てます／出版社、児童文庫創刊やリニューアル続々　子どものニーズに応える／人気作品、初版10万部／サイン会に行列２００人」）

『出版指標年報2007年版』でも「06年の児童読みもので特筆すべきは児童文庫の好売れ行き」とされ、児童文庫が二〇〇四年から急激に新刊点数が増え、二〇〇六年には一二社から九シリーズ（九レーベル）が刊行されている、と書く。新聞同様に朝読需要によって子どもたちからのリクエストが学校図書館に殺到したとされ、なかでも青い鳥文庫は右肩上がりだ、とする。[251]翌年の『出版指標年報2008年版』でも、児童書は大きく児童読みものと絵本に分けられるが、現在伸びが著しいのは児童読み物であり、なかでも児童文庫が絶好調、出版社も学校図書館への販売に力を入れている、とある。女の子向けでは青い鳥文庫の強さが圧倒的であり、同文庫の『黒魔女さんが通る‼』『若おかみは小学生！』『パスワード』『名探偵夢水清志郎』、フォア文庫『妖界ナビ・ルナ』の名前を人気作として紹介。[252]『出版指標年報2009年版』になると「児童文庫は非常に活発な刊行状態にあるが、販売の伸びには若干陰りが見え始めた。08年実績が07年を下回るレーベルも出てきているという[253]」としているが、二〇〇九年につばさ文庫が創刊されると、むしろ勢いに弾みがつく。

「読売新聞」二〇一〇年八月一六日東京夕刊「夏休み　児童書が人気　大人が読んで新発見も」や「朝日新聞」二〇一一年二月二一日朝刊「児童文庫、活況　新規参入続々・子どもも編集に一役」といった記事が書かれ、「出版月報」（出版科学研究所）は二〇一一年一一月号で特集を組み、児童文庫は四〇〜五〇億円規模と推定。

『出版指標年報2012年版』はつばさ文庫について

書き下ろしオリジナル作品に加え、ベストセラーや児童書名作、海外ファンタジー、古典作品など子どもたちに本の楽しさを伝える〝すべて入り〟の児童文庫をめざし、すでに講談社「青い鳥文庫」に次ぐシェアを確保している。

かつて名作中心だった児童文庫は90年代に書き下ろしオリジナル作品を多数擁して〝大人の知らないベストセラーの宝庫〟と言われたが、つばさ文庫は角川グループが得意とするライトノベル的なアプローチを推し進め、〝読者にいちばん近い児童文庫〟を目指している。

（『出版指標年報２０１２年版』出版科学研究所、二〇一三年、一四六ページ）

と解説。二〇一二年にはシェアトップに立った。(254)

一方、「講談社青い鳥文庫は『黒魔女さんが通る‼』『若おかみは小学生！』などのトップ作品はあるものの新たな売れ筋が登場しない」(255)と書かれている。

児童書市場が谷の時期にも児童文庫が伸びたわけ

ところで、「北海道新聞」の記事は

出版科学研究所によると、10年に２５７万部だった児童文庫の推定新刊発行部数は、11年が

348万部、12年が355万部と伸び、13年は344万部だった。少子化にもかかわらず伸び続けたのは、全国の小中学校などで行われている「朝の読書運動」の定着を背景に、角川書店が参入したことで市場が一気に活性化したためだ。

（「熱い児童文庫競争＊角川参入で活性化＊年間350万部に＊将来の読書人口確保狙う」、「北海道新聞」二〇一四年一〇月一二日朝刊）

としているのだが、児童書販売額はKADOKAWAが参入した二〇〇九年から二〇一四年までは伸びるどころか二〇〇八年までよりも落ち込んでいた時期である。また、二〇〇〇年代後半以降、朝読の実施校はほとんど増えていない（図23）。とすると、「朝読のおかげで二〇〇九年以降に（も）児童文庫市場が伸びた」とするのは、不十分、不正確な物言いだ。

ポイントは、二〇〇八年までよりも一四歳人口ひとりあたりの販売額が下がっているところにある（図24）。二〇〇〇年代に児童書市場に「山」（販売額の多い年）を作っていたのは『ハリー・ポッター』シリーズの新刊だった。それが二〇〇八年に終わった。そして『ハリー・ポッター』終焉と歩みを揃えるように、一冊あたりの単価の高い海外ファンタジーブームも終息していった。

とはいえ朝読実施校はほとんど増減がないから、朝読需要は継続して存在している。そこに二〇〇九年に角川つばさ文庫が、二〇一一年に小学館ジュニア文庫と集英社みらい文庫が創刊され、

『ハリー・ポッター』や『ダレン・シャン』『デルトラ・クエスト』『バーティミアス』といったものから一冊あたりの単価の安い児童文庫へと小学生の関心はスイッチした。これがおそらく、二〇〇九年以降、児童書市場は伸びていないのに児童文庫だけ伸びたことの背景である（二〇一五年以降の伸びの理由は第一章で考察した）。

ノベライズとオリジナルを両輪に、多様なラインナップを揃えるつばさ文庫

角川つばさ文庫はなぜ支持されているのか？

つばさ文庫は細田守や新海誠、ピクサーやディズニーなどの映画作品のノベライズで読者との接点を増やしつつ、宗田理『ぼくら』が累計二五〇万部、秋木真『怪盗レッド』が累計一一〇万部突破と、オリジナル作品でも多数のヒットシリーズを抱えている。

宗田らが選考委員を務める角川つばさ文庫小説賞は、二〇一三年にスタートし、一般部門の第一回大賞受賞作・床丸迷人『四年霊組こわいもの係』、第二回大賞受賞作・深海ゆずは『こちらパーティー編集部』、金賞受賞作・あさばみゆき『いみちぇん！』など、初期から読者に評判の作品が続出したことで書店の引きが強くなり、オリジナルが好調に動く流れができた。

一ノ瀬三葉『ソライロ♪プロジェクト』では絵を描くことが好きな女の子が自分がアップした絵についてネット上で「パクリ」と言いがかりを付けられて大変な想いをするが、このようにオリジナル作品では非常に現代的で、子どもたちにとっては身近な題材を扱っているものもある。

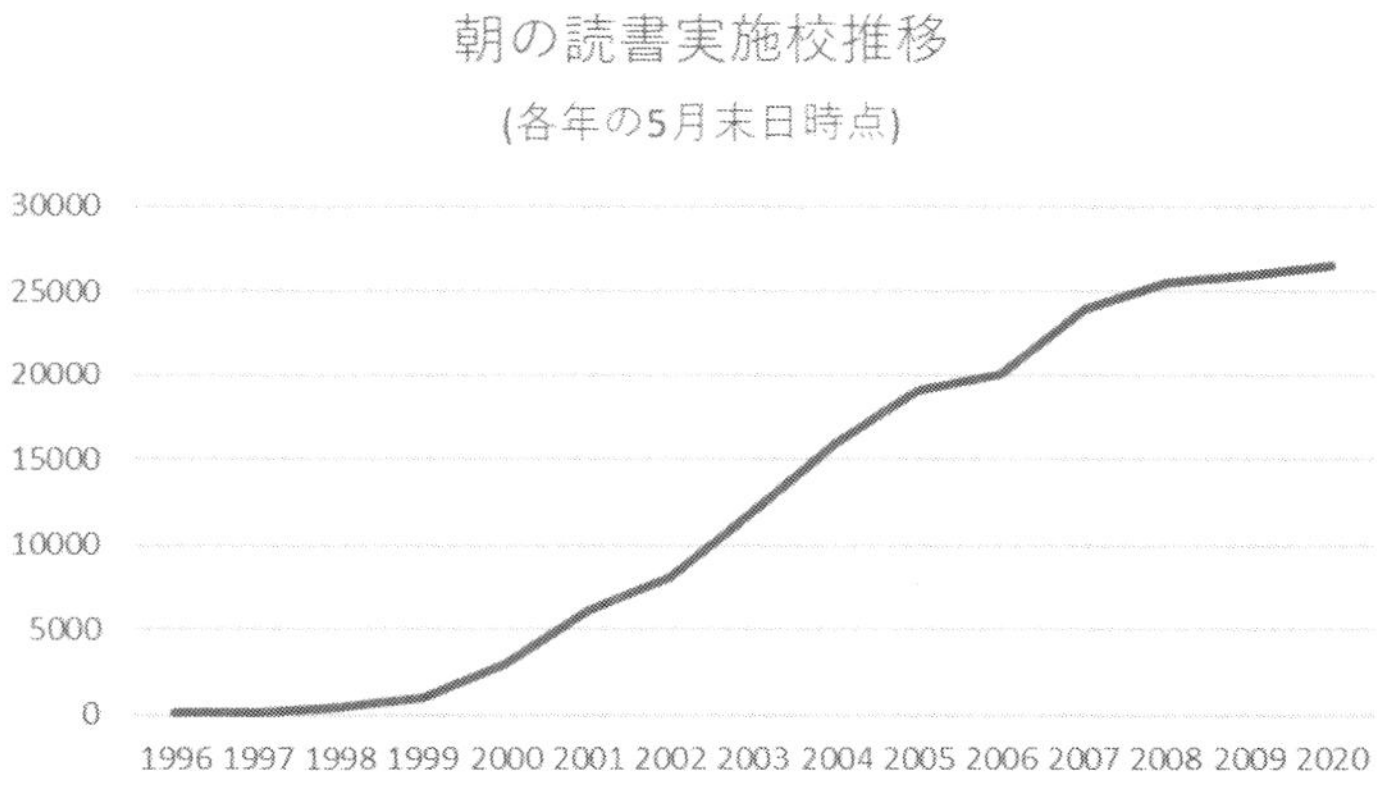
朝の読書実施校推移
(各年の5月末日時点)
30000
25000
20000
15000
10000
5000
0
1996 1997 1998 1999 2000 2001 2002 2003 2004 2005 2006 2007 2008 2009 2020

図23

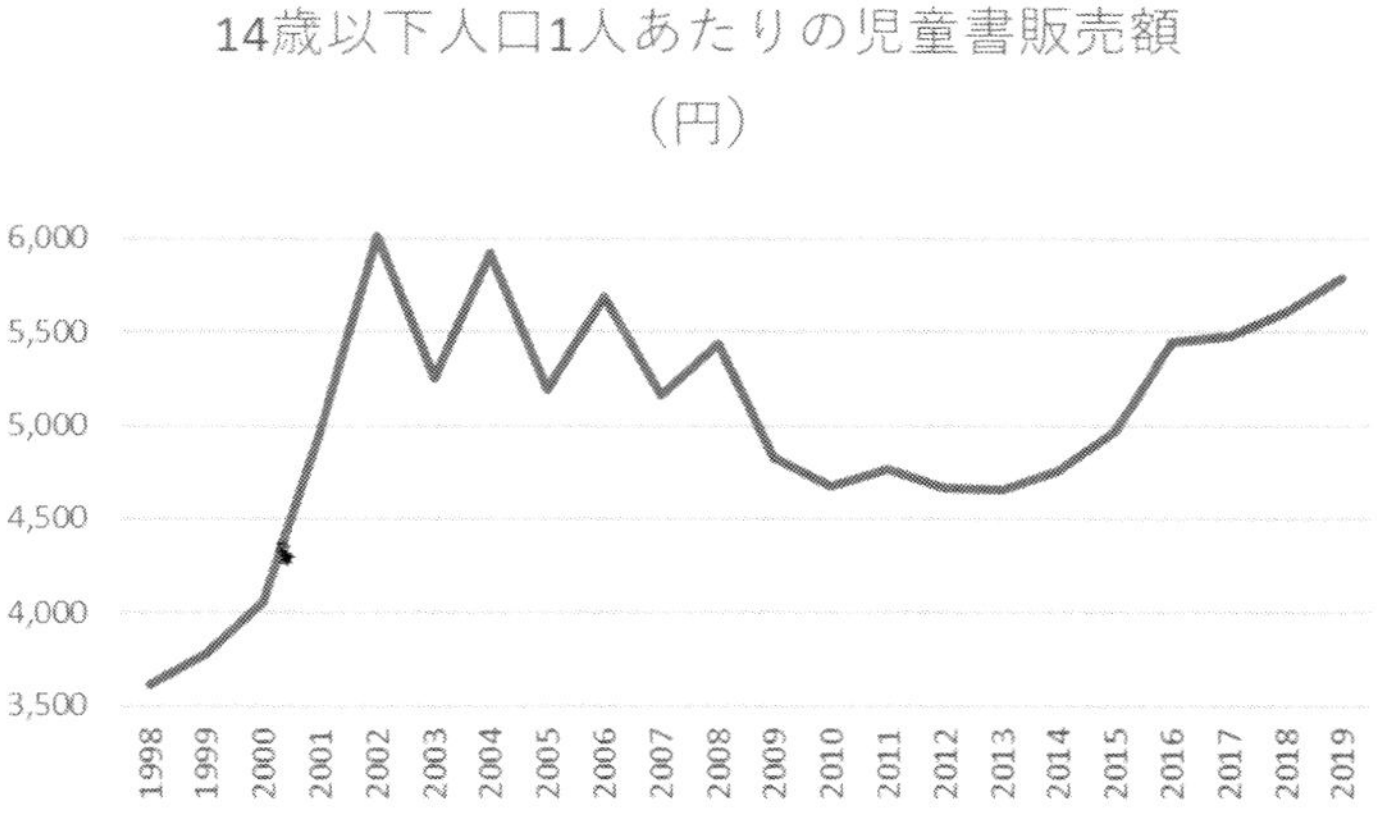
14歳以下人口1人あたりの児童書販売額
(円)
6,000
5,500
5,000
4,500
4,000
3,500
1998 1999 2000 2001 2002 2003 2004 2005 2006 2007 2008 2009 2010 2011 2012 2013 2014 2015 2016 2017 2018 2019

図24

講談社青い鳥文庫は、オリジナル作品が強い。

今の小学館ジュニア文庫は『名探偵コナン』や『12歳。』などの、集英社みらい文庫は『オオカミ少女と黒王子』『花のち晴れ』『虹色デイズ』などマンガ（やマンガの映画版）のノベライズが強い。

角川つばさ文庫はオリジナルとノベライズ（またはアニメや映画の原作小説）が両輪になっている。

講談社青い鳥文庫は『名探偵夢水清志郎』シリーズがテレビドラマ化されたり、『黒魔女さんが通る‼』がテレビアニメ化されたりしたが、小説を原作とした映像化も、映像作品のノベライズも決して多くなかった。ところがつばさ文庫は、小説原作の映像化こそほとんどないものの、細田守や新海誠などによる映像作品のノベライズは無数にある。つまり、つばさ文庫発作品以外の力でレーベルに読者を呼び込む力が強く働く。

もっとも、メディアミックスは当たれば爆発力はあるが、どのくらいのヒットになるかは計算できない。一方でオリジナル作品は一度読者が気に入れば、シリーズを続けて読んでくれる。読者のレーベルに対する呼び水（でありヒットによって新人・新作に投資するための原資）になるメディアミックスと、継続的な読者になってくれるためのオリジナルは、両方が大事なのだ。

さらに言えば、オリジナルも「こういうものがヒットした」となるとひとつのレーベル内で似たようなタイプの作品に偏りがちだが、つばさ文庫は（ある程度「売れ線」があることは推察されるものの）他のレーベルと比べてもバリエーションが豊富である。

読者の中心は小学校五年前後で、女の子の方が多い。女子は小説を、男子は柳田理科雄『ジュニア空想科学読本』など「不思議なものを解明する」ものを好む傾向にある。この年代ではネット、ＳＮＳの影響はまだ少なく、メディアミックスの影響を除けばリアルのバイラル（クチコミ）の力が大きい。また、小学生は自分が好きな本をネットで自由に買える環境にはないことが多いから、リアル書店の店頭で手に取っての判断で売れる売れないが決まる。児童書の読みものの世界では、インターネット発達以前の本の売れ方がまだまだ生きている。

だからこそレーベルとしてのラインナップの取り揃えだけではなく、書店店頭で手に取ってもらうべく、一冊一冊に工夫がなされている。大人は子どもに「良い本」を読ませたい。子どもは「良い本だから」ではなく、「面白そう」と思うから手に取る。児童書にはこうした駆け引きがあるが、つばさ文庫は、「良い本を子どもが面白いと感じられるように出す」（ＫＡＤＯＫＡＷＡ文芸局児童図書編集部角川つばさ文庫編集長・服部圭子氏[256]）。

たとえば『ドリトル先生』『不思議の国のアリス』など児童文学の古典や角川文庫発のロングセラーは、つばさ文庫化する際には子どもが手に取りやすいカバーに装いを変え、難しい言葉には注釈を入れる。ファラデーの『ロウソクの科学』では、原著のエピソードを使って作家の平野累次がオリジナルキャラクターに変えてリライトしている。

よく「児童文庫の装丁がラノベ化している」などと批判的に語られるが、図書館員からは古典の良書を今の子どもに届けるために変えることには肯定的な意見もある。一九九九年に、大場絹代は司書の立場から「『ゲド戦記』『指輪物語』は昔の装丁のままだから手に取られない。松谷みよ子の『オバケちゃん』シリーズがいとうひろしの絵でリニューアルされたときにはあっという間に借りられ始めた」と語り、装丁のリニューアルの重要性を説いている[257]。

つばさ文庫では、表4のあらすじ部分は主人公の一人称で語り、カバーソデから本文に入るまでの導入部にもポップな雰囲気のデザイン、イラストを配した登場人物紹介ページを用意。ものによってはマンガを数ページを入れ、巻末にはお話が終わると必ずキャラの絵付きで作品のラップアップや続刊紹介などをして終えるなど、徹底して読者に親しみやすくする。

もちろん、ただ「面白く」するだけではなく、大人からの信頼、安心感を獲得するためにも暴力描写やラブシーンの入れ方には気を払い、ホラーでも怖すぎると読者が拒否反応を示すため、子どもがおもしろがれる程度の加減を意識している。

朝読の影響は大きいが、朝読ならではの事情もある。ベネッセが進研ゼミ加入者に提供する電子図書館サービス「まなびライブラリー」の利用者調査（二〇一七年八月実施）では、小学生・中学生の検索ワード各五位に「角川つばさ文庫」がランクインと、レーベル単位で支持されているが、実は検索ワードのトップは、小中問わず「恋」「恋愛」だ。しかし朝読でカバーを付けずに恋愛ものの本を読むと、男子にからかわれることもある。ニーズは強いが、タイトルや表紙から恋愛ものだとわかると、朝読では選ばれにくい。そこに来てつばさオリジナル作品では、「男女でタッグを組んで何かするうち、自然と恋が絡む」ものが多い。それも支持理由のひとつかもしれない。

つばさ文庫はKADOKAWAらしいアニメや映画のメディアミックス作品によって注目を集め、売上を立てる。それと並行して、児童文学や子ども向けの読みものの名作の新訳またはリライト（翻案）から多様なオリジナルまでを取り揃える。本の編集時には子どもの視点に立って読書の敷居を下げ、関心を引く内容を提供する。これらの組み合わせによって、二〇一〇年代以降の児童文庫でトップを走る存在となった。

累計二〇〇〇万部の『ぼくら』シリーズは普遍性と時事性を両立させる

ではつばさ文庫最大のヒットシリーズである宗田理の『ぼくら』シリーズはどんな作品か？

宗田理が一九八五年に角川文庫から刊行した『ぼくらの七日間戦争』を皮切りに、イタズラ好きな英治やリーダーシップのある相原などの少年少女が活躍して汚い大人をやっつける『ぼくら』はシリーズ化され、中高生から絶大な支持を受けた。『ぼくら』が書かれた一九八〇年代は、理不尽なまでの管理教育や校内暴力が広がり、学校が荒れていた時代である。全共闘世代が親になり、教師になると、学生時代にあれだけ体制批判をしていたのに、子どもたちを受験戦争に駆り立てようとしていた姿に、宗田は怒りを覚える。子どもたちが学校をバリケード封鎖して秘密基地をつくり、しかし全共闘世代とは異なり暴力によってではなく稚気によって大人に反抗するという内容の第一作は、そんな背景から書かれている。

時代が下って二〇〇九年には、角川つばさ文庫の創刊ラインナップに加わり、既刊を出し直すだけでなく、二〇一一年の『ぼくらの学校戦争』以降は、書き下ろしを挟みながらシリーズを続けている。角川文庫版を合わせると累計二〇〇〇万部、つばさ文庫版だけで二五〇万部を突破。『ぼくら』は二〇一八年にはポプラ社主催の「〝こどもの本〟総選挙」で第八位となり、著者のテレビ出演もあいまって既刊が大きく動いた。二〇一九年一二月には原作とは設定が異なるアニメ映画が公開されたが、一九八八年の実写映画公開から三〇年経ち、当時の読者は親世代。親子で『ぼくら』を読んでいるケースも少なくない。

かつては中高生から、今は小中学生から支持を受ける『ぼくら』。変えた（変わった）点、変わらない点はどこなのか？　創刊以来、つばさ文庫で宗田を担当する、ＫＡＤＯＫＡＷＡ文芸局児童図書編集部・坂本真樹に筆者が取材した「新文化」の記事から引こう。[258]

「宗田さんと相談しながら、『七日間戦争』のなかの学生紛争に関する描写など、今の子どもたちにわかりにくいところ、性的な表現、今の視点では差別的に見える表現は改稿し、漢字をひらいたりしています。加筆や修正は巻を追うごとに増える傾向にあり、著者の意向で今出すにあたってタイトルを変えることもあります」

つまりつばさ版「ぼくら」は、ただの「人気シリーズの出し直し」ではない。作品の核を残しつつ今の読者に向けてリニューアルしたものなのだ。かつての読者にも好まれた、会話主体で物語のテンポが速い点――『ズッコケ』とも共通する、マンガに近い感覚で小説を読ませる手法――などは活かしつつ、今の子どもの感覚に合わせてブラッシュアップ。

「時代が変わっても、読者が小中学生に変わっても、子どもたちが抱く『大人から見下されている』という不満は変わらない。それに対して暴力やお金ではなく子どもらしいイタズラや仲間との友情を武器に、ぎゃふんと言わせる痛快な部分が支持されているのだと思います」（坂本）

読者は公式サイト上から感想だけでなく「『ぼくら』についてのアイディアを送る」ことができる。そうしたファンの要望を汲んで、著者がプロットを考えた作品もある。かつて宗田は読者から「ろうあ者を題材にした本を書いて下さい」という手紙をもらって『ぼくらの修学旅行』（一九九〇年作）を書いたが、手紙からメールやサイトからの投稿に変わっただけで、読者の気持ちを汲み取って書くという姿勢は一貫している。

一九八〇年代にシリーズを始めた時点で五〇代だった著者は、現在に至るまで子どもの声に耳を傾け、子どもの側に立って「悪い大人をやっつける」物語を書き続けてきた。それが「普遍性」を担保するとともに、時事や新しい技術への強い関心が「時代性」を獲得しえているのだろう――こうした子どもの反発心やいたずら心に寄り添う姿勢と時事ネタへの貪欲さは『かいけつゾロリ』シリーズの原ゆたかと共通する部分がある。『ぼくら』同様、つばさ文庫で人気のシリーズ『怪盗レッド』（秋木真著）とのコラボ小説『ぼくら×怪盗レッド』（二〇一九年一月刊）はVRを扱っているが、これが当時九一歳になる作家のアイデアだというから驚きだ。

『ぼくら』や『ゾロリ』以上に八〇年代から九〇年代にかけて爆発的なヒット作となった那須正幹の『ズッコケ三人組』シリーズは、今の子どもにはほとんど読まれていない。それは著者が子どもと距離感を感じるようになって中年になった三人組を描く新シリーズに移行し、『ぼくら』とは異なり、今の子どもに向けて旧作に全面的に手を入れる作業をしないからである。もちろんそうした那須の姿勢を否定・批判する気は毛頭ない。ただ、『ぼくら』や『ゾロリ』が時代を超えて支持されている理由は「昔から人気があったから今も売れて当然」なのではない点は強調しておきたい。時代が下っても「今の子ども」に常に向き合っているからこそそのロングセラーシリーズなのだ。

知識を活用する児童向けサブカルチャー雑誌に変わった『空想科学読本』

つばさ文庫の小説の代表格が『ぼくら』だとすれば、それ以外の読みものの代表が『ジュニア空想科学読本』だろう。科学系の読みものとしては相当な異色作だが、これまた掘り下げると子どもに好まれる要素に満ちていることがわかる。空想科学研究所へのインタビューを交えながら、このシリーズについて見ていこう。

一九九六年に始まった『空想科学読本』は、二〇一三年から角川つばさ文庫で『ジュニア空想科学読本』も刊行されるようになり、『ジュニア』だけでシリーズ累計一〇〇万部を突破。『名探偵コナン』で工藤新一は薬の力で子どもになってしまうが、もし本当にそうなったとしたら四〇

ｋｇ分の細胞が死に、コナンの横には老廃物がてんこ盛りになっているはずだ——このようにマンガやアニメ、特撮を科学的に考察・検証する『空想科学読本』（以下、「親本」）は、当初は主に『ウルトラマン』『仮面ライダー』のリアルタイム世代向けだったが、シリーズを重ねるうちに読者の年齢が下がっていった。

早くも一九九八年の学校読書調査の時点で、中学生読者が多いことが確認されている。「学校図書館」一九九八年一一月号の中学生の読書傾向についての記述では、男子は『ホームズ』『ルパン』の定番ものが上位にあるものの、『ドラクエ』のノベライズと並んで新しく『空想科学読本』が上位に登場してきた、と書く。

かつて科学は「分からない」「おもしろくない」「地味な」話題の典型であったように思われるが、現在では、科学は「おもしろい」「新鮮な」「スリリングな」ものと受け止められているようで、この種の本がよく読まれるようになっている。

（「学校図書館」一九九八年一一月号、全国学校図書館協議会、一八ページ）

シリーズが進むほどに中高生から「もっと新しい作品を取り上げてほしい」との声が届くようになり、二〇〇七年に高校生向けのＦＡＸ新聞『空想科学図書館通信』をスタート。これを利用して親本の六巻以降、若い読者からの質問・疑問に答えるスタイルに変わっていった。

小学生が読むようになったのは、角川つばさ文庫から『ジュニア空想科学読本』が刊行されてからだ。もともとメディアファクトリーの編集者として親本を担当していた近藤隆史（現在は独立し、空想科学研究所所長）が、メディアファクトリーが二〇一一年にKADOKAWAに買収されると、二〇〇九年に創刊されて以降伸び調子だったつばさ文庫に「『空想科学読本』を子ども向けにできないか？」と提案した。「児童書は参入が難しいジャンル。当時のメディアファクトリークラスでは営業もなかなか十分にはできない。そこにKADOKAWAが会社をあげて取り組んでいるのが魅力的に見えた」（近藤）。

つばさ文庫の編集長から「女子の読者も意識してください。男子向けだけでは失敗します」と助言されたため、『プリキュア』『プリパラ』などの女子が好きな作品も取り上げ、表紙イラストには必ず男女のペアを描くようにした。『ジュニ空』の読者には小学四年生から六年生が多く、著者の柳田理科雄の講演会には成績の良さそうな子が目立つという。今も一巻が売れ続けていることから、読者の多くは一、二年で入れ替わっているようだ。男子が多いが、親本に比べて女子の割合も増えた。

読者は第一巻と、自分が気になった作品について書かれた巻を買うことが多く、全巻読破している読者は、講演会やサイン会に来る子どもでも五〇人中一〇人ほどだという。

「親本を中学生が読んでいたのは、斜に構える感じや大人が言わないような視点が好きな世代だからだと思う。一方『ジュニ空』は、そうなる少し前の年齢層に向けて『一歩踏み込んで考える

と、より面白くなるよね』というスタンスで作っている」（近藤）

「もともと斜に構えているんじゃなくて、まっすぐ見ているだけなんですけどね。『人魚姫って もし本当にいたらどうなんだろう？』とかって愚直に考えている」（柳田）

柳田・近藤は、小学生向けの『ジュニ空』を作るにあたり、いくつか方針を立てた。

ひとつ目は、子どもにウケそうな題材を選ぶこと。と言っても最近の作品だけでなく、あえて古いアニメや特撮ネタも混ぜている。なぜか？「本を読んだあと親に話をする子どもが多いらしいんですが、親からすると知らない作品の話を延々されると困っちゃう。だから子どもなりに気を遣って親が知っていそうなことを話すらしいです（笑）」（近藤）

ふたつ目は、科学的に難しすぎない内容にすること。科学的な問題では「Aを解くにはまずBとCを解き、それらを合わせてAを解く」ということが多いが、それを当然のように書いたのでは、子どもの理解が追いつかない。いま何を問題にしているのかなど、混乱せずに読めるよう書き方にしている。また、親本と比べて、原稿の一本一本は短めだ。

三つ目は著者・柳田理科雄を学校や塾にいるような「聞けば質問に答えてくれる偉い〝先生〟」ではなく、「子どもが抱くような疑問に、楽しんで取り組むアヤシイおじさん」として表現すること。「ただ、講演会ではそういうスタンスで子どもに火を付けちゃうと『この人には何言ってもいいんだ』と勘違いして静かに聞いてくれなくなる（笑）。そこは加減に気を付けています」（柳田）

親本は刊行ペースがゆっくり（年に一冊程度）だったが、『ジュニ空』は子どもの感覚に合わせて、年に三冊。マンガ雑誌のコミックスの刊行ペースと同程度だ。初めのうちは親本のネタを改稿したものが多かったが、『ジュニ空』が巻を重ねるうちに、親本から持ってこられるネタが枯渇し、書き下ろしが増えていった。必然的に扱う題材も近作・新作に関するものが多くなり、『ジュニ空』自体が時事ネタをも扱うリアルタイムコンテンツ、雑誌に近いものに変化してきた。そしてやはり子どもは流行に敏感であり、人気作『マインクラフト』や『スプラトゥーン』を取り上げたときには非常に反響が大きかったという。

逆に親本は二〇一六年を最後に刊行が止まっているが、これは「書店に棚がない」ことが大きな理由のひとつである。一九九〇年代には書店に「サブカル本」棚があり、親本はそこに置かれることが多かった。今もサブカル本コーナーはあるが、タレント本や占いなどとまとめられ、むしろ九〇年代的な意味でのサブカル本は肩身が狭い。一方、九〇年代は児童書は冬の時代で、書店でも年々売場が縮小していたのだから、隔世の感だ。

ヒット作が出ると後追い企画が乱立するのが出版界だが、『ジュニ空』には意外なほど類書がない（親本の刊行当時はいくつも出たが、近年はない）。大人は「今の子供はあれもこれも知らない」と言うが、大人だって子どもが好きな作品をよく知らない。その点『ジュニ空』では、子どもに支持される『おしりたんてい』も『すみっコぐらし』も『鬼滅の刃』も扱っている。ゲームもラノベも同じように紹介する。それ故に信頼されているし、それが難しいから類書が出ないのかもしれない。

近年の教育の潮流では、知識の「習得」だけでなく「活用」「探究」が重視されていることはすでに見てきた。学校で習う理科と、日常的に自分たちが触れているマンガやアニメなどとを結びつけて考えるというのは、まさに「知識の活用」の好例だ。にもかかわらず、こういう児童書は少ない。

「空想科学研究所のやっていることは『科学のための科学』ではなくて、科学は『道具』。『宇宙や生き物について教えましょう』ではなくて、『振り子の法則を使って〝ハイジ〟のオープニングに出てくるブランコを考える』とか『運動量保存の法則を使ってウルトラマンと怪獣の激突を考える』というもの。学校の勉強も、そういう方向でもいいと思いますね」（柳田）。「社会に出れば、企業なんかでは『何かのために科学を使う』ほうが普通だもんね」（近藤）。

本書を通じて「道具として科学を使って自分に身近なことを考えてみる」ことの面白さに気づく子供、総合的な学習の時間（探究学習）や自由研究で参考にした、という声もよくあるそうだ。

空想科学研究所では『ジュニ空』以外にも学習マンガやＹｏｕＴｕｂｅなど入り口をいくつも用意し、さらに裾野を広げている。
（247）「日本児童文学」二〇一八年一一・一二月号、日本児童文学者協会、四六―四八ページ

（248）田中洋『大逆転のブランディング』講談社、二〇一〇年、一〇三―一〇六ページ
（249）犬亦保明「「児童文庫」と消費される心地よさ」、大橋崇行・山中智省編著『ライトノベル・フロントライン２』青弓社、二〇一六年、一五〇ページ
（250）『大逆転のブランディング』一〇八、一〇九ページ
（251）『出版指標年報２００７年版』一三〇ページ
（252）『出版指標年報２００８年版』公益社団法人全国出版協会・出版科学研究所、二〇〇八年、一三五ページ
（253）『出版指標年報２００９年版』一三三ページ
（254）「北海道新聞」二〇一四年一〇月一二日朝刊「熱い児童文庫競争＊角川参入で活性化＊年間３５０万部に＊将来の読書人口確保狙う」
（255）『出版指標年報２０１３年版』公益社団法人全国出版協会・出版科学研究所、二〇一三年、一三九ページ
（256）「新文化」での筆者の取材「シェアトップの「角川つばさ文庫」、親しみやすさ追求に徹する」での発言。https://www.shinbunka.co.jp/rensai/kodomonohon/kodomonohon02.htm
（257）新井彩子、大場絹代、萩野準二、黒石耀子、北村まり、新海きよみ、内藤弘美、野上暁、平井拓、船崎克彦、柵原周、堀渡「買いたい本が減っている?」、『ず・ぼん⑥』ポット出版、一九九九年、一九ページ
（258）「累計２０００万部の「ぼくら」シリーズ、変わらぬ普遍性と時代性」（https://www.shinbunka.co.jp/rensai/kodomonohon/kodomonohon03.htm）

『54字の物語』──ウェブから学校へ「手軽な創作」ムーブメントを広げる

九字×六行の正方形サイズの原稿用紙フォーマットに二文または三文で構成された物語を綴る「54字の物語」がTwitterやInstagram上で人気を博している。文字だけで引用すると、たとえば

「痛ってぇ〜!また人間の足の小指が、角にぶつかってきたよ〜」部屋のタンスが激痛に顔を引きつらせて叫んでいる。」
(『意味がわかるとゾクゾクする超短編小説 54字の物語』(PHP研究所、二〇一八年、一五七ページ)

「大好きだった映画鑑賞や読書がある時から全然楽しめなくなってしまった。予知能力なんて身につけるんじゃなかった。」
(同、一七三ページ)

といった具合の超短編小説になっている。これはもともと面白法人カヤックに勤めていた(現在

は独立）氏田雄介がネット上で流通しやすい形式を意識して考案したものだ。見事に狙いは的中し、書籍版はシリーズ累計二〇万部を突破した。

超短編小説をタグによって「塊」に変える

Ｔｗｉｔｔｅｒにしても Ｉｎｓｔａｇｒａｍにしても、文章を書いて画像としてアップする文化がある。たとえばＧｏｏｇｌｅやＴｗｉｔｔｅｒで「#ＬＩＮＥ風ＳＳ」と検索するとスマートフォン向けゲーム『Ｆａｔｅ／Ｇｒａｎｄ Ｏｒｄｅｒ』などのキャラクター同士に掛け合いをさせる二次創作が大量にヒットする。二〇〇〇年代から2ちゃんねる（現5ちゃんねる）などでは地の文を入れずに既成のアニメやゲームのキャラクターを使った対話を文章で書くＳＳ（ショートストーリー）が書かれていたが、ＬＩＮＥの普及以降、メッセンジャーサービス風のフォーマットで、キャラクターの顔のアイコン入りでやりとりさせるスタイルが一般化した。書き手はこれを「画像」としてＳＮＳ上にアップし、文字を読ませている。

世の中には「小説家になろう」「エブリスタ」「アルファポリス」「カクヨム」をはじめ、無数に小説投稿サイトがある。それらのなかには投稿者に作品をＳＮＳでシェアさせようと様々な施策を試みているところもあるが、なかなかうまくいっていない。人はＳＮＳを見ているときに、わざわざ小説をリンク先へと飛んでまで読もうとは、よほどのことがない限りは思わないからだ。だからＴｗｉｔｔｅｒ上で展開される小説は、Ｔｗｉｔｔｅｒで閲覧が完結することが望ましい。

しかし、Ｔｗｉｔｔｅｒ小説は数あれど、ブラッドレー・ボンドとフィリップ・ニンジャ・モーゼズによる『ニンジャスレイヤー』を除けばなかなか成功作がない。なぜかといえば、時間とともに膨大なつぶやきが流れていくＴｗｉｔｔｅｒというメディアが、物語を最初からリニア（連続的）に読んでいくことを読者に求める「連載」に向いていないからだ。だが単発で完結する一四〇字の小説では、それはそれでフックが弱い。

その点『54字の物語』は、一作一作は短く完結しているが、共通フォーマットがあり、ハッシュタグで辿りやすい。ハッシュタグとはＦａｃｅｂｏｏｋやＴｗｉｔｔｅｒ、ＩｎｓｔａｇｒａｍなどのＳＮＳで利用できるキーワードであり、自分の投稿が何に関係するものなのかを示して、検索しやすくするものだ。言葉の頭に「＃」をつけることによって、ハッシュタグと認識されるようになる。Ｔｗｉｔｔｅｒ上に「＃54字の物語」と入れて検索する、あるいはハッシュタグをクリックすれば、同じフォーマットで書かれた作品を無数に見つけることができる。

また、本シリーズは氏田が書いた作品以外にも、誰でも簡単に制作し、Ｔｗｉｔｔｅｒ上に投稿できるジェネレーターを公式サイト上に公開している。これを使って「54字の文学賞」として応募を募ると、瞬く間に数千単位で作品が集まり、第一回の締め切りがすぎても投稿が途切れなかったため、継続的に開催が決まった。

つまりこのフォーマットを著者の専有物ではなく他者にもオープンにしたことで、よりバズが起こしやすくなり、さらには仮に創始者のネタが尽きたり、創始者が飽きたりしても、シリーズ継続が可能になった。

朝読需要で「短編集が売れる」時代に

読者層は幅広いが、注目すべきは学校での利用だろう。このシリーズは小中学生が「朝の読書」で読んでいるだけでなく、国語の授業などで生徒に創作にチャレンジさせる先生が少なくない。朝読需要を見込んで短編集やアンソロジーを刊行する流れは二〇〇〇年代から存在していたが、学研の『5分後に意外な結末』に始まる5分後シリーズの成功以降、より顕著になった。

『読書世論調査2018年度』の調査では、小中高校生に五月一ヶ月に本を読んだかを聞き、読まなかった人（全体のうち小学生の五・六％、中学生の一五・〇％、高校生の五〇・四％）を対象に「本を読まなかった理由」を聞き、さらに「読みたかったが読めなかった」と答えた人（本を読まなかった人のうちの、小学生の二五・六％、中学生の一九・五％、高校生の二六・二％）を対象にその理由を尋ねている。

「読みたかったが読めなかった人」の「本を読まなかった理由」のトップは「本を読む時間がなかったから」である。読みたかったが読めなかった人のうちの、小学生では五四・三％、中学生では七六・七％、高校生では八八・四％が該当する。

不読者のうち、そもそも本を読みたいと思っていない人間に読ませる（買わせる）のはハードルが高い。だが本を読みたいという意欲を持つ人間には、適切な作品を適切なかたちで提供できれば商機はある。5分後シリーズなどは、こうしたマイクロコンテンツ（短い作品）需要をすくったものだと言える。

かつては長編小説と比べて短編集やアンソロジーは「売れない」というのが出版界の常識だった。たしかに、たんに「短編のアンソロジー」とか「ショートショート集」と言われても、それほど読む気はしない。しかし、〝5分〟で〝意外な結末〟や〝感動のラスト〟が味わえるなら読んでみたいと思う人は多かった。5分後シリーズは売り出し方が巧みだった。一本一本ではマネタイズしにくい短編も、適切なパッケージで書籍化すればむしろ売りやすいものになってきた。短いだけでなく、〝意外な結末〟や〝感動のラスト〟と「オチ」が強調されているのもポイントだ。

近年ではゲーム、映画、小説いずれでも「売り切り」で完結するコンテンツではなく、受け手の反応を見ながら続きが作られ、不採算で打ち切られるまで終わらない「運用型コンテンツ」が一般的になった。人気のあるかぎり延々続くシリーズものが作られ、消費される傾向にある。映画ならMCU（マーヴェル・シネマティック・ユニバース）、ゲームならFate、小説なら「小説家になろう」の人気作品などを見ればわかりやすい。人気が出たIPは多メディアで展開され、スピンオフが無数に作られる。いったん好きになればいくらでも消費できるものがあることは嬉しいが、長く、多方面で展開されている作品は入るまでの敷居が高い。

だからこそ短い作品が入り込むスキがある。また運用型コンテンツは、人気のあるうちは終わらせられないために、引きに次ぐ引きで物語を展開せざるをえない。受け手は区切りがよく歯切れもよいオチを体験することがなかなかできない。今の子どもたちにとっては、一本一本が短く、オチにキレのある作品は新鮮だったのではないか。『54字の物語』も、こうした流れから生まれている。

子どもに「自分でも書けそう」と思わせることで学校へ広がる

しかし他のシリーズに関しては、本がいくら売れようが「授業の課題や宿題としてショートショートを書いてみよう」とまでいくものはそれほど多くない（廣嶋玲子『ふしぎ駄菓子屋銭天堂』のように、作中に登場する特別な力をもつ駄菓子を考えてみよう、という動きが起こったものはあるものの）。

なぜ『54字の物語』に関しては、書いてみようと思う児童・生徒が多く、教育関係者が注目したのか？　裏側に作品を書けばすぐに賞に応募できるハガキを本に挟み込み、公式サイトその他で「学校で使われています」と積極的に告知したからである。さらに言えば、二〇〇〇字の読書感想文を書くのが苦な子でも、ハガキに「五四文字で一ネタ書くくらいはできそう」と思わせる敷居の低さも重要だった。また、毎巻、書籍巻末に「作り方のコツ」をまとめていることも「自分でも書けそう」という気持ちを起こさせるものになっている。たとえば『意味がわかるとゾクゾクする超短編小説　54字の物語』では、

（1）物語のシチュエーションを決めよう
（2）そのシチュエーションの「普通」を考えよう
（3）「普通じゃない」状況を考えよう
（4）「なぜ？」「何？」を考えよう
（5）文字数を気にせず書いてみよう
（6）54字に調整しよう

とまとめている。(259)

ウェブでバズったネタを書籍化する際、本になる頃にはネタとしての鮮度が落ちてしまっている（忘れられかけている）ことが多い。本を売るためには最低でももう一度バズを起こして注意を引かなければならないのに、何の仕掛けもなくただ刊行してしまうと、注目されずに商業的に失敗するケースがままある。『54字の物語』はその点抜かりなく、朝読で「読まれる」ことを意図しただけでなく、ウェブを舞台に行われていた創作ムーブメントを子どもたちの日常／学校に横展開させることを考案した点が秀逸だった。

このシリーズの書籍は五四字の作品プラス解説というスタイルで書かれている。解説は蛇足という感じもするが、まだ読解力や学力が育っていない小・中学生（作品の理解には義務教育レベルの知識が必要になるものも多い）にはあった方がいいのだろう。また、ネットでは作品に読者が付けたコメントによって意味がわからなかった読者が理解できたり、解釈や感想をお互い語り合うことができるが、紙ではその機能の提供は難しい。だから解説が付いているわけだが、逆に言えば、創作してみた子ども同士が自作について説明してもよいということであり、そこにコミュニケーションが生まれる。これも学校空間と親和性がある。

だから本シリーズに関して正確に言うならば、書籍化にあたってバズを再び起こしたと言っても、最初にウェブで投稿していた人たちと書籍化以降に盛り上がっている子ども／学校関係者は別の層だ。こういうやり方でのウェブ小説の成功は珍しい。

ただ、ウェブでも本でも成功したフォーマットを作り上げたとはいえ、似たようなパターンでは飽きがくる。そういう意味で、このシリーズは二冊目が怪談テイストのもの、三冊目は複数著者によるアンソロジーときて、四冊目の本書は歴史ネタ——なぜ歴史なのかと言えば、これも学校との親和性の高さからだろう——と切り口を変えている点も、よく考えられている。

(259) 氏田雄介『意味がわかるとゾクゾクする超短編小説　54字の物語』ＰＨＰ研究所、二〇一八年、一八六—一九〇ページ

図鑑戦争のゆくえ

子ども向けが出始めた昭和30年代以降、図鑑のメインはイラストの「パノラマ画」だった。自然の中に多種類の動物などを描き、まとめて紹介した。グラフィック技術が発達して絵が細密になり、動物も個別に描かれるようになったが、00年ごろまではまだイラスト中心だった。全体にピントを合わせられない写真と違い、細部をクリアに表現できるためだ。最近は、カメラの画質がアップし、ピントも広く合うようになったお陰で写真が主流だ。

（「毎日新聞」二〇一七年六月二九日東京夕刊「チェック：子ども向け図鑑、進化中　写真細部まで親子で楽しむ工夫」）

現在の二〇代以上の記憶にある「図鑑」といえば、こうしたものだろう。ここでは二〇〇九年以降の「図鑑戦争」を追い、かつての図鑑とはいったい何が変わったのかを見ていこう。

図鑑市場に火を付けた『くらべる図鑑』

従来は小学校低学年までを中心にした市場だったが、最近の図鑑は、下は就学前の幼児から小学校高学年まで、広い年齢層に受けるものが増えている。きっかけは小学館が二〇〇九年に刊行した『小学館の図鑑ＮＥＯ＋くらべる図鑑』がシリーズ累計一二〇万部の大ヒットになったことだ。『くらべる図鑑』は小学館ＮＥＯから派生したものだから、まずは二〇〇二年に始まるＮＥＯがどんなものかから確認しておこう。ＮＥＯが出る以前、出版業界では図鑑は「売れない」という空気になっていた。中身が旧態依然としていたせいで注目する人も減り、書店では図鑑コーナーが消えつつあった。しかし図鑑の編集はお金と手間がかかる。そこにあえて挑戦したのがＮＥＯだ。ＮＥＯ編集長（当時）の北川吉隆は、図や写真を一新。子供たちに考えさせ、体験を促すべく各巻に「ためしてみよう」というコラムやクイズなどを設けた。昆虫編のコラムでは「アメンボのにおいをかいでみよう」、動物編のクイズ欄には「キツネのかかとはどこ?」等々。

さらにＮＥＯは、たとえば昆虫の場合でも子どもの目を引く種類（カブトムシなど）を優先した構成でなく、進化の過程に忠実に昆虫を配列。これが教員たちの信頼を得た。[260] 学校で行われる調べ学習でも、図鑑は資料として使われるからだ。

『ＮＥＯ』は知識の「習得」向きの図鑑、『くらべる図鑑』は知識の「活用」の例を示してくれる図鑑だった。『くらべる図鑑』のコンセプトは、身近なものから宇宙の果てまで、いろいろなものを比べ、新たな発見と驚きの扉を開くことだ。見開きを基本に、「いちばん大きな動物は?」「いちばん速い乗り物は?」といった疑問に答えるスタイルで構成されている。この『くらべる図鑑』の編集は二、三年がかりだった。

『くらべる』ではシロナガスクジラの三三メートルというサイズ感をどう表すかで悩み、人間の子供の写真を同じ縮尺で並べる構成にたどり着いた。ダチョウとニワトリの卵を比べるコーナーは目玉焼きで大きさを表現。いずれもその差は一目瞭然だ。ちなみに、ダチョウの目玉焼きは千葉の農場で撮影したが、「20人前あるので食べるのに往生した」。

廣野さんいわく「『子供の本だからこれくらいでいい』という妥協はご法度」だ。中高生レベルのやや高度な内容をいかにわかりやすく伝えるかが図鑑編集者の腕の見せ所なのだ。動物の足のコーナーは、ホッキョクグマが笑顔であいさつするようなしぐさの写真など、単に足の裏が見えればいいという以上の〝魅せる〟内容だ。一度ＯＫしてから、何度も写真を差し替えたそうだ。

『くらべる』シリーズの社内担当は廣野さん1人で、他に外部スタッフが3人だけ。「人数が多いと意見が割れてかえって収拾がつかなくなる」（「小学館図鑑百科編集室　廣野篤副編集長43」、「読売新聞」二〇一六年一二月五日東京夕刊）

さらに、書店が売りたくなるように『くらべる図鑑』はＲＦＩＤタグを付けた責任販売・委託併用企画としたため、事前予約から好調だった[261]。小学館が図鑑・事典ジャンルでこうした販売手法を試みたのは『くらべる図鑑』が最初ではない。たとえば一九九八年刊行の『21世紀こども百科』（一四万部、『名探偵コナン』のビデオ付き）や『歴史館』（一七万部）は事前予約制・買い切り条件にして流通マージンを四三％に設定、五〇〇円の報奨金を書店に提供している。[262]『21世紀こども百科』は「見開きで一テーマを扱う一冊本」という意味でも『くらべる図鑑』や後述する『キッズペディア』の先駆である。もっとも、企画した野上暁（上野明雄）によれば、これは講談社が一九八四年に出した『大図典Ｖｉｅｗ』の子ども版を狙ったものであり、さらに言えばイギリス発の『EYEWITNESS GUIDES』という一冊ワンテーマのビジュアル本のレイアウトを参考にしたものだという。[263]

話を戻すが、『くらべる図鑑』に続く二〇一〇年刊行の『小学館の子ども図鑑プレＮＥＯ楽しく遊ぶ学ぶ　せいかつの図鑑』も好調、さらには他社も類似の「テーマ図鑑」（ワンテーマ図鑑）という切り口で図鑑をつくりはじめたため、ジャンルが確立した。図鑑といえば、従来は「昆虫」「魚」「地球」などジャンル別に取り上げるのが主流だった。それが、テーマを一本にしぼらずユニークな切り口でクロスオーバーさせ、ひとつの見開きページにさまざまな情報を詰めこむなど、『くらべる図鑑』以降のニュータイプの図鑑が次々と登場する。

小学館は小学校入学前後の児童を対象に「プレＮＥＯ」シリーズも展開、ぞうきんの絞り方やちょうむすびの仕方など、子どもはもちろん保護者世代も今や知識が危うくなっている基本的な生活技法を紹介する『せいかつの図鑑』が二〇万部、「きりんの首はなぜ長いのか？」などの素朴な疑問に答える『ふしぎの図鑑』が一〇万部以上のヒットとなった。[264]

ほかにも、河出書房新社『こども大図鑑』、学研『いちばん！の図鑑』『一生の図鑑』『ほんとのおおきさ水族館』、ＰＨＰ研究所『できかた図鑑』、主婦の友社『野菜まるごと大図鑑』、柊風舎『世界の食用植物文化図鑑』、エクスナレッジ『最高に楽しい〔間取り〕の図鑑』、３Ｄメガネ付きの東京書籍『３Ｄ宇宙大図鑑』や日本図書センター『このホネなあに？　３Ｄ動物ふしぎ図鑑』等々、それまで図鑑を出してこなかった版元も含め、多数の図鑑が刊行された。図書館向けに企画したものが、人気が殺到して書店向けでも展開された図鑑もある。

この時期に勃興した、

一、二歳の乳幼児も喜んで見たり、お父さんやおじいさんが読み聞かせに活用している従来のセット売りの図鑑は金銭面、置き場所の問題から敬遠され、一冊で楽しめて勉強にもなる図鑑に注目が集まっている[265]

という傾向は、従来は見られなかったものである。

また、テーマ図鑑ブームから派生して、小学館『こども大百科　キッズペディア』、河出『いまがわかる！世界なるほど大百科』などを筆頭に、子ども向け百科市場も活性化されていく[266]。

テーマ図鑑ブームから各社が新創刊&リニューアルへ

テーマ図鑑は、二〇一一年夏には五社の商品が一斉に店頭に並ぶほどのブームとなった。

しかし『出版指標年報２０１３年版』によれば、一二年になると読者が一巡し、キャッチーなテーマも見当たらなくなってきた。一二年の『楽しく遊ぶ学ぶ　げんきの図鑑』は一三万部、「物差しを使わないで長さを測るには」など生活の知恵を紹介する一三年二月発売の『くふうの図鑑』も売れ行きはピーク時を大幅に下回る。(267) テーマ図鑑自体は三、四年で下火になった。

しかし図鑑ブームに目を付けた講談社が、一一年、ビジュアル性を重視したＤＶＤ付き図鑑シリーズ『ＭＯＶＥ』で参入。一二年にはポプラ社も『ＷＯＮＤＡ』で参入を果たす。この『ポプラディア大図鑑ＷＯＮＤＡ』シリーズは、オンラインの百科事典サービスと連動するという特徴を持っていた。そしてこれに対抗するべく、もともとシェアトップだった小学館と学研が一四年にＤＶＤ付きの新版に大改訂、または新シリーズを刊行する。学研の『ＬＩＶＥ』はＤＶＤ付きであるだけでなく、スマートフォンやタブレット端末に専用アプリをダウンロードして本にかざすと、３Ｄ映像や動画で昆虫や動物のリアルな動きを楽しむことができるという、トレンドを汲んだものだった。

一方の小学館『ＮＥＯ』の新シリーズは、一冊の出版に三年から七年かけて「生きている姿」の写真にこだわった。

バッタは長い触角が垂れないよう、トンボは目の色がくすまないよう、生きたまま撮影する。白い箱などに入れ、よく分かる姿勢で静止するまでシャッターチャンスをじっと待つ。逃げることもよくあり、虫の「ご機嫌次第」の作業だ。

植物は季節や地域ごとに咲く花を求め、荷台を撮影スタジオに改造した車で向かう。所有者の許しがあれば採集し、荷台で雄しべと雌しべがはっきり分かるほどアップで撮るが、絶滅危惧種は自然のままで。

（「毎日新聞」二〇一七年六月二九日東京夕刊「チェック：子ども向け図鑑、進化中　写真細部まで親子で楽しむ工夫」）

この偏執狂的な編集姿勢から生まれた『NEO』は、たしかに見やすく入りやすい入り口を持ちつつ、高学年どころか大人が読んでも満足できる——オタク心を刺激する——高度さ、マニアックさを兼ね備えた図鑑となり、シェアトップの売上となる。

出版科学研究所によると、「図鑑」（キャラクター図鑑などを除く）の平成25年の推定発行部数は149万部と、21年の80万部から大幅に伸びた。新刊点数も165点から181点に増えている。

（「産経新聞」二〇一四年六月一六日東京朝刊「【広角レンズ】進化する「図鑑」活況　ビジュアル重視、スマホと連動」）

図鑑の発行冊数は一九九〇年代には五〇万冊を超えなかったというから、二〇年弱で市場の大きさが三倍になった。さらには学研が二〇一二年に『世界の危険生物』、一三年に『危険生物大百科』、一四年に『学研の図鑑　超危険生物』などを刊行してヒットさせると類書が続々登場し、現在まで続く「危険生物」人気を決定づける。[268] これが二〇〇〇年代末から二〇一〇年代に起こった「図鑑戦争」の概要である。

偏執的な編集と「活用」的な版面構成が、子どもの学習の参考に

こうして流れを整理すると、小学館が頭ひとつ抜けて強いという印象を受ける。『NEO』の成功で、小学館は図鑑市場の四五％を占めるという。[269] 学習図鑑の売上一位は小学館『NEO』で、二〇一九年六月時点で累計発行部数は九〇〇万部超。[270] 一八年一月時点で講談社のMOVEの累計発行部数は約二七〇万部である。[271] 小学館はマクドナルドのハッピーセットに一八年夏からミニ図鑑（NEOを再編集したもの）とミニ絵本を提供したところ売り切れ続出、NEOの購入にもつながっているという。

また、小学館は一二年から刊行している〝図鑑のようで図鑑じゃない〟学習ビジュアル百科『キッズペディア』シリーズも人気だ。これは「植物と動物はどう違う?」といった〝なぜなに〟を見開き一テーマで写真やイラストで図解し、答えていくものであり、見せ方は学習雑誌のページづくりに似ている。[272] 兵器の図解に始まった図解の技術は、一方では学年誌を経て「コロコロ」に分岐し、もう一方では図鑑・事典の制作へと分岐し、かたちを変えながら今も子どもの心

をつかんでいる。

どうして小学館の図鑑が強いのか？　最終的なアウトプットのわかりやすさと高度さの両立まで含めて、自由研究、総合的学習／探究学習のお手本のようなものたりえているからだ。そしてなぜそれが実現できるかと言えば、先にも述べた編集者の偏執狂的ものづくりの力、それを許容する会社の組織力が大きいだろう。

この図鑑は、小学館の図鑑ＮＥＯシリーズの「イモムシとケムシ」（ＤＶＤ付き、税抜き２千円）。国内の幼虫約１１００種を掲載している。従来の一般向けの図鑑の数倍の詳しさで、高価な専門書と同等の充実ぶりだ。ページをめくると、色も形も様々なイモムシやケムシが登場。

６月下旬に発売すると、ネット販売サイトの大手、アマゾンの「図鑑・事典・年鑑」部門で一時売れ筋のトップ10入り。年内には１万部に届きそうな勢いで、同社の図鑑としては「恐竜」「宇宙」といった定番のテーマと肩を並べる異例の売れ行きという。

企画のきっかけは４年前。編集者の広野篤さん（45）が、チョウやガの幼虫の展示会を訪れて思いついた。社内で提案すると、当時の上司は「やるのはいいけど、見たくはない」。それでも、専門家に協力を仰ぎ、自身も３年以上かけて約50種類、数百匹のイモムシやケムシを会社で育てながら作り上げた。

（「朝日新聞」二〇一八年八月一〇日東京夕刊「イモムシ図鑑、意外な人気　「学術的にも価値」」）
(260)「中日新聞」二〇一二年二月一三日夕刊「本の現場から　なぜ今図鑑ブーム　考えさせる切り口に」
(261)出版年鑑編集部『出版年鑑2010』出版ニュース社、二〇一一年、三四ページ
(262)長岡義幸「児童書は本当に売れなくなっているのか?」、『ず・ぼん⑥』ポット出版、一九九九年、四五ページ
(263)野上暁『小学館の学年誌と児童書』論創社、二〇一五年、一二七ページ
(264)「読売新聞」二〇一一年二月一四日東京夕刊「大人にも楽しい　図鑑が元気　「科学」や「生活」多種多彩」
(265)「産経新聞」二〇一〇年五月一二日大阪朝刊「【こども】活気づく図鑑市場　「楽しく」「勉強になる」を1冊で」
(266)出版年鑑編集部『出版年鑑2012』出版ニュース社、二〇一三年、四〇ページ
(267)『出版指標年報2013年版』一三八―一三九ページ
(268)『出版指標年報2015年版』一三三ページ
(269)「「妖怪ウォッチ」旋風が吹いた小学館の今後」、「創」二〇一三年五・六月号、四四―四五ページ
(270)「産経新聞」二〇一九年六月一三日東京朝刊「「勉強感」より面白さ　科学児童書ヒット　絵本や図鑑、工夫満載」
(271)「読売新聞」二〇一八年一月三〇日東京夕刊「「ＭＯＶＥ　生きものになれる展」日本科学未来館＝特集」
(272)「創」二〇一三年五・六月号、四六ページ

二一世紀の学習マンガ——キャリア教育・自己啓発・STEM・国際化

八〇年代初頭に大学生向けの翻訳学習マンガが人気となり、続いて小学生向けの学習マンガ『日本の歴史』が各社から刊行されてヒットしたことで、少年マンガや少女マンガとはまた別のカテゴリに属する「学習マンガ」市場が確立されたことは、第一章で見た。

図鑑同様に、二〇〇〇年末から学習マンガ市場でも大きな変化が起きている。

『ビリギャル』が学習マンガ市場を活性化

二〇一三年に坪田信貴の実話小説『学年ビリのギャルが1年で偏差値を40上げて慶應大学に現役合格した話』が発売されてヒットし、この小説を原作とする映画『ビリギャル』が一五年に公開された。『ビリギャル』のなかで小学館の『学習まんが　少年少女日本の歴史』が受験勉強に役立つ本として紹介されたことで売れ行きが急伸、学習マンガブームとなった。

この流れから二〇一五年六月に小学館は小学校低学年向けに『はじめての日本の歴史』を、KADOKAWAが『角川まんが学習シリーズ　日本の歴史』を（こちらは発売五か月で一二〇万部の大ヒットに）、一六年には集英社が一六年ぶりに『集英社版学習まんが　日本の歴史』を全面改訂して刊行。売上的には四六判ソフトカバーでコミックス感覚で読めるKADOKAWAのシリーズが抜きん出ているが、[273] いずれも好調な売上となった。「創」二〇一九年二月号の編集部原稿「『コナン』『学習まんが』好調　小学館の新たな取り組み」によれば、小学館はほかに『日本史探偵コナン』が一二巻で累計九二万部、『小学館版学習まんが世界の歴史』を全一七巻で二〇一八年に一気に刊行したが小学生から高校生まで買われ、歴史上の人物をとりあげた『学習まんが人物館』はシリーズ累計三〇〇万部超。[274]

このあたりは従来の歴史や偉人ものの学習マンガを今風にリニューアルしたものだが、ここで大きく取り上げたいのはキャリア教育を扱った学習マンガ、あるいは韓国やマレーシア産のSTEM（科学・技術・工学・数学）系学習マンガが日本市場を席巻していることだ。

小学生女子が「これまでに読んだ本の中でいちばん好きな本」はキャリア教育もの学習マンガ「まんがでよくわかるシリーズ・ひみつ文庫」

いま、小学生女子が選ぶ「これまでに読んだ本の中でいちばん好きな本」は何かご存じだろうか？　それは『ヘレン・ケラー』でも『ナイチンゲール』でも『赤毛のアン』でもない。学研プラスが刊行する『まんがでよくわかるシリーズ・ひみつ文庫』という学習マンガである。

二〇一九年六月実施の第六五回学校読書調査でのアンケートによれば、同シリーズは小学生女子部門で六〇票を獲得し、二位の『ふしぎ駄菓子屋銭天堂』『名探偵コナン』各二七票に倍以上の差を付けてトップになっている。

なぜこの学習マンガは小学生女子に支持されているのか？　学習マンガといえば定番は歴史や偉人の伝記ものだが、本シリーズの特徴は「お仕事もの」的な切り口にある。

このシリーズの基本的な構成はこうだ。対象読者と同じ小学四～六年生の少年少女（ペアまたは三人）が主役となり、各巻のタイトルになっている「エアコンのひみつ」や「真珠のひみつ」といったテーマについて教えてくれる存在（おじいちゃん、お父さん、ロボット、何かの精、企業の人など）と出会い、その題材の歴史や製造工程を学び、実際に事業を手がけている企業へ見学に行き、さらに見識を深める、というものだ。一冊あたり全六章前後の構成で、各章が終わると二～四ページの文章と図解によるコラムが挿入され、マンガのページの両端には一行で書かれた「まめちしき」も入る。「子どもたちはコラムや『まめちしき』を読んで親御さんに『これ、知ってる？　○○なんだよ』と話すのが好きみたいですね」（学研プラス　コンテンツプロデュース部　学びソリューション事業室副室長・鈴木裕昭）

「そんなに読まれてるなら試しに買ってみよう」と思うかもしれないが、「ひみつシリーズ」は書店流通（市販）はしていない。全国約二万の小学校と約三〇〇〇の公共図書館、そして約八〇〇の児童館に寄贈している。

このシリーズは、二〇〇一年に第一弾として『ハンバーガーのひみつ』を刊行して以来、一冊ごとに各巻のテーマとなる「ソーダ」「雷」「高野豆腐」「多目的作業車」等々に関する内容を、各企業と学研とが共同制作するかたちで成り立っている。

子どもたちは各テーマを楽しみながら学ぶことができ、調べ学習（総合学習、探究学習）や自由研究のための教材として活用されることも多い。

学研側としては各巻ごとの題材に加え、シリーズを通して「キャリア教育」「環境教育（ＳＤＧｓ）」「グローバル化」という三つのテーマを意識して制作している。

企業側としては、事業紹介やＣＳＲ（社会的責任）の一環という位置づけで取り組んでいるケースが多い。特にＢｔｏＣ企業と比べて子どもにはなじみの薄いモーターやポンプ関連などのＢｔｏＢ企業、あるいは人手不足に悩む海運業界などからは「この仕事おもしろそう」「今まで意識したことがなかったけど、こんな風に社会貢献できる仕事もあるのか」と興味を持ってもらうための糸口として期待されている。実際、「小学生のころ『ひみつシリーズ』を読んでこの業界に興味を持ちました」とエントリーシートで書いたり、面接で話す学生もすでに現れているという。

このシリーズの対象読者である小学校五、六年生は思春期の入り口、言いかえれば大人の入り口に立ちかけた存在である。特に女子は男子より発達が早く、将来どうしようか具体的に考え始める時期だろう。先にも述べたように、小学生女子に人気のマンガ誌「ちゃお」でも、主人公は何かしらの職業（アイドル、パティシエ、ファッションデザイナーなど）に就いている作品が少なくない。これが男子向けの「コロコロコミック」だとホビーもののマンガやギャグマンガはあっても、読者が将来就くかもしれない職業に従事している存在を主人公にしたものはほとんど見当たらない。「ひみつシリーズ」が男子以上に女子の心に深く刺さっているのはおそらくそういう違いによる。

しかも「ひみつシリーズ」は広く浅く売らなければいけない宿命を持つ市販の学習マンガや子ども向けの「〇〇になるには」的なキャリア教育本と比べ、かなり突っ込んだテーマと濃い情報量での構成を実現している。ひみつシリーズの題材は、回転寿司やアイスクリーム、お化粧といった子どもにとっても身近でありかつ興味の対象であるものから、下水道や窓、ゲーミングPCやフォークリフトといった「言われてみればどうなっているのかたしかに気になるけど、お金を出して買って読みたいかというとそこまでではないかもしれない」というものまで、非常に幅広い。この多様さは各業界のトップランナー企業の協力があるからこそであり、また、寄贈して無料で読んでもらうことを前提としたスキームだからこそだ。

シナリオライターとマンガ家がみっちり取材をし、コラム類にも企業側の監修が入っていることもあって、読んでいてリアリティをもって仕事現場のことがわかる。また、たとえば『鉄のひみつ』では鉄鉱石から釘などの最終加工品になるまでの過程を、鉄から酸素や炭素を取り除く高炉のしくみや種類等々についてまで、非常に丁寧に解説している。

小学校では、植物の発芽はどんなものかとか、化学反応というものがあるとか、社会科で各種社会問題の存在は学ぶが、そうした知識が世の中でどう活かされ、どんな仕事に活用されているかまでは、そこまで深く掘り下げられていないだろう。しかし、ひみつシリーズを読むと、学校で習う歴史や理科と、実社会にある仕事とが有機的に結びついていることが自然とわかる。さらにはこれからの社会で必要とされる環境への配慮、グローバル化への対応などが、読者である自分たちと近い作中の主人公たちの姿を通じて実感できる。これが大人への入り口に立った小学校高学年女子に「これまでに読んだ本の中でいちばん好きな本」とまで感じさせるポイントなのではないか。「二〇二〇年からの新学習指導要領では、小学校でのキャリア教育への取り組みが文科省からも求められています。ですから学校の先生からも『仕事もの』をもっと出してほしいという要望があり、弊社としても充実させていきたいと考えています」（学研プラス　コンテンツプロデュース部　学びソリューション事業室プロデューサー・三家本慎司）

たびたび本書で強調してきたように、ＰＩＳＡをはじめ教育業界の国際的な潮流の中では、知識を習得するだけでなく、その知識を社会で活用すること、そして各人が自分なりに知識を探求していくことが求められている。ひみつシリーズは『ジュニア空想科学読本』同様に――このふたつは一見まったく異なるが――その潮流に合致した企画でもある。

「子ども向け実用書」学習マンガ――『学校では教えてくれない大切なこと』

二〇一〇年代中盤に子ども向けの実用書・自己啓発書市場が勃興し、二〇二〇年現在、大きな盛り上がりを見せている。代表格は英和辞典や学習参考書でおなじみの旺文社が二〇一五年七月から刊行する学習マンガ『学校では教えてくれない大切なこと』シリーズ（全二九タイトル、累計二〇〇万部突破）だ。このシリーズでは『時間の使い方』『夢のかなえ方』『数字に強くなる』などビジネス書同様のテーマが扱われているが、そんな本が小学校三、四年生を中心に広く読まれているとは、いったいどういうことなのだろうか？

二〇一〇年代以前にも、子どもを対象に「友だちとの関係はどうしたらいいのか」「勉強法は？」といった内容を扱った実用書は存在していたが、近年のように書店にこのジャンルをまとめて並べる棚ができるほど目立ってはいなかった。では、『学校では教えてくれない大切なこと』シリーズは書店の光景をいかにして変えたか。まずはここから掘り下げてみよう。

旺文社は英語や数学など、教科別の教材を長年作ってきた。しかしアンケートや社内の小学生の子どものいる社員の声などから、保護者が子どもに対して「教科外の力も身に付けてほしい」と考えていることも摑んでいた。そこで、そのニーズに応える企画を二〇一四年頃から練りはじめた。親のニーズおよび大人向けの実用書を分析して「自分のこと」「相手のこと」「世の中のこと」という三つの軸を作り、そこから一冊ごとのテーマを立案。第一弾は『整理整頓』『友だち関係　自分と仲良く』『お金のこと』の三冊を刊行。

旺文社がそれまで扱ってきた学参と児童書では書店でも棚が違うため、最初の3タイトル発売時の書店営業は苦労した。ところが発売されるやいなや『整理整頓』がいきなり爆発的に売れたことで、以降も「あのシリーズか」と書店や親からの認知が進み、以降のシリーズも好調に動く流れができた。特に売れているタイトルは『整理整頓』『時間の使い方』『勉強が好きになる』。毎日のように子どもに「片付けなさい」「寝る時間だよ」「宿題しなさい」と言っている親が多く、しかし、どうすれば納得してやってもらえるかに苦労しているからだろう。夏休みシーズンは読書感想文を書く時期ため『文章がうまくなる』が売れ、お年玉をもらう冬休みシーズンには『お金のこと』が売れる、といった季節と連動した需要もある。親だけでなく祖父母世代からの「孫に読ませたいのでシリーズで買いたい」、あるいは地域の高齢者から「読み聞かせのイベントで使いたい」という声もあるそうだ。

編集部では「このテーマは親に刺さるか？」を第一に置いて企画を考えているという。

逆に言えば、子どもの多くは片付けにしろ時間の使い方にしろ、「困っている」「悩んでいる」という自覚はない。もちろん、『ステキになりたい』『カッコよくなりたい』『文章がうまくなる』など、子どもの願望に寄り添ったテーマの本もある。これらは『身だしなみの整え方』『文章の書き方』といったかしこまったものにはせず、子どもが受け入れやすいタイトルを狙ったものだ。とはいえシリーズの多くは『楽しくお手伝い』『ネットのルール』のように親がしてほしい、知ってほしい願望を托した内容だ。そういう本をなぜ子どもが読もうと思うのか？

従来の子ども向け実用書はテキスト中心でとっつきにくかったが、このシリーズは読みやすい学習マンガスタイルだ。それも読者が説教臭さを感じないよう、全体的にくだけたトーンで絵柄はコミカルだ。歴史や伝記ものの学習マンガと比べると、だいぶデフォルメされたキャラクター造形になっている。ストーリーでもギャグを多めにして子どもが親しみやすく、最後まで読み切れるよう工夫が凝らされている。優秀な子だけでなくおっちょこちょいや、親に言われたことをなかなかやらない怠け者キャラも用意して子どもが感情移入しやすくし、宇宙人が登場するといった場面設定を用意して興味を惹くようにしている。学習参考書づくりでは「正確さ」「信頼感」が第一に求められるが、こちらのシリーズでは読者に「おもしろい」と思ってもらえるストーリーづくりにこだわり、毎巻、時間をかけて制作に臨んでいる――学参とはまったく勘所の違う本づくりができる編集者が担当している。

つまり子どもは、テーマに興味を持って読むというより「なんかおもしろそう」「マンガだし」ということから入る。本のカバーには作中のマンガから抜き出したイラストが並べられているが、その部分だけ特別な加工がしてあり、浮き出て見えるようにするなど、手触りの楽しさも意識した本作りがされている。そうやって興味を持って手に取り、母親に「○○しなさい」と叱られている主人公に共感しながら読み進めていくと「へー、だから勉強したほうがいいのか」と気付く。もっとも、実用書は一度読んだくらいでは、頭では理解しても行動に移すまでにはなかなかいかない。しかし本シリーズは何度読んでも耐えうる学習マンガを作ろうと「本筋とは関係ないところでふざけているキャラクターがいる」「よく見ると小ネタが描かれている」といった仕掛けをいくつも用意。これによって隅々まで読むという需要を喚起し、繰り返し読むうちに、より納得感が深まるようにした。ある巻で出てきたキャラクターが別の巻で端役で出てくるといった仕掛けもあり、巻ごと（テーマごと）の読者だけでなく、シリーズの読者も生まれている。

こうして親と子、それぞれに満足を与える作品に仕上げた。もともと大人向け実用書を分析してスタートしたこともあり、親子いっしょに読んで「大人もできていないようなことの実践方法が平易にまとまっている」「自分も勉強になった」という声も多い。

学校では手が届かない教科外のことをケアした本だとわかりやすく示すために「学校では教えてくれない」というシリーズタイトルを付けた。教師としては、学校ではカバーしにくいが保護者から「うちの子、どうにかなりませんか」と言われやすい勉強法や生活習慣について、多忙な教師に代わって教えてくれるなら大歓迎なのだという。

二〇二〇年度からの実施される新しい学習指導要領では「主体的・対話的な深い学び」が重視される。このシリーズで扱われる『研究って楽しい』『本が好きになる』『発表がうまくなる』などのテーマは、広く言えばこうした教育の潮流に合致したものとも言える。

『学校では教えてくれない大切なこと』は企画当初から「子ども向け実用書」というコンセプトで本作りを進め、パイオニア的存在として市場開拓を進めてきた。シリーズ開始から四、五年経ち、近年ではメディアで「子ども向け実用書」というくくりで特集されることも増え、書店に児童書棚のサブカテゴリとして独立した棚ができるほどになった。二〇一九年夏には旺文社と日本図書センターで共同フェアを行う（行える）ほど、類書も増えてきている。

このジャンルは、大人向けではよくある題材を扱ってはいるものの、ビジネス書に強い出版社のシェアが大きいわけではない。普通のビジネス書は「本人が課題意識に思っている内容に反応して、本を手に取る」。一方、子ども向け実用書には「本人（子ども）は課題意識を持っていないが、第三者（親）が課題だと感じていることを、本人（子ども）に興味を持たせて納得させて解決する」ことが求められる。本のつくり方、売り方の勝手が大きく違う。

むしろ旺文社のように、長年にわたって子どもの飽きっぽさや本を開かせるハードルの高さへ向き合って興味を惹くノウハウを構築し、親や教師の悩みのツボをつかむチャンネルを持っている出版社の方に分がある。

ただし、参考書づくりとは必要とされるノウハウは異なる。つまり学参編集者なら誰でも作れたわけではなく、ここもキモのひとつだ。

既存商品の開発・販売を通じて、あるターゲット層の行動特性を熟知し、同じターゲットに向けた、隣接する別のニーズをキャッチする。そしてその課題を解決する新たな商品づくりに必要な能力を持つ人材をアサインする――これができたことが、シリーズの成功要因だろう。

『サバイバル』シリーズ――韓国発STEM系学習マンガ

韓国発の学習マンガ「科学漫画サバイバルシリーズ」（朝日新聞出版）は、原著が二〇〇一年に刊行されると、たちまちヒット作になった。版元である大韓教科書（現在はミレエヌとルーデンスに分社）が朝日新聞出版に企画を持ち込み、日本では二〇〇八年から刊行を開始。初版八〇〇〇部のスタートだったが、年間六、七冊新刊を出し続けるうちにじわじわと広がり、二〇一一年には累計五〇万部、一二年には一〇〇万部を突破。近年は毎年一〇〇万部ペースで発行部数を増やし、累計八五〇万部。書店ではフェアを年三回、二〇〇〇店で実施している。

同シリーズは、マンガながら「朝読」でも読んでいい本に入っており、平成二九年度「『朝の読書』で読まれた本ランキング」では、小学校部門で第二位となった。とくに読者が多いのは小三、小四で、読者ハガキの返りの男女比は七対三。「コロコロコミック」や『かいけつゾロリ』をよく読む年齢とほぼ重なるが、主人公はおバカだがやるときはやるタイプで、コミカルさに富む点が共通している。歴史や偉人ものの学習マンガの大半とは異なり、主人公は子どもで、大人に指示されてではなく自分たちで道を切り拓く。また日本の学習マンガでは、なんでもマンガの中で説明しがちだが、本シリーズは、ストーリー部分はハラハラドキドキ、ギャグ満載で、章の合間に解説コラムが入るスタイルだ。

「子どもは最初はコラムを読まないかもしれないが、繰り返し読むうちにコラムも読んで、覚えた知識を親に語ると親御さんたちは『よく知ってるね！』と驚く。お子さんだけでなく、保護者の方から感謝のハガキも、たくさんいただきます」（朝日新聞出版・須田剛）

ＡＩ、アレルギー、大気汚染といった、その時々のニュースで話題となるテーマを扱った新作が出されている点も、子どもの心に刺さる理由だろう。「ファンクラブ通信や壁新聞コンテストでは、子どもたち自身が考えたサバイバルの題材や記事を募集していますが、そうした情報は本国にも伝えています。東日本大震災後に『原子力のサバイバル』が描かれたのは、そういう背景もあります」（須田）。

また、日本で学習マンガの原作などを制作するチーム・ガリレオが文を担当し、絵を「サバイバル」の作画担当が手がけた『5分間のサバイバル』シリーズや、同じくチーム・ガリレオがストーリーを担当した日本オリジナルの『歴史漫画タイムワープ』シリーズを立ち上げるなど、横の展開も進めている。

韓国学習マンガ成功の秘訣——『Why?シリーズ』は世界四五か国に

韓国のみならず中国や日本、東南アジア諸国でも成功を収めた『サバイバル』シリーズは、韓国で突然変異的に誕生したわけではない。現在、韓国で書店などの学習マンガコーナーを見ると、必ずしも学習的要素のないマンガを含む「子ども向け・フルカラーの大判マンガ」、つまりアニメのフィルムブックやシールブックなども置かれている。もちろん日本でいう狭義の「学習マンガ」にあたるものも、古くから存在する。

日本では近年、「子ども向け学習マンガ」が「青年や大人も読む教養マンガ」として読まれる（または当初から、青年・大人向けのものが刊行される）傾向があるが、教育・学習熱の高い韓国では、すでに一九八〇年代からそうだった。モノクロで描かれた、必ずしも子ども向けではない〝教養マンガ〟の草分けに、イ・ウォンボク『遠い国　隣の国』がある。ドイツ留学帰りの著者が自身のヨーロッパ体験を描いたこの作品は、八一年～八六年に「少年韓国日報」に連載され、八七年に単行本化されると、累計一七〇〇万部を超える大ベストセラーとなった。『サバイバル』のような「フルカラー・大判・マンガ＋補足記事」スタイルの韓国学習マンガが確立されていったのは、九〇年代後半からである。決定的に定着したきっかけは、ホン・ウンヨン『マンガで見るギリシア・ローマ神話』（累計二〇〇〇万部超）だった。

現在も刊行中の代表的なシリーズには、科学学習マンガの『サバイバル』と『Ｗｈｙ？』、次いで漢字学習マンガの『魔法千字文』などがある。ここでは『Ｗｈｙ？』シリーズについて紹介しよう。韓国で一九八九年に刊行が始まった『Ｗｈｙ？』は、日本でも学研教育出版（当時）から二〇一一から一三年にかけて翻訳版が刊行されたものの、反響が芳しくなかったためか、その後刊行が途絶えた。しかし韓国国内では、累計販売部数六九〇〇万部を突破、一二言語圏四五か国に輸出され、一四年までに累計販売部数三〇〇〇万部と、国際的なヒット作となっている。『サバイバル』同様『Ｗｈｙ？』も、日本以外の多くの国のマンガでよく見られる「左開き・フルカラー」スタイルだ。

また、ハリウッド映画やアメリカのＴＶドラマ、香港の武俠映画やマンガなどのエンターテインメントの影響を受けながらも、過激な表現がなく、親が安心して買い与えられる作品に仕上がっている。それでいながら大人が読んでも面白いほど情報の密度が濃く、近年注目度の高いＳＴＥＭ系のテーマも多いため、国籍を問わず、関心がもてる内容である。

そもそも多くの国では、いまだに「マンガ＝子どものもの」という意識が強い。つまり、児童マンガ市場は世界中に存在するのだ。そこに、大人の読書にも耐えうる、娯楽と勉強を兼ね備えた良質な作品を届けられたことが、韓国学習マンガの国際的な成功の理由だろう。

（この稿作成にあたり、コミックポップエンターテインメント・宣政佑《ソンジョンウ》氏から、多くの情報提供をいただきました）

マレーシア発の学習マンガ『どっちが強い!?』が生まれた背景とは

韓国発以外にも、日本の学習マンガ市場を席巻するアジア産学習マンガがある。

マレーシアのスライウムらによる『どっちが強い!?』だ。こちらは日本だけでシリーズ累計一二〇万部を超え、危険生物ブームもあってシリーズの中では『サメvsメカジキ』『ヘビvsワニ』が特に売れている。また、同シリーズ登場のXベンチャー調査隊の別チームが活躍する『恐竜キングダム』も東南アジアおよび日本でも刊行されている。

『サバイバル』同様、『どっちが強い!?』も少年を主人公とし、アクションやバトル、ギャグなど子ども（特に男子）の心をつかむ要素が満載であり、フルカラーで右開きではあるが日本の児童マンガ／少年マンガを読み慣れている人間には違和感なく読めるスタイル。『どっちが強い!?』は、少年少女が2チームに分かれてそれぞれに世界各地に飛んでさまざまな問題を解決しながら、「ライオンvsトラ」「カバvsアフリカスイギュウ」のような戦闘力の近い動物たちの本気バトルを目の当たりにできるエンタメマンガ＋科学解説記事で構成されている。

ＫＡＤＯＫＡＷＡは二〇一三年頃から東南アジア進出に力を入れ、現地法人設立、現地企業との合弁企業設立、現地有力企業の買収、クリエイター養成スクール設立などを行っている。『どっちが強い⁉』は、元はマレーシアのGALA UNGGUL社から刊行されたものだが、GALA UNGGULをＫＡＤＯＫＡＷＡが一五年に買収（同時にKADOKAWA GEMPAK STARZに改名）。

このシリーズは日本や東南アジアで成功しているが、そもそものマレーシアのマンガ事情から紐解いていこう。

マレーシアは多言語（マレー語、中国語、英語）、多宗教（ムスリム六割、仏教二割、キリスト教一割、その他一割）、多民族（マレー系、華人系、インド系）の国だ。しかも子ども向けのために様々な表現上の規制に配慮する必要がある。

マレーシアはムスリムが強く、彼らは偶像崇拝が禁止のため『ポケモン』も問題にされたことがある。宗教的な規範のセンサーシップ機関があり、内容チェックをされる。マンガの表紙に豚は出せないし、児童向けでも日本ではよくある男の子がチンチンを出すシーンがダメだったり、女性の服装も極端に短いスカートや体の線を強調したものはＮＧと規制が厳しい。そういう点に配慮された、ムスリムも読めるマンガが現地で描かれているのだ。

また、マレーシアは国がクリエイティブ産業の援助に手厚く、質の良い描き手を雇う＆良い作品を提供するという好循環を形成している。アニメでも『ポケモン』や『妖怪ウォッチ』の制作を手がけるＯＬＭはマレーシアにＯＬＭ　ＡＳＩＡというスタジオを設立したが、こういう背景からだ[275]。

隣国シンガポールも多民族・多宗教だが、人口五〇〇万人と市場が小さく、生活コストは高く、公用語が英語のため、マンガ産業・マンガ家はそれほど充実していない。英語版だけでは東南アジアではマレーシア、シンガポール、フィリピンなどにしか届かない。ＧＥＭＰＡＫは作家を内製化し、はじめからマレー語版、簡体字版、英語版を制作するなど、コストを抑えながらも、島が多くて物流が大変な東南アジアでディストリビューションを握っているから強いと言われている。なお、シンガポールでは学校内の書店を中心に流通しているようだ。

そもそもマレーシアのマンガ市場の主要顧客層は小学生で、平均年齢は七〜一二歳だという[276]。世界の多くの国では今でも「マンガ＝子どものもの」であり、日本マンガの輸出も児童〜少年・少女マンガのほうが大人向けよりもしやすい傾向にある。「面白いものが読みたい」と思う子どもと「勉強させたい」と思う親の双方に訴える学習マンガ分野のニーズは世界共通であり、コンテンツの輸出入がさかんに起こるのは必然だ。

では、『どっちが強い!?』はなぜ日本で成功したのか？

科学学習マンガジャンルにおいて、当時、動物と動物がガチで勝負することをテーマにした類似シリーズは存在していなかった。マンガはエンタメに寄せているのに、記事内の動物イラストはリアルかつ緻密なのも特徴的だ。本書を制作したクリエイター陣は「学習マンガ」としてではなく「エンタメマンガ」として制作しており、「学習マンガっぽさ」にとらわれていないところが子どもに受けた。

こうした新鮮さのみならず、日本市場特有の事情に対応した点も重要だ。日本では「学習マンガ」か否かで棚が分かれているから、日本版では改めて監修者を立てて内容を精査し、保護者の方々にも安心してもらえるよう、内容の確かさを重視している。

もちろん、作家陣が『AKIRA』やジャンプマンガの模倣からマンガ家人生を始めたが故に、日本マンガに慣れた読者に受け入れられやすかったこともあるだろう。(277)

これがマレーシア出身でシンガポール在住のマンガ家ソニー・リュウの場合だと、政治風刺マンガの伝統を汲みながらフランスのB．D．(バンデシネ)、アメリカンコミックスの影響や日本の横山光輝などを思わせる要素が複雑に絡むものの、エンタメ性は薄い。だから〝マンガのアカデミー賞〟と呼ばれるアイズナー賞を受賞するほど芸術性・作品性が高く評価されているものの、おそらく子どもに支持されているわけではない。

『どっちが強い⁉』の原題は「PRIMAL POWER SERIES」だが、日本版では子どもがひと目で見てわかりやすいシリーズ名を狙って『どっちが強い⁉』に決めた。男児は「最強は誰(何)?」を気にする生き物だから秀逸なネーミングだ。ただ、読者は男児だけでなく、男女比は六：四。読者は小学校低学年が中心だが、未就学児童にも広がっている。

さらに二〇一九年六月からは『どっちが強い⁉』シリーズのキャラクターを使い、日本人がシナリオ・ネームを担当し、ＧＥＭＰＡＫのスタッフがカバーや巻頭マンガを作画したスピンオフ『のびーる国語』シリーズも刊行された。『サバイバル』シリーズでも同様の手法で制作された日韓コラボの日本オリジナル企画があるが、こうした国を越えた学習マンガのコラボレーションも今後は増えていくのだろう。

小学館のキッズコンテンツの東南アジア展開

なお、小学館アジアが『名探偵コナン』の科学学習マンガを翻訳出版するなど、日本がこの分野で一方的に輸入国というわけではない。学習マンガの話から少し逸れるが、小学館によるキッズコンテンツの東南アジア展開についてここでは紹介してみたい。

小学館はもともと、本社から海外のローカル出版社、たとえばベトナムではキム・ドン社などに、ライセンス輸出をしてきた。同様のかたちでライセンスを許諾していた、シンガポールの英語版や中国語版の現地出版社が二〇一二年になくなると、小学館アジアを設立。経済成長著しいアジアの今後を見据え、現地の要望を直に知りながらやっていく方が、ビジネスチャンスにも将来の財産にもなると考えたからである。

ＥＵのようなかたちでＡＳＥＡＮ経済統合が進み、その業務言語は英語。またシンガポール以外の国は外資規制があり、出版社が自由に作れない。これがシンガポールに子会社を作り、英語版を刊行する大きな理由だ。

主な出版ジャンルは、ひとつは『名探偵コナン』『ポケットモンスター』をはじめとするコミック。もうひとつは図鑑や3Dクラフトブック（紙を組み立てると動物などになるもの）などの教育系出版物。シンガポールで一九九〇年代に流行したJohnny・Lau『MR. KIASU』の続編や、インドネシアの若手作家、Sweta・Kartikaを起用した『NUSA FIVE』など、現地作家の新作描き下ろしコミックも刊行している。

売れ筋はタイミングにもよるが、『ポケモン』がトップで、単巻一万部を超えるものも。次が『フューチャーカード バディファイト』、『ドラえもん』『名探偵コナン』と続く。いずれも、売価は一〇シンガポールドル（約八〇〇円）前後だ。

子供向けコンテンツを売るには、やはり『コロコロ』のようにホビー、ゲーム、アニメなどと連動するのが有効だ。例えば東南アジアで最も売れている『コロコロ』系マンガは『フューチャーカード バディファイト』であり、その理由はブシロードにシンガポールオフィスがあり、各国でアニメを放映し、現地でTCG（トレーディングカードゲーム）を取り扱う小売店とも時に協力し、プロモーション用カードをコミックに付けて販売するという連動施策ができるからだ。また、二〇一九年にチャンギ空港内にできた『Jewel』というショッピングモールにポケモンセンターができて話題沸騰となり、Popularも店頭で、ポケモン本のフェアを展開してくれたこともあった。

クロスメディア展開で出版物を売り伸ばすのは、日本でもよく見られる手法だが、一方で日本では珍しいタイプのプロモーションも行っている。『MR．KIASU』では、ヘアカット専門店QBハウスやメガネ販売を手がけるオンデーズとのプロダクトプレイスメント（作中に特定の企業・商品を登場させる広告のやり方）を行った。作中と連動して、たとえばモール内に展開しているQBハウスの店舗に大きなスタンディ（パネル）を飾り、サンプル本も置いた。書店以外での宣伝をより効果的に行うとともに、待ち時間やカットの間に本を読んでもらい、読み切れず続きが気になる人にはモール内の書店で買ってもらう、という導線もつくったのだ。

経済成長や教育熱の高まりが続く東南アジアだが、しかし実は、日本のコンテンツに対するライセンス需要は減ってきている。背景にはスキャンレーション（マンガの海賊版）サイトの存在のみならず、日本以外のプレイヤーの台頭もある。たとえば韓国ウェブトゥーン（デジタルコミック）事業者の進出、タイ発の東南アジア最大のE－Book事業者、Ookbeeが中国のテンセントと組んでウェブマンガ作品を調達、マレーシア発のマンガ・アニメのヒット作が登場、などである。

アジアの学習マンガ、キッズコンテンツの輸出入やコラボによって日本の、そしてアジアの子どもの本市場がどう変わるのか――注視していきたい流れである。

（273）『出版指標年報２０１７年版』一三一ページ

(274)「創」二〇一九年二月号、創出版、二九ページ

(275)「日系アニメ・漫画の進出相次ぐ　コミックフェスタでも存在感」、「ＮＮＡアジア」二〇一七年三月一九日

(276)ＪＥＴＲＯ「マレーシアにおけるコンテンツ産業調査（２０１７年）」

(277)【アジアで会う】スライウムさん、レッドコードさん　漫画家　第２４４回「ＡＫＩＲＡ」を描きたくて、「ＮＮＡアジア」二〇一九年三月二六日

中国に「絵本」を広めたのはポプラ社だった

北京開巻信息技術有限公司による中国で唯一の図書データ資料「中国開巻市場調査研究報告」によると二〇一九年度の中国の図書売上は八九四億元（約一・三七兆円）なかでも児童書は二〇一七年頃から全体の二五％と出版市場の中で最大シェアを誇る。絵本の売上は九〇％が欧米、日本、韓国からの翻訳ものを占め、中国発の国産絵本はまだまだ成長途上にある。というのも、中国に絵本市場が誕生してからまだ二〇年足らず。そして中国絵本市場の開拓者というべき存在がポプラ社である。

一九九〇年代まで、中国の子どもの本はペラペラのわら半紙のような紙に印刷され、製本技術が十分でなかった。のみならず、文化大革命で海外文化をシャットアウトした影響で国外から絵本が入っていなかった。国営出版社が海外の「絵本」を手がけ始めたのは九六年頃からだが、二〇〇〇年以降になってようやく『ミッフィー』や『100万回生きたねこ』などが刊行されるようになった。

ポプラ社は一九九五年に当時の社長が香港、深圳を経由して北京のブックフェアに初めて参加したことを皮切りに、二〇〇〇年から北京に事務所を置き、版権ビジネスを行いながらビジネス展開の可能性をリサーチ。〇三年に中国で外資企業に小売、卸が解禁されたことを受けて〇四年に現地法人「北京蒲蒲蘭文化発展有限公司」（以下、「蒲蒲蘭」と表記）を設立。当時は出版事業に関して外資規制が続いていたため、蒲蒲蘭はまず書店を作ることで参入した。ただの書店ではない。〇五年に設立したのはKID'S REPUBLIC蒲蒲蘭（ププラン）絵本館という中国初の「絵本」書店だ。中国語では絵と文章で描かれた書物は「図画書」「連環画」と呼ばれ、日本語に由来する「絵本」という言葉は流通していなかった。しかしポプラ社は「今までにない新しい文化を提示していきたい」という想いから「絵本」と呼んでブランディングすることを選択。一〇〇平米の小さな店舗である北京の蒲蒲蘭絵本館のコンセプトは「虹と絨毯」。親子で店に入った瞬間、楽しく夢のような世界が広がり「これが『絵本』か」と感じてもらえる空間デザインに設計。まだ絵本に触れたことがない人に対して、本を置いて売るだけではその良さが伝わらないため、イベントルームを併設し、読み聞かせやＤＩＹ（絵本に関連する制作イベント）を頻繁に行い、絵本文化を発信していった。蒲蒲蘭絵本館は多くのメディアで取り上げられ、「世界で一番美しい」とアメリカのflavorwire.comで紹介されたことから、模倣店が中国全土に数千店誕生。その影響力によって「絵本」という呼称が普及した。

出版事業への参入

中国は政策上、現在でも外資企業や民間企業に「出版」を開放していない。「出版社」を名乗れるのは国営出版社だけだ。外資や民営に許可されているのは、出版物の卸・小売（流通業）、版権ビジネス、編集委託などだ。ただしこれは「表向きの顔」である。実際には「改革開放」以降、民営や外資が徐々に国営出版社と〝提携〟〝共同出版〟のかたちで実質的に出版事業に携われるようになっていった。単なるライセンスアウト（版権を売る）の場合は売った側の権利者は現地出版社がすることに関して基本的にはレイアウトチェックなど最低限しか関わらない。一方、〝提携〟〝共同出版〟は外資や民営会社が実質的に編集・印刷を含め出版そのものに関わり、出版の工程のほとんどをハンドリングするという違いがある。

絵本市場に関して言えば、〇四年ごろからまず外資系企業がメインとなって牽引。そこに民間の出版社も入って日本や台湾発の絵本、そして中国国産絵本が出版されるようになった。〇四年に設立された北京蒲蒲蘭は、出版物の卸と小売資格、版権売買資格を取得。設立準備期の〇〇年から（正式には蒲蒲蘭を設立した二〇〇四年から）国家出版社と提携するかたちで出版事業に参入している。

急展開する中国絵本市場

蒲蒲蘭絵本館の設立から日の浅いうちに、中国絵本市場は急展開していく。
〇六年頃からネット書店が登場し、児童書販売に力を入れたことで市場が大きく発展。これにより、〇七年から民営出版社を中心に大量の出版社が絵本に参入。市場を牽引するＥＣサイト

「当当ネット」と出版社が独占販売契約を結ぶことで、当当発の月間（！）一〇〇万〜二〇〇万部のヒットも生まれた。蒲蒲蘭では契約条件などを鑑みて当当との独占契約は基本的には避けてきたものの、当当が力を入れてくれたおかげで『くまくんのあかちゃんえほん』シリーズが累計販売数が約一〇〇〇万冊の大ヒットに成長。

こののち、中国絵本市場は一〇年から一五年までは「高度成長期」に突入する。このころまでに世界の著名な絵本作品はほぼ中国でも出版され尽くしたと言っていい。国際児童図書見本市であるボローニャ・ブックフェアや世界最大書籍見本市フランクフルト・ブックフェアには中国の出版社が殺到して出版権獲得競争が激化。ロイヤリティ（契約金）が高騰していく。

一五年になると投資会社が参入して海外企業の絵本出版権の「爆買い」が発生。

また、前後して上場している出版社が有力タイトルを持つ中国国内の絵本会社の買収に乗り出した。蒲蒲蘭も買収提案をされるも、事業の独立性・独自性を重視してすべてのオファーを断り、独立を保ちながら規模を拡大。一四年に黒字転換を果たすと一五、六年は倍々ペースで業績を伸ばした。一〇年には自社刊行物（正確には提携出版）の累計は約二〇〇タイトルだったものが一四年には四〇〇タイトルまで増やして絵本同業者中最多タイトル数となり、一六年には四五〇タイトルを突破。この時期はポプラ社や日本の作品だけでなく、欧米のロングセラー作品、ヒット作品のライツの導入に力を入れて売上を伸ばした。

ところが中国絵本市場は一七年になると状況が一変して「混迷期」に入る。

「中国の伝統・歴史を学べる国産の児童書を作りなさい」「輸入と輸出を一対一にせよ」（国産絵本の権利を一作売ったら海外ものを一作出してもいい）という行政指導が国内の出版社に対して行われるようになったのだ。突然輸出が増やせるはずもなく、この時期から急激に新刊の刊行点数が減少。一八年にはISBN規制も始まった。中国ではISBN（国際標準図書番号。取次や書店を通して本を販売しようとする場合、付けることを要求されるコード）は国から各国営出版社に割り当てられる。以前は出版社の規模に応じて出版計画に基づき申請すればISBNが取得できたが、二〇一八年以降はその数が三〇～四〇％減った。

表向きの理由は「粗製濫造の抑制」が目的だ。たとえば中国では世界文学全集、アンデルセン全集などがほぼすべての国家出版社から似たような体裁で刊行されている。また、版権無視の海賊版に加えて「山賊版」と呼ばれる人気作品に似せて作った模倣品が出回っているという問題もある。しかし、おそらくはそれだけでなく、中国国内の政治状況と絡み合って思想や文化に対して厳しくなってきたがゆえの規制だ、というのが多くの業界関係者の見立てだ。

今後、絵本市場が健康的な成熟を迎えられるかは未知数という状況だ。

IP展開と「中国ファースト」出版という抜け道

とはいえネガティブな材料ばかりではなく、新しい動きも起こっている。

たとえば、後述する『ティラノサウルス』シリーズで大人気の宮西達也の『ぼくはパンダ！』、日本でもミリオンセラーになった『ぴょーん』の著者である松岡達英氏の新作『変成了青蛙』（かえるになった）は日本より先に中国で刊行した。これは「国営出版社発の輸出できる作品を増やす」という政策的な要請をクリアしてスムーズに出版するための試みだ。

そして本を出すだけでなく、絵本発のＩＰ展開も進めている。日本では累計二〇〇万部超の宮西達也『ティラノサウルス』シリーズは、蒲蒲蘭から刊行されて中国で累計八〇〇万部超の大ヒットとなっている。中国でも日本同様、泣かせるストーリー展開――特に親子の愛、友情、弱きものが強きを助ける情、乱暴者のティラノが愛や情に目覚める過程――が人気の鍵のようだ。蒲蒲蘭ではこの人気に注目したショッピングモールと提携して『ティラノサウルス』のギャラリーを制作して原画展や恐竜の絵コンテストを行っているほか、不動産会社、政府機関とも提携して、さまざまな場所で朗読コンクール、自然教育、科学探検のイベントなどを実施し、宮西達也は毎年、中国各地に講演などに足を運んでいる。

蒲蒲蘭は「中国に豊かな絵本文化を根付かせる」という根本にある事業目的、初心に常に立ち返りながら、動きが速く、規制の厳しい中国市場への対策をひねり出し、チャレンジを続けていくという。中国に絵本が普及した今、多くの新規企業が参入している。だが競争が激しく動きが速いこともあり、初期に参入した企業が築きあげたようなブランドやロングセラータイトルを生み出すのは難しい。「うまくいくかわからない時期だから様子見しよう」と考える人間・企業の方が多いなか、海のものとも山のものともつかなかった中国絵本市場に先んじて飛び込むことで、ポプラ社は中国の各界や読者から認められる絵本ブランドとしての位置と信用を築くことができた。いまや中国のＧＤＰは日本の約三倍。しかし二〇〇〇年の中国のＧＤＰは日本の約四分の一だ。その二〇〇〇年に決断できたから、今日の蒲蒲蘭の成功がある。

『かいけつゾロリ』二度目の中国進出の公算

日本では絵本と児童向け小説のあいだに位置する「読みもの」、特に絵と文章が一体となったレイアウトで構成される、凝った作品が無数にある。たとえば『かいけつゾロリ』。ところが海外では従来、このようにレイアウトが複雑な本はほとんどなかった。だからたとえば『ゾロリ』を海外の出版社に紹介しても、「これは絵本なのか？　マンガなのか？」と質問されたり、コミック担当者が折衝に出てきたりする状況が続いてきた。

蒲蒲蘭は中国市場における「絵本」の開拓者だったこと、また、日本的な「読みもの」を理解してもらうことに対する困難から、当初、中国版（簡体字版）『ゾロリ』を絵本の販売ルートで展開。しかし絵本読者にはなかなか刺さらずに苦戦。別ルートでの販路開拓が課題となっていた。

そこにアメリカからジェフ・キニーの『グレッグのダメ日記』が遅れて入ってくる。『グレッグ』もイラストと文章が一体となった（日本の読みものほど凝ってはいないが、やや近い）レイアウトの作品だ。中国ではこれが五、六歳向けにヒットした。

中国では児童書を含めたキッズコンテンツ市場の特徴として、何かしらのわかりやすい効用（特に教育的効果）を求める。ところが『グレッグ』は教育的な要素は皆無のストーリーだ。しかしなんと『グレッグ』中国版は、教育熱の高さを見越して本の後ろ半分に英語版（といっても原書が英語なのだが）を付けて「語学教育にも役立つ」というポジショニングを取って成功した。

ではなぜこれが刺さったのが五、六歳向けだったのか？

ひとつは、日本の読みものの潮流とは別に欧米圏でも絵本と小説を橋渡しする「ブリッジブック」と呼ばれるジャンルが勃興していたが、『グレッグ』はその代表格のひとつとして捉えられた——「初めて絵本じゃない本を自分で読み切った！」という達成感を与える本として、ある種の教育的役割が期待されたことによる。

もうひとつは、中国では小学校入学とともに学力競争が本格化し、習い事や塾が週六、七で入るという家庭が少なくない。つまり、娯楽要素の強い本を楽しめる期間は五、六歳が最後なのだ。

これまで中国の児童書市場の中心は未就学児向けの絵本にあり、それ以外にも子ども向け（小学生以上向け）の世界文学全集などやや難しく堅い本は各出版社から大量に刊行されてきたものの、その「あいだ」に位置する本の市場は発展途上だった。ところがそこに『グレッグ』が参入に成功した。ジャンルが確立され始めると動きが速いのが中国だ。たとえば近い趣向の『カメラ』シリーズは八〇〇〇万冊売れ、ほかにも『マジック・スクール・バス』やイタリアの『ジェロームニ』シリーズ、中国版『グレッグ』とも言うべき国産の『米小圏上学記』が市場を席巻するようになった。

このように状況が一昔前とは変わってきたタイミングで、蒲蒲蘭は中国市場に『かいけつゾロリ』二度目の投入を決断する。

ブリッジブックとしての中国版『ゾロリ』の中身はどう変わったか?

マーケティングの基礎的なフレームワーク4P（Product, Price, Place, Promotion）に合わせて中国での『ゾロリ』に関する施策を整理してみよう。

まずは**Product**、本としての特徴をどう変えたか? 最初の参入時は「縦書き」「並製（ソフトカバー）」だったものを二度目の市場投下時には「横書き」「上製（ハードカバー）」にした。一回目のときは縦書き、つまり日本と同じ体裁で出していた。現代中国では縦書きの本はほとんどなく、横書きでないと発音記号であるピンインが付けられない。言いかえると、縦書きだと親に読み聞かせしてもらうか、ピンインがなくても読める年齢に達しないと読むことができず、「ブリッジブック」としての受容が期待できない。これを踏まえて二度目の参入時にはピンイン付きの横書きに変えた。『ゾロリ』はレイアウトに凝っているため、単純に縦書きを横書きにすることはできず、同じように絵と文章を見せるには絵を左右反転させなければならない。さらには中国人は日本人同様に利き腕を気にする（左利きをあまり好ましく思わない）ために絵の修正作業が発生したが、それでも実行。「これによって『子どもが自分で手に取って読む本』『子どもが自分で初めて読み切る本』という、日本でも大事にしている『ゾロリ』のコンセプトを中国でも実現できるかたちになりました」（ポプラ社ブランドプロモーション局コンテンツ事業部部

長・加藤裕樹）

また、『ゾロリ』と言えば「隠し絵」がある。ゾロリのママや作者である原ゆたかの絵が作中のどこかに隠されており、子どもはそれを探しながら繰り返し読むことが楽しみになっている。この隠し絵はシリーズ初期にはほとんどなかったが、翻訳版は第1巻からほぼ順番に刊行されていくことから、今回は中国の子どもにも楽しんでもらうために隠し絵を新規に追加。「良くも悪くもなんでも早くやってしまうのが中国で、子どもの本すら『はい、次』『はい、次』と消耗品的に読まれる傾向があります。でも本には繰り返し読む楽しさもあるし、それを提供できるのが日本の作品の強みだと思っています」（北京蒲蒲蘭文化発展有限公司 編集本部国際項目総経理・江崎肇）

ちなみに『ゾロリ』の第二巻はキョンシーをモチーフにしたキャラクターが登場する『かいけつゾロリのきょうふのやかた』だが、今回は「中国の妖怪をいじるのは不可」と当局に判断され、出版が叶わなかった（前回は許諾されている）。表向きの理由は「妖怪は非科学的だからダメ」――実際には習近平政権による規制強化、および中国文化を称揚せよという潮流に合致しない（『ゾロリ』のコミカルなノリが許容範囲を超えていた？）からではないかと考えられている。

話を戻すが、本の仕様を並製（ソフトカバー）から上製（ソフトカバー）にした理由は何か？

そもそも日本では『ゾロリ』は上製で出ている。というより、二一世紀に入ってからは並製も増えてきたが、従来、日本では「たくさんの子どもが何度も（時に手荒な扱いで）本を読む」ことを前提に、壊れにくい上製で作る方が一般的だった。

ところが中国のECではセット売り・まとめ買いが一般的で、お得感を演出するために安く作れる並製の方が児童書でも人気だ。最初の参入時はこの潮流に合わせた。

ではなぜ二度目は上製にしたかといえば、台湾で教育系出版社から『ゾロリ』が上製で刊行され、二〇二〇年までにシリーズ五五巻を翻訳して累計六五万部と人気になっていたからだ（なお台湾版は縦書きで小学校中高学年によく読まれている）。

中国と一口に言っても広大だ。地域によって好まれるものも違う。二度目の参入時には台湾に距離的にも文化的に近い、福建省廈門（アモイ）から攻略していくことにしたのだ。「一冊の本を読み切ったという充実感は上製の方があり、そういう日本の文化が広がってくれればいいという思いもあります。また、並製のあとに上製版を出すことはほとんどありませんが、上製版が成功したあと並製を出すことはあります」（江崎）

価格、チャネル、プロモーション

マーケティングのフレームワークの4PのひとつであるPrice、価格はどうか。定価は最初のときは一五元、現行は二八元にした。値段を倍にしたのか、と思うかもしれないが、中国は日本と違って毎年順調にインフレしていることと、並製から上製にしたことを考えれば妥当な線だ。それに二八元と言っても、一元は約一六円だから五〇〇円弱。中国ではハードカバーの児童書は三〇～四〇元が相場だが、『ゾロリ』はオールカラーではないこととセット販売のために二八元と設定した。

台湾版は三〇〇台湾ドル（一〇〇〇円弱）と日本とほとんど変わらない値段だから、中国はずいぶん安い。しかも日本のように出版物に再販制があるわけではないから割引販売が当たり前だ。薄利多売にならざるをえないからセット販売が一般的なのか、セット販売のお得感が好まれるから単価を高く設定できないのかは微妙なところだが——日本の児童書ビジネスと比べると、粗利が小さく、数がないとやっていけないことが特徴になっている。

4Pの**Place**、チャネル（販路）についてだが、セット販売といっても「そんな何冊も書店でまとめ買いするものなのか？」と思うかもしれない。しかし日本ではネット書店での児童書購買率がいまだに極めて低い一方で、中国では児童書の八割がインターネット経由での販売なのだ。「当当」をはじめとする大手ＥＣサイトに加え、近年ではＫＯＬ（**Key Opinion Leaders**）と呼ばれるインフルエンサーが自身の**WeChat**のアカウント上などでECを展開しており、こちらの売上も大きくなってきている。後者はなかなか日本ではイメージしにくいかもしれないが、ＳＮＳ上で一〇〇万以上のフォロワーを持つ存在が、そのＳＮＳやライブコマースサービスを通じて宣伝するだけでなく、直接販売するチャネルが発達している。ＥＣに長けたインフルエンサーは、何十人何百人を雇用する経営者になることさえある。

蒲蒲蘭は最初の参入時に、絵本に強い流通・小売と、ブリッジブックに強い流通・小売は異なることを学んだ。したがって二度目の参入では後者を探す準備をし、さらには子育て系ＫＯＬにアプローチしてプロモーション兼販売を仕込んだ。

４ＰのPromotion、宣伝については、他には絵本雑誌『萌』に一六ページずつの連載形式で試読版を付けた。

前述の台湾に近い廈門（アモイ）から攻めたことも中長期的なプロモーション戦略の一環だ。この地域ではもともと台湾版『ゾロリ』をこっそり読んでいる家庭が少なくないとリサーチしていたため、廈門のインフルエンサーを巻き込んでまず廈門から人気を爆発させよう、と考えた。中国では日本の書籍の流通のように、取次一斉配本で発売日に全国各地の書店に並ぶわけではない。都市や流通ルートごとに、文化も勝手もまったく異なる。だからまずひとつの成功モデルをつくり、それを横展開していくのがひとつのセオリーだ。「廈門で大流行」という情報自体が他の都市でのプロモーションになる。

これらの施策が功を奏して、初版三万セットは予約で瞬殺され、二〇二〇年初までに四タイトル累計七万セット＝二八万冊が好調な売れ行き。今後も年数冊ペースで翻訳刊行していく算段が立った。

前述のように中国の家庭では評判の立ったシリーズを一〇冊、二〇冊単位でセット購買する。日本で刊行されている『ゾロリ』は二〇二〇年初頭までで六六巻。現状のペースでは翻訳が追いつくまでに八、九年かかるが、そのころまでに中国全土で全巻セットがコンスタントに売れる定番商品にすることが目標だ。

「本」だけでなく「IP」として

中国での『ゾロリ』人気に拍車をかけるブースターとして期待されるのがTVアニメである。日本では二〇二〇年四月から一三年ぶりのTVアニメ『もっと！まじめにふまじめ かいけつゾロリ』が放映されているが、このアニメも中国配信をにらんでいる。

中国でもアニメと本、玩具やグッズ、劇、オーディオブックなどとのメディアミックス、IP展開が行われている。たとえばイギリス発のキッズアニメ『ペッパピッグ』などが成功例だ。子ども向けは地上波でアニメを放映するのが王道だが、日本のコンテンツはなかなか地上波の認可が下りにくくなっている。とはいえ、最近は動画サイトの配信から人気が爆発するものも増えている。

日本では玩具や商品化でキッズアニメの制作費をリクープするのは厳しくなっているものの、中国では今のところそのモデルでいけると考えられている（もちろん、法改正や当局からの行政指導によってその状況も変わるリスクはある）。

蒲蒲蘭にはすでに『ティラノサウルス』シリーズという成功例があるが、『ゾロリ』でも、台湾では原ゆたかを招いて子どもたちみんなでゾロリの絵を描くイベントを開催して大反響となった。厦門では「海坊主にウニを投げつける」という『ゾロリ』の作中に登場するシーンを再現したアトラクションを作り、子どもたちがボールを使って遊べるカリキュラムを幼稚園向けに用意するなど、リアルイベントも大事にしている。

日本の作品の強みとは?

日本では一九七八年に那須正幹の『ズッコケ三人組』が登場するまで、児童書の読みものでは原爆・反戦などをテーマに教育的なメッセージを込めた、良くも悪くも「児童文学」然とした作品が主流だった。子どもが読んで「楽しい」「おもしろい」と思うことを第一にし、本ぎらいな子でも夢中になって読み通せる作品は、『ズッコケ』以降、徐々に増えていったのだ。

一方、中国の児童書市場では二〇二〇年現在でもいまだ勧善懲悪的なものや「子どもはこうすべき」という大人からの押しつけが強いものが目立っている。だからこそ日本の読みものにチャンスがある、と江崎氏は言う。「国の発展段階とある程度比例して『お金持ちになったけど、心は?』『世の中、大事なのは勉強だけじゃない』という風に変わっていくのだと思っています。日本では当たり前になった『子どもだって自由にやっていいんだ』という価値観の本はまだ中国では少ないですから、それが広がることに価値がある」

蒲蒲蘭は『ゾロリ』に続いて『おしりたんてい』も中国版を投入予定だ。こちらも台湾版はすでにヒットしており、台湾では児童書の読みもののランキングは『グレッグ』『おしりたんてい』『ゾロリ』が並んでいる。

「子どもが自ら手に取ってくれて、何度も繰り返し楽しめるという弊社刊行物が日本で追求してきた部分は、世界共通の良いものだと確信しています。大きな市場を持つ中国でもそれを証明していきたい」（加藤）

おわりに

本書の議論をまとめよう。

①マクロ環境の変化を捉える

ＰＥＳＴというフレームワーク（思考の枠組み）がある。**Politics**（政治）、**Economy**（経済）、**Society**（社会）、**Technology**（技術）の変化というマクロな視点から環境の変化を分析するものだ。まずはこれを使って子どもの本市場を大摑みに総括してみよう。

数ある出版物の中でも、子どもの本市場はＰ（政治、政策）の影響が特に大きい。ポルノと並ぶか、あるいはそれ以上に影響を受けている。たとえば企業に読み聞かせの人は来ないし、本選びのプロが会社に入ってきたりもしない。法律で就労時間中に読書の時間を設けろと決められたりはしないし、ブックトークやアニマシオン、ビブリオバトルなどがビジネス誌や研修で推進されたりもしない。九〇年代半ばすぎまでは、子どもに対してもそうだった。ところがその後、学校には読書ボランティアが入り、司書が入った。多くの小学校では国語の授業で週に一回、読書の時間がある。市場原理により書店が消滅した市町村でも、学校があればそこには必ず図書館がある。日販出版流通学院の調査では、全国の書店数は最盛期の一九八八年には二万八千以上あったものが二〇一九年には一万を割った一方（アルメディア調査では二〇年時点で一万一千強）、学校図書館は小学校だけで今も二万弱ある。このように、子どもの本市場では、図書館・司書をめぐる法律、学習指導要領に代表される国家主導の教育政策・指針によって、学校での本との触れ合い、対学校図書館への本の販売などが左右されてきた。現在の市場の堅調さは政策的なテコ入れによるところが少なくなく、教育政策が変われば容易に大きく落ち込むことが懸念される。

Ｅ（経済）の影響もあるが、全体としては可処分所得（あるいは書籍代）が減っても、子どもに対する家庭の支出・投資は比較的底堅いというのが二〇〇〇年代以降の傾向である。ただし税金で賄われる公共図書館の予算の影響は大きく受けている。また、家計においても決して潤沢な本代があるわけではないから、「親子で楽しめる」「大人も読める」一石二鳥な子どもの本需要が顕著になってきている。

Ｐ（国）による制度の変更・運用のみならず、Ｓ（社会）の後押しで民間発の取り組みが全国的に波及することもたびたびある。子ども文庫の運動、ブックスタート、朝読はいずれもその時代の社会の空気にマッチしたからこそ広がった。朝読は小中学校には当然存在するものと思っている若い教師もいるようだが、存在に疑問を抱かないのは、まさに空気のように馴染んでいるからだ。ブックトーク、アニマシオン、ビブリオバトル、調べ学習など、本を読むだけでなく「活用」する企画が隆盛し出したのは、ともにアウトプット、コミュニケーションを重視するP（教育政策）とS（社会の要請）とが影響しあったからだろう。

T（技術）の影響は、流行に敏感に反応する子どもには、大人以上に変化が大きい。次々に台頭してきたマンガ雑誌、テレビ（特撮、アニメ等）、ゲーム、小説投稿サイト、SNS、YouTubeなどを「敵」とみなし、俗悪なものとして批判したところで、子どもの興味は変えられなかった。むしろ、新しく登場してきたメディアやクリエイターを、時代に合わせていかに本・雑誌側に取り込むか？　他のメディアが台頭してきた中で本や雑誌の価値をどう再定義すれば手に取ってもらえるのか？　他メディアで流行しているものの感覚を本に持ち込むにはどんな工夫をしたらいいのか？　これらに取り組み続けてきた出版物や作家が生き残ってきた。多メディア展開によってコンテンツ／ブランドを子どもの生活サイクルに組み込ませることに成功している「コロコロコミック」や「ジャンプ」「ちゃお」は最良の例だ。子どもが「ゲームばかりやっている」「YouTubeばかり観ている」と嘆く前に、何が楽しくてゲームや動画に流れているのかという心理から理解しないことには、本に導きようがない。

ただ、プロモーションという点では、小学生以下はデジタルデバイスにまだまだ触れさせない大人が多いため、中学生以上とは異なりSNSの影響が薄い部分はある（YouTubeの影響は大きいが）。また、アニメの制作費高騰に伴い、玩具連動型ではない児童書発のキッズアニメ作品はポプラ社の『おしりたんてい』『かいけつゾロリ』、あるいは講談社青い鳥文庫作品など一部を除くと新規に制作されづらい（二〇二〇年は『銭天堂』『ティラノサウルス2』『サバイバル』などが相次いで発表になったが）。政策的な読書推進政策のテコ入れがいつ弱まるとも限らないことを考えると、中長期的には二一世紀型の「児童書発アニメビジネス」（メディアミックス）の成功パターン構築は必須だろう。

さらに言えば、日本で人口減少に歯止めがかからない以上、日本発の子どもの本が海外市場の獲得・拡大を果たして国内の制作現場にその利益を還元するしくみをつくらなければ、長期的には日本の子どもの本産業は縮小・衰退していくほかない。本書終盤で紹介したような事例が「点」ではなく「線」になり「面」になることを願うばかりだ。

ともあれ、このようなPESTのマクロな力が絡み合って、子どもの本市場は形成されている。

②4Pの変化を捉える

PESTの大きな潮流の変化が、4P、つまり**Product**（商品・サービス）、**Price**（価格）、**Place**（流通）、**Promotion**（宣伝）を変える。

特に子どもの本の場合は、流通（Place）の変化がそれ以外の三つのPに大きな影響を与えている。ここでいう流通とは、書店や図書館への販売という話だけでなく、ブックスタートや読み聞かせ、朝読などを含めて「本を誰がどう届けるか、どうやって触れてもらうか」を含む。法や社会の変化によって、ここが大きく変わっている。たとえば版元と書店が同行しての図書館への巡回販売は、学校図書館法の成立によってスタートし、共働きの増加によってそのついでにしていた家庭への訪問販売が不可能になり（「飾り」用の全集・事典ビジネスの崩壊）、学校への司書の配置によって選書や予算配分の慣習が変化しつつある。また、町の書店が無数にあった九〇年代までと、書店数が減少し、親子連れで行くモール内書店などが主な売場になった昨今では売り方、本の作り方を変えなければならなくなった。近年の運輸コスト値上がりの流れを考えると、子ども向け雑誌の核とも言うべき付録についても変化が生じるかもしれない。六〇年代にも運賃と手間の問題から、学年誌等の付録に対する物流サイドからの要請／規制が生まれている――その間隙を突いて伸びたのが書店流通ではないが直販誌であるがゆえに付録を強化できた学研の「学習」「科学」だったように、規制やコスト変更に伴うイノベーションも生まれるかもしれない。

そして流通の変化に合わせて**Product**（本・雑誌）が変わり、作ったものが変われば**Price**（値段）も**Promotion**（宣伝方法）も変わる。読み聞かせ需要が増えれば大型絵本が作られるし、学校司書がセットではなく単品で吟味するようになると、取次主催の展示会や出版社のサイト内での情報・試し読み機能を充実させる必要が出てきた。また、**Product**（作品内容）の変化には、S（社会）やT（技術）の影響もある。ロングセラーや一時代を築いたベストセラーでも、過去の価値観で描かれていたり、カバーや挿絵の絵柄が古くなったために求心力を失っていくものがある。『ぼくら』や『ゾロリ』『空想科学読本』のようなロングセラーシリーズは、社会の価値観の変化をも汲んで既刊に手を入れて出し直したり、新刊ではその時々の時事性を取り込んでいるからこそ、今の子どもに支持されている。

この①と②を組み合わせることで、本書冒頭で提示した**子ども向けの「本」市場だけが復活し、「雑誌」はボロボロの謎**に対しての答え（仮説）を導くことができる（結論の詳細は第一章参照）。

③子どものニーズとは？

本書で取り上げた作品の関係者に取材で「子どもの求めているものは変わったと思いますか？」と訊くと必ず「本質的には変わらない」と返ってきた。実際に変わったか変わらないかは検証しようがないが、変わらないとしても、PESTの変化によって子どもの本を取り巻く環境は変わる。マクロ環境をにらみながら、子どもの気持ちに向き合うことが重要になる。では変わらない子どものニーズとは何か？　「自分の目線・感覚に合った、おもしろいものが見たい」が第一だ。これ自体はどの年代の誰にでもあるが、年代や性別、趣味嗜好等々によって傾向が異なる。対子どもの場合、大人の想いや思い込みが入る（または作り手側が配慮せざるをえない）から余計に届くものを作るのは難しい。子どもといっても未就学児と小学生では違う。ただ共通して言えるのは「子ども扱いされたくない」「自分で好きにやりたい」「自分でもやってみたい」という自立心、大人や親への反発心だ。そして、自分で作る、考えることの楽しさや、双方向性を求める。これらを汲んだ方が届きやすく、大人の上から目線、教育的配慮、一方的に伝える／与えるという側面が強くなるほど敬遠される。子どもは夢中なのに大人が「わからない」「やめてほしい」「低俗だ」と眉をひそめるもののなかに、子どもの真のニーズがある。子どもは大人と比べて単純で激しい感情表現を好む。前頭葉が未発達なので、理性のブレーキが十分に働かない。情動を司る扁桃体などの脳の原始的な部分に対する刺激が強い出来事、言葉、デザインがストレートに届く。ひねり、わびさび、複雑さ、知的さはそれほど好まれない。

また、子どもは時事性、ニュース性、流行に大人以上に敏感だ。児童書はロングセラー中心だが、一方で時事風俗、新しさへの反応も大きい。これは子どもの時間意識が過去でも未来でもなく「今」にフォーカスしやすく、中長期的な視野に立つことが難しいからだ。とかく「子どもには世代を超えて長く愛される作品を」と言われがちだが、たとえば「コロコロ」はドラえもんを除けば逆に振り切っている。『ゾロリ』支持も「今」にアンテナを張っているからだった。

①②③をまとめると「自立心・反発心」「創造・参与の余地」「感情の刺激」「時事性」という普遍的なニーズを前提に、移り変わっていくマクロ環境（ＰＥＳＴ）、出版状況に合わせた本を作り、売り方を考えたものがうける、と言える。これを個別具体的な作品・雑誌等に即して分析することによって、やはり本書冒頭で提示した

ヒット作の背景がわからない

という謎は解消できたと思う。

あとがき

子どもの本に興味を持って調べはじめてすぐに気づいたことがふたつあった。ひとつは本書冒頭に書いたように少子化なのに、児童書市場が堅調であるという謎だ。もうひとつは絵本に関する雑誌や記事はたくさんあるのに、小中学生向けのヒット作（それもいわゆる「児童文学」からは外れるような本）を取り上げる雑誌や記事は少なく、ウェブ上に書かれたものはほとんどないに等しい、ということだった。日本人の全世代で不読率や平均読書冊数で見るかぎり、小学生（次いで中学生）がもっとも本を読んでいるにもかかわらず、だ。これは掘りがいがある、誰かがやるべき仕事だと考え、取材や調査を始め、ウェブ媒体を中心に執筆を行っている。

絵本とは異なり、小学生向けとなると親が読み聞かせすることが少なく、小学生は中高生や大人とは異なりSNSをやらないためにウェブ上で大人が情報を目にすることがない。ゆえに「こんなに売れているから取材して背景を掘り下げましょう」と各媒体の編集者に提案してもピンと来てくれず、企画が通らないこともままある。それが小学生向けのベストセラーの情報が世の中に流通しない一因なのだろう。こうして本にまとめてはみたが、まだまだ知りたいこと、取り上げるべき作品や事象は多い。引き続きこのジャンルについて取材・執筆を続け、いずれこの市場の全体像をより大摑みにできるようにしたいと思う。筆者の利用しているｎｏｔｅというウェブサービス上に、子どもの本をテーマにして書いた記事（本書収録稿の元原稿から収録しきれなかったものまで）のリンクを貼ってある。ご覧いただければ幸いである。

当初、この本では中高生向けのベストセラー作品（ボカロ小説、マンガのノベライズ、山田悠介、二〇一〇年代以降のケータイ小説、中高生が読んでいる「なろう系」、ライト学参など）も扱うつもりでいたが、出版に適さないほど大部になるとの理由で削った（それでも情報量がマッシブな本になってしまったが……）。こちらは各種読書調査・ランキングからいわゆるヤングアダルト世代が実際読んでいる本を取り上げた「リアルＹＡ」をテーマにした著作としてまとめたいと考えている。興味のある編集者はぜひ連絡を！

本書はラノベ、ウェブ小説、マンガアプリをテーマにした著作に続く、筆者にとって四冊目の単著となった。かくあるべしという「べき論（理想）」を語るよりも実際どうなのかという「ファクト（事実）」に基づき分析すること、賞レースなど「評価」の世界の話ではなく「売上（市場）」の動きに注目することは変わっていない。「過去」よりも「現在」にフォーカスする点も変わっていないが、今回はテーマの性質上、現在を捉えるために歴史を遡る必要があった。

本書は『ウェブ小説の衝撃』、石黒浩氏との共著『人はアンドロイドになるために』に続いて山本充氏に担当いただいた。本書収録の原稿の初出媒体で担当いただいた編集者、取材に協力してくださった方々にも深く感謝したい。

初出一覧

第一章　子どもの読者環境はいかに形成されてきたか

三、二〇〇〇年代〜二〇一〇年代　教育観の変化と国ぐるみの読書推進

「子どもの本が売れる理由　知られざるＦＡＣＴ　第6回ブックスタートが果たした役割、赤ちゃん絵本市場の活況生む」（「新文化ＯＮＬＩＮＥ」https://www.shinbunka.co.jp/rensai/kodomonohon/kodomonohon06.htm、新文化通信社）、同第12回「社会に定着した「読み聞かせ」、ＪＰＩＣの講座で人材輩出」（https://www.shinbunka.co.jp/rensai/kodomonohon/kodomonohon12.htm）

第二章　あの雑誌はなぜ売れているのか

「コロコロコミック」と「少年ジャンプ」——相互影響と棲み分けまでの歴史：「キッズコンテンツの現在　第1回コロコロコミック」（「Ｆｅｂｒｉ」ｖｏｌ．54、一迅社）

〝ＪＳのバイブル〟まいた菜穂『12歳。』は何を描いてきたのか：「シリーズ累計４５０万部突破の〝ＪＳ（女子小学生）のバイブル〟まいた菜穂『12歳。』は何を描いてきたか」（「Ｙａｈｏｏ！ニュース個人」https://news.yahoo.co.jp/byline/iidaichishi/20191226-00156427/、Ｙａｈｏｏ！ＪＡＰＡＮ）

第三章　ヒットの背景——幼児〜小学生編

おしりたんてい論——推理が理解できない未就学児〜低学年も楽しめるミステリーとは？：『おしりたんてい』に小学生たちがこんなに夢中になる理由（「現代ビジネス」https://gendai.ismedia.jp/articles/-/69705、講談社）

ヨシタケシンスケの絵本はなぜ絵本なのに小学校高学年にも読まれるのか：「ヨシタケシンスケの絵本が小学生にも大人にも「驚異的にウケる」秘密」（「現代ビジネス」https://gendai.ismedia.jp/articles/-/68415、講談社）

お菓子づくりと本の楽しさを親子そろって味わえる『ルルとララ』：子どもの本が売れる理由　知られざるＦＡＣＴ　第13回「著者の工夫が詰まった「ルルとララ」、小学校低学年の女子に人気」（「新文化ＯＮＬＩＮＥ」https://www.shinbunka.co.jp/rensai/kodomonohon/kodomonohon13.htm、新文化通信社）

絵物語と児童マンガを受け継ぐ冒険アクション読みもの『ほねほねザウルス』：「子どもの本が売れる理由　知られざるＦＡＣＴ　第14回玩具菓子のキャラを書籍化、小1を中心に男子が夢中」（「新文化ＯＮＬＩＮＥ」https://www.shinbunka.co.jp/rensai/kodomonohon/kodomonohon14.htm、新文化通信社）

『かいけつゾロリ』はハリウッド脚本術と時事ネタの徹底で心をつかむ：「なぜ『かいけつゾロリ』は「読書に興味ない子」を熱狂させ続けるのか」（「現代ビジネス」https://gendai.ismedia.jp/articles/-/68767、講談社）

本嫌いの男子を惹きつける「毒」を含んだポプラ社らしい翻訳もの『グレッグのダメ日記』：「子どもの本が売れる理由　知られざるＦＡＣＴ　第10回世界で大人気「グレッグのダメ日記」、男の子からも〝ファンレター〟」（「新文化ＯＮＬＩＮＥ」https://www.shinbunka.co.jp/rensai/kodomonohon/kodomonohon10.htm、新文化通信社）

低中学年向け四六判並製本が児童書で普及するきっかけとなった『マジック・ツリーハウス』：子どもの本が売れる理由　知られざるＦＡＣＴ第11回「マジック・ツリーハウス」の魅力 刊行28年、世界で1億５０００万部」（「新文化ＯＮＬＩＮＥ」https://www.shinbunka.co.jp/rensai/kodomonohon/kodomonohon11.htm、新文化通信社）

『ふしぎ駄菓子屋　銭天堂』――セオリー破りの設定と毒、自分で考えたくなる駄菓子（「子どもの本が売れる理由　知られざるＦＡＣＴ　第7回「銭天堂」シリーズ90万部、非日常空間・駄菓子屋の魅力」（「新文化ＯＮＬＩＮＥ」https://www.shinbunka.co.jp/rensai/kodomonohon/kodomonohon07.htm、新文化通信社）

グレタ・トゥンベリの警鐘とシンクロする『動物と話せる少女リリアーネ』：「子どもの本が売れる理由　知られざるＦＡＣＴ　第9回２００万部超え「リリアーネ」シリーズ、可愛い絵と裏腹の硬派な内容」https://www.shinbunka.co.jp/rensai/kodomonohon/kodomonohon09.htm、新文化通信社）

飛翔する児童文庫――講談社青い鳥文庫と角川つばさ文庫：「子どもの本が売れる理由　知られざるＦＡＣＴ　第2回シェアトップの「角川つばさ文庫」、親しみやすさ追求に徹する」（「新文化ＯＮＬＩＮＥ」https://www.shinbunka.co.jp/rensai/kodomonohon/kodomonohon02.htm、新文化通信社）、「第3回累計２０００万部の「ぼくら」シリーズ、変わらぬ普遍性と時代性」（「新文化ＯＮＬＩＮＥ」https://www.shinbunka.co.jp/rensai/kodomonohon/kodomonohon03.htm、新文化通信社）、「キッズコンテンツの現在　第5回空想科学読本」（「Ｆｅｂｒｉ」Ｖｏｌ．58、一迅社）

『54字の物語』――ウェブから学校へ「手軽な創作」ムーブメントを広げる：「書を捨てよ、ウェブへ出ようＦｉｌｅ．19　創作ムーブメントから学校教育へ」（「小説すばる」二〇一九年一〇月号、集英社）

図鑑戦争のゆくえ：「20年で市場規模3倍「図鑑」の人気が大復活している理由」（「現代ビジネス」https://gendai.ismedia.jp/articles/-/69357、講談社）

二一世紀の学習マンガ――キャリア教育・自己啓発・STEM・国際化：「小学生女子から絶大なる支持　「これまでに読んだ本の中でいちばん好きな本」とは？」（「AERA.dot」https://dot.asahi.com/dot/2019122700122.html、朝日新聞出版）、「子どもの本が売れる理由　知られざるFACT　第4回韓国発学習マンガが小学生に人気、「サバイバルシリーズ」朝読でも」（「新文化ONLINE」https://www.shinbunka.co.jp/rensai/kodomonohon/kodomonohon04.htm、新文化通信社）、「第5回韓国学習マンガ成功の秘訣、「Why?シリーズ」世界45カ国に」（「新文化ONLINE」https://www.shinbunka.co.jp/rensai/kodomonohon/kodomonohon05.htm、新文化通信社）、「小学館アジア／「ライツビジネス」東南ア戦略」（「新文化」二〇一九年七月一八日号、新文化通信社）

飯田一史 いいだ・いちし

一九八二年、青森県むつ市生まれ。グロービス経営大学院経営研究科経営専攻修了（MBA）。小説誌、カルチャー誌、ライトノベルの編集者を経てライターとして独立。マーケティング視点と批評的観点からウェブ文化や出版産業、コンテンツビジネスなどについて取材・調査・執筆を手がける。著書に『ウェブ小説の衝撃』（筑摩書房）、『マンガ雑誌は死んだ。で、どうなるの？』（星海社新書）ほか。

筑摩選書 0193

いま、子《こ》どもの本《ほん》が売《う》れる理由《りゆう》

二〇二〇年七月一五日　初版第一刷発行

著　者　飯田《いいだ》一史《いちし》

発行者　喜入冬子

発行所　株式会社筑摩書房
東京都台東区蔵前二-五-三　郵便番号　一一一-八七五五
電話番号　〇三-五六八七-二六〇一（代表）

装幀者　神田昇和

印刷　製本　中央精版印刷株式会社

ISBN978-4-480-01710-9　C0395

筑摩選書 0122

大乗経典の誕生

仏伝の再解釈でよみがえるブッダ

平岡聡

ブッダ入滅の数百年後に生まれた大乗経典はどんな発想で作られ如何にして権威をもったのか。「仏伝」をキーワードに探り、仏教史上の一大転機を鮮やかに描く。

筑摩選書 0123

フロイト入門

中山元

無意識という概念と精神分析という方法を発見して「わたし」を新たな問いに変えたフロイトは、巨大な思想的革命をもたらした。その生成と展開を解き明かす。

筑摩選書 0124

メソポタミアとインダスのあいだ

知られざる海洋の古代文明

後藤健

メソポタミアとインダス両文明は農耕で栄えた。だが両文明誕生の陰には、知られざる海洋文明の存在があった。物流と技術力で繁栄した「交易文明」の正体に迫る。

筑摩選書 0125

「日本型学校主義」を超えて

「教育改革」を問い直す

戸田忠雄

18歳からの選挙権、いじめ問題、学力低下など激変する教育環境にどう対応すべきか。これまでの「改革」の功罪を検証し、現場からの処方箋を提案する。

筑摩選書 0126

刑罰はどのように決まるか

市民感覚との乖離、不公平の原因

森炎

市民感覚を取り入れた裁判員判決と職業裁判官の判断の溝はなぜ生じるか。日本の量刑には知られざるルールがある。歪んだ刑罰システムの真相に、元裁判官が迫る！

筑摩選書
0127

分断社会を終わらせる

「だれもが受益者」という財政戦略

井手英策　古市将人
宮崎雅人

所得・世代・性別・地域間の対立が激化し、分断化が進む現代日本。なぜか？　どうすればいいのか？　「救済」から「必要」へと政治理念の変革を訴える希望の書。

筑摩選書
0128

貨幣の条件

タカラガイの文明史

上田信

あるモノが貨幣たりうる条件とは何なのか。それを考えるのに恰好の対象がある。タカラガイだ。時と場を経巡りながらその文明史的意味を追究した渾身の一冊。

筑摩選書
0129

中華帝国のジレンマ

礼的思想と法的秩序

冨谷至

中国人はなぜ無法で無礼に見えるのか。彼らにとって法や礼儀とは何なのか。古代から近代にいたる過程で中華思想が抱えた葛藤を読み解き、中国人の心性の謎に迫る。

筑摩選書
0130

これからのマルクス経済学入門

松尾匡
橋本貴彦

マルクスは資本主義経済をどう捉えていたのか？　マルクス経済学の基礎的概念を検討し、「投下労働価値」がその可能性の中心にあることを明確にした画期的な書！

筑摩選書
0131

「文藝春秋」の戦争

戦前期リベラリズムの帰趨

鈴木貞美

なぜ菊池寛がつくった『文藝春秋』は大東亜戦争を牽引したのか。小林秀雄らリベラリストの思想変遷を辿り、どんな思いで戦争推進に加担したのかを内在的に問う。

筑摩選書
0132

イスラームの論理

中田 考

神や預言者とは何か。スンナ派とシーア派はどこが違うか。ハラール認証、偶像崇拝の否定、カリフ制、原理主義……。イスラームの第一人者が、深奥を解説する。

筑摩選書
0133

憲法9条とわれらが日本
未来世代へ手渡す

大澤真幸 編著

憲法九条を徹底して考え、戦後日本を鋭く問う。社会学者の編著者が、強靭な思索者たる井上達夫、加藤典洋、中島岳志の諸氏とともに、「これから」を提言する！

筑摩選書
0134

戦略的思考の虚妄
なぜ従属国家から抜け出せないのか

東谷 暁

戦略論がいくら売れようと、戦略的思考は身につかず、政府の外交力も向上していない。その理由を示し、戦略論の基本を説く。真の実力を養うための必読の書！

筑摩選書
0135

ドキュメント 北方領土問題の内幕
クレムリン・東京・ワシントン

若宮啓文

外交は武器なき戦いである。米ソの暗闘と国内での権力闘争を背景に、日本の国連加盟と抑留者の帰国を実現した日ソ交渉の全貌を、新資料を駆使して描く。

筑摩選書
0136

独仏「原発」二つの選択

篠田航一
宮川裕章

福島の原発事故以降、世界の原発政策は揺れている。激しい対立と軋轢、直面するジレンマ。国民の選択が極端に分かれたEUの隣国、ドイツとフランスの最新ルポ。

筑摩選書 0137

〈業〉とは何か

行為と道徳の仏教思想史

平岡 聡

仏教における「業思想」は、倫理思想であり行為の哲学でもある。初期仏教から大乗仏教まで、様々に変遷してきたこの思想の歴史と論理をスリリングに読み解く！

筑摩選書 0138

ローティ

連帯と自己超克の思想

冨田恭彦

プラグマティズムの最重要な哲学者リチャード・ローティ。彼の思想を哲学史の中で明快に一から読み解き、後半生の政治的発言にまで繋げて見せる決定版。

筑摩選書 0139

宣教師ザビエルと被差別民

沖浦和光

ザビエルの日本およびアジア各地での布教活動の跡をたどりながら、キリシタン渡来が被差別民にもたらしたものが何だったのかを解明する。

筑摩選書 0140

ソ連という実験

国家が管理する民主主義は可能か

松戸清裕

一党制でありながら、政権は民意を無視して政治を行うことはできなかった。国民との対話や社会との協働を模索しながらも失敗を繰り返したソ連の姿を描く。

筑摩選書 0141

「働く青年」と教養の戦後史

「人生雑誌」と読者のゆくえ

福間良明

経済的な理由で進学を断念し、仕事に就いた若者たち。知的世界への憧れと反発。孤独な彼ら彼女らを支え、結びつけた昭和の「人生雑誌」。その盛衰を描き出す！

筑摩選書
0142

徹底検証　日本の右傾化

塚田穂高 編著

日本会議、ヘイトスピーチ、改憲、草の根保守、「慰安婦報道」……。現代日本の「右傾化」を、ジャーナリストから研究者まで第一級の著者が多角的に検証！

筑摩選書
0143

アナキスト民俗学
尊皇の官僚・柳田国男

絓 秀実
木藤亮太

国民的知識人、柳田国男。その思想の底流にはクロポトキンのアナーキズムが流れ込んでいた！　尊皇の官僚にして民俗学の創始者・柳田国男の思想を徹底検証する！

筑摩選書
0144

アガサ・クリスティーの大英帝国
名作ミステリと「観光」の時代

東 秀紀

「ミステリの女王」アガサ・クリスティーはまた「観光の女王」でもあった。その生涯を「ミステリ」と「観光」を軸に追いながら大英帝国の二十世紀を描き出す。

筑摩選書
0145

楽しい縮小社会
「小さな日本」でいいじゃないか

森 まゆみ
松久 寛

少子化、先進国のマイナス成長、大変だ、タイヘンだ……？　持たない生活を実践してきた作家と、技術開発にしのぎを削ってきた研究者の意外な意見の一致とは！

筑摩選書
0146

帝国軍人の弁明
エリート軍人の自伝・回想録を読む

保阪正康

昭和陸軍の軍人たちは何を考え、どう行動し、それを後世にどう書き残したか。当事者自身の筆による自伝・回想・証言を、多面的に検証しながら読み解く試み。

筑摩選書 0147

日本語と道徳

本心・正直・誠実・智恵はいつ生まれたか

西田知己

かつて「正直者」は善人ではなかった⁉「誠実」な人もいなければ、「本心」を隠す人もいなかった⁉ 日本語の変遷を通して、日本的道徳観の本質を探る。

筑摩選書 0148

新・風景論

哲学的考察

清水真木

なぜ「美しい風景」にスマホのレンズを向けるのか？ 風景を眺めるとは何をすることなのか？ 西洋精神史をたどり、本当の意味における風景の経験をひらく。

筑摩選書 0149

文明としての徳川日本

一六〇三―一八五三年

芳賀 徹

「徳川の平和」はどのような文化的達成を成し遂げたのか。琳派から本草学、蕪村、芭蕉を経て白石や玄白、源内、崋山まで、比較文化史の第一人者が縦横に物語る。

筑摩選書 0150

憲法と世論

戦後日本人は憲法とどう向き合ってきたのか

境家史郎

憲法に対し日本人は、いかなる態度を取ってきただろうか。世論調査を徹底分析することで通説を覆し、憲法観の変遷を鮮明に浮かび上がらせた、比類なき労作！

筑摩選書 0151

神と革命

ロシア革命の知られざる真実

下斗米伸夫

ロシア革命が成就する上で、異端の宗派が大きな役割を果たしていた！ 無神論を国是とするソ連時代の封印を解き、革命のダイナミズムを初めて明らかにする。

筑摩選書 0152

陸軍中野学校
「秘密工作員」養成機関の実像

山本武利

日本初のインテリジェンス専門機関を記した公文書が新たに発見された。謀略研究の第一人者が当時の秘密戦工作の全貌に迫り史的意義を検証する、研究書決定版。

筑摩選書 0153

貧困の戦後史
貧困の「かたち」はどう変わったのか

岩田正美

敗戦直後の戦災孤児や浮浪者、経済成長下のスラムや寄せ場、消費社会の中のホームレスやシングルマザーなど、貧困の「かたち」の変容を浮かび上がらせた労作！

筑摩選書 0154

1968〔1〕文化

四方田犬彦 編著

1968〜72年の5年間、映画、演劇、音楽、写真、舞踏、流行、図像、雑誌の領域で生じていた現象を前景化し、歴史的記憶として差し出す。写真資料満載。

筑摩選書 0155

1968〔2〕文学

四方田犬彦／福間健二 編

三島由紀夫、鈴木いづみ、土方巽、澁澤龍彥……。文化の〈異端者〉たちが遺した詩、小説、評論などを収録。反時代的な思想と美学を深く味わうアンソロジー。

筑摩選書 0156

1968〔3〕漫画

四方田犬彦／中条省平 編

実験的であること、前衛的であること、アンダーグラウンドであること。それが漫画の基準だった――。第3巻では、時代の〈異端者〉たちが遺した漫画群を収録。

筑摩選書 0157

童謡の百年
なぜ「心のふるさと」になったのか

井手口彰典

心にしみる曲と歌詞。兎を追った山、小川の岸のすみれやれんげ。まぶたに浮かぶ日本の原風景。童謡誕生百年。そのイメージはどう変化し、受容されてきたのか。

筑摩選書 0158

雇用は契約
雰囲気に負けない働き方

玄田有史

会社任せでOKという時代は終わった。自分の身を守るには、「雇用は契約」という原点を踏まえる必要がある。悔いなき職業人生を送る上でもヒントに満ちた一冊!

筑摩選書 0159

流出した日本美術の至宝
なぜ国宝級の作品が海を渡ったのか

中野　明

明治維新の混乱のなか起きた日本美術の海外への大量流出。外国人蒐集家と日本人の間で起きた美術品を巡る知られざるドラマを明らかにし、美術流出の是非を問う。

筑摩選書 0160

教養主義のリハビリテーション

大澤　聡

知の下方修正と歴史感覚の希薄化が進む今、教養のバージョンアップには何が必要か。気鋭の批評家が鷲田清一、竹内洋、吉見俊哉の諸氏と、来るべき教養を探る!

筑摩選書 0161

終わらない「失われた20年」
嗤う日本の「ナショナリズム」・その後

北田暁大

ネトウヨ的世界観・政治が猛威をふるう現代日本。アイロニーに嵌り込む左派知識人。隘路を突破するには何が必要か？　リベラル再起動のための視角を提示する!

筑摩選書 0162

民主政とポピュリズム

ヨーロッパ・アメリカ・日本の比較政治学

佐々木毅 編著

ポピュリズムが台頭し、変調し始めた先進各国の民主政。その背景に何があるのか、どうすればいいのか？各国の政治状況を照射し、来るべき民主政の姿を探る！

筑摩選書 0163

骨が語る兵士の最期

太平洋戦争・戦没者遺骨収集の真実

楢崎修一郎

玉砕、飢餓、処刑――太平洋各地で旧日本軍兵士を中心とする約五〇〇体の遺骨を鑑定してきた人類学者は何を見たのか。遺骨発掘調査の最前線からレポートする。

筑摩選書 0164

魔女・怪物・天変地異

近代的精神はどこから生まれたか

黒川正剛

ヨーロッパ中世末期、怪異現象が爆発的に増殖した。魔女狩りが激烈を極め、異形のモノへの畏怖と関心が錯綜する中、近代的精神はいかにして現れたのか。図版多数。

筑摩選書 0165

教養派知識人の運命

阿部次郎とその時代

竹内洋

大正教養派を代表する阿部次郎。『三太郎の日記』で栄光を手にした後、波乱が彼を襲う。同時代の知識人との関係や教育制度からその生涯に迫った社会史的評伝。

筑摩選書 0166

いにしえの恋歌

和歌と漢詩の世界

彭丹

中国生まれ、日本在住の比較文学研究者が「恋歌」を入口に、和歌と漢詩の豊穣な世界を逍遥し、その違いを考え、古代の日本と中国に生きた人々の心情に迫る。

筑摩選書
0167

「もしあの時」の社会学
歴史にｉｆがあったなら

赤上裕幸

過去の人々の、実現しなかった願望、頓挫した計画など「ありえたかもしれない未来」の把握を可能にし、「未来」への視角を開く「歴史のｉｆ」。その可能性を説く！

筑摩選書
0168

ルポ　プーチンの戦争
「皇帝」はなぜウクライナを狙ったのか

真野森作

戦争が続くウクライナの現実。訓練された謎の覆面部隊、撃墜された民間航空機、クリミア半島のロシア編入……。何が起こっているか。ロシアの狙いは何なのか。

筑摩選書
0169

フーコーの言説
〈自分自身〉であり続けないために

慎改康之

知・権力・自己との関係の三つを軸に多彩な研究を行ったフーコー。その言説群はいかなる一貫性を持つのか。精確な読解によって明るみに出される思考の全貌。

筑摩選書
0170

美と破壊の女優　京マチ子

北村匡平

日本映画の黄金期に国民的な人気を集めた京マチ子。強烈な肉体で旧弊な道徳を破壊したかと思えば古典的で淑やかな女性を演じてみせた。魅力の全てを語り尽くす！

筑摩選書
0171

「抗日」中国の起源
五四運動と日本

武藤秀太郎

建国の源泉に「抗日」をもつ中国。この心性は五四運動を起点とするが、当初は単なる排外主義ではなかった——。新史料をもとに、中国のジレンマを読み解く。

筑摩選書
0172

内村鑑三
その聖書読解と危機の時代

関根清三

戦争と震災。この二つの危機に対し、内村鑑三はどのように立ち向かったのか。聖書学の視点から、その聖書読解と現実との関わり、現代的射程を問う、碩学畢生の書。

筑摩選書
0173

掃除で心は磨けるのか
いま、学校で起きている奇妙なこと

杉原里美

素手トイレ掃除、「道徳」教育など、教育現場では奇妙なことが起きている。朝日新聞記者が政治家から教師、父母まで徹底取材。公教育の今を浮き彫りにする！

筑摩選書
0174

台湾物語
「麗しの島」の過去・現在・未来

新井一二三

ガイドブックよりも深く知りたい人のために！　台湾でも活躍する作家が、歴史、ことば、民俗、建築、映画、そして台北、台中、台南などの街と人々の物語を語る。

筑摩選書
0175

林彪事件と習近平
中国の権力闘争、その深層

古谷浩一

世界を驚かせた林彪事件。毛沢東暗殺計画の発覚後、林彪は亡命を図るが、搭乗機は墜落。その真相に迫る。習近平の強権政治の深層をも浮かび上がらせた渾身作！

筑摩選書
0176

ベストセラー全史【現代篇】

澤村修治

1945年から2019年までのベストセラー本をすべて紹介。小説・エッセイから実用書・人文書まで、著者と作品内容、出版事情などを紹介する壮大な日本文化史。

筑摩選書 0177

ベストセラー全史【近代篇】

澤村修治

明治・大正・昭和戦前期のベストセラー本を全て紹介。近代の出版流通と大衆社会の成立、円本ブーム、戦争と出版統制など諸事情を余さず描く壮大な日本文化史。

筑摩選書 0178

親鸞「六つの顔」はなぜ生まれたのか

大澤絢子

多くの日本人を魅了してきた親鸞には「妻帯した僧」など、六つの「顔」がある。なぜ、いかにしてそれらの「顔」が形成されたのかを明らかにした労作の誕生！

筑摩選書 0179

南方の志士と日本人
インドネシア独立の夢と昭和のナショナリズム

林 英一

インドネシア人初の日本留学生たる二人は独立の志士。戦前から戦後にかけて「親日」と「反日」の間を揺れ動き、壮絶な人生を送った彼らと日本人との交流を描く。

筑摩選書 0180

哲学は対話する
プラトン、フッサールの〈共通了解をつくる方法〉

西 研

プラトン、フッサールの哲学は、互いの考えを確かめ、共通了解をつくりだす「対話」の哲学であった。そのことを丁寧に確認し、現在の対話に活かす方法を考える。

筑摩選書 0181

天皇と戸籍
「日本」を映す鏡

遠藤正敬

日本人たることを〝証明〟する戸籍、戸籍をもたない天皇家。いずれも「血統」等の原理に支えられてきた。両者の関係をあぶり出し、「日本」を問い直す渾身作！

筑摩選書 0182

〈現実〉とは何か
数学・哲学から始まる世界像の転換

西郷甲矢人
田口茂

数学（圏論）と哲学（現象学）の対話から〈現実〉の核心が明らかにされる！　実体的な現実観を脱し、自由そのものである思考へ。学問の変革を促す画期的試論。

筑摩選書 0183

三越　誕生！
帝国のデパートと近代化の夢

和田博文

1904年、呉服店からデパートへ転身した三越は近代日本を映し出す鏡でもあった。生活を変え、流行を発信する文化装置としての三越草創期を図版と共にたどる。

筑摩選書 0184

明治史研究の最前線

小林和幸 編著

政治史、外交史、経済史、思想史、宗教史など、多様な分野の先端研究者31名の力を結集し明治史研究の最先端を解説。近代史に関心のある全ての人必携の研究案内。

筑摩選書 0185

アジールと国家
中世日本の政治と宗教

伊藤正敏

世俗の権力の及ばない避難所、聖なる別天地としてのアジールとは、一体どのようなものだったのか。歴史の中で果たしてきた役割を中世日本を舞台として跡付ける。

筑摩選書 0186

皇国日本とアメリカ大権
日本人の精神を何が縛っているのか？

橋爪大三郎

昭和の総動員体制になぜ人々は巻き込まれたのか。戦後のアメリカ大権を国民が直視しないのはなぜか。戦前の聖典『国体の本義』解読から、日本人の無意識を問う。